通识教育新形态系列教材

大学生
安全教育

慕课版

邱璟 张自峰 王美艳◎主编
关志宇 付智 魏嘉明◎副主编

人民邮电出版社
北 京

图书在版编目（CIP）数据

大学生安全教育：慕课版 / 邱璟，张自峰，王美艳主编. -- 北京：人民邮电出版社，2025. --（高等院校通识教育新形态系列教材）. -- ISBN 978-7-115-66195-1

Ⅰ. G645.5

中国国家版本馆 CIP 数据核字第 2025D64R70 号

内 容 提 要

本书针对大学生的特点与安全教育需求编写而成，共 10 章，包括大学生安全教育概述、国家安全、人身安全、财产安全、心理健康、网络与信息安全、交通安全、消防安全、自然灾害应对、实习与就业安全等内容。

本书内容浅显易懂、案例丰富，每章均以案例引入正文，辅以"课堂活动""知识拓展"等特色板块，具有较强的可读性与实用性，可以循序渐进地引导大学生关注安全形势，提高安全意识，识别安全风险，掌握安全知识与防范技能，增强自我防范能力，养成良好的安全习惯。

本书既可作为高等院校大学生安全教育教材，也可作为安全教育工作者的理论参考书。

◆ 主　　编　邱　璟　张自峰　王美艳
　　副 主 编　关志宇　付　智　魏嘉明
　　责任编辑　任书征
　　责任印制　胡　南
◆ 人民邮电出版社出版发行　　北京市丰台区成寿寺路 11 号
　　邮编　100164　电子邮件　315@ptpress.com.cn
　　网址　https://www.ptpress.com.cn
　　北京天宇星印刷厂印刷
◆ 开本：787×1092　1/16
　　印张：12.5　　　　　　　　2025 年 1 月第 1 版
　　字数：274 千字　　　　　　2025 年 8 月北京第 3 次印刷

定价：49.80 元

读者服务热线：(010)81055256　印装质量热线：(010)81055316
反盗版热线：(010)81055315

编委会

主　　编：邱　璟　张自峰　王美艳
副主编：关志宇　付　智　魏嘉明
编　　委（排名不分先后）：

　　大学不仅是大学生钻研学术问题的地方，更是大学生发展个性和积累社会经验的地方。近年来，大学生安全事件时有发生，加强大学生安全教育，提升大学生自我防护意识和能力，成为高校教育体系中不可或缺的一部分。《普通高等学校学生管理规定》《大中小学国家安全教育指导纲要》等规定与指导文件，均对大学生安全教育提出了要求。

　　大学生安全教育不仅在高校教育体系中占据着重要地位，而且在促进大学生个性发展方面也发挥着重要作用。大学生肩负着祖国现代化建设的光荣使命，不仅要全面提高素质，系统学习知识，而且要增强自我安全防范意识，识别潜在的安全风险，提高安全事件的防范和应对能力，在面对突发情况时能够迅速、冷静地做出反应，保障自身及他人的安全。

　　为了给大学生提供一个全面、实用、易懂的安全指南，本书分别从安全认识、安全行为、安全能力3个方面阐述了大学生安全教育的相关内容，帮助大学生提高对安全的重视程度，增强安全意识，养成良好的行为习惯，掌握安全防护和应急救护的基本知识与技能。

　　本书对与大学生安全教育相关的内容进行了较为全面的梳理，结构清晰，案例丰富，通俗易懂，注重知识的实用性，具有如下编写特点。

　　（1）剖析根源，精准防范

　　本书聚焦于发生在大学生群体中的各类安全事件，深入剖析其成因，并据此有针对性地介绍了消除各种潜在安全威胁的策略与要点，旨在增强大学生的安全意识，引导其主动规避自身行为中的安全隐患，从而远离危险境地。

　　（2）板块丰富，学以致用

　　为了便于大学生将知识融会贯通，本书专门设计了"课堂活动""知识拓展"等特色板块。"课堂活动"以案例分析、安全游戏、自我反思、安全测试等形式启发大学生思考，促进大学生对安全知识的深入理解和掌握；"知识拓展"以拓宽大学生知识面为目的，介绍了与正文内容相关的安全知识、安全技巧等，促进大学生安全素养的全面提升。此外，每章最后还设计了"课后思考"板块，引导大学生发现身边的安全隐患，并做出相应防范，同时提高大学生解决实际问题、保护自身安全的能力。

（3）案例实用，警钟长鸣

本书选取了大量贴近大学生生活、学习场景的警示案例，这些案例均由真实事件改编，如大学生上当受骗事件、大学生交通事故、大学生人身伤害事故等，可帮助大学生提高安全意识，督促大学生遵守安全规章制度，从而有效保障自己与他人的安全。

本书的出版得到了各方的关心与支持，在此表示衷心的感谢。本书的编者在编写过程中参考和使用了一些材料，在此谨向这些材料的作者致以诚挚的谢意。

由于编者水平有限，书中难免存在不足之处，欢迎广大读者批评指正。

编者

2024 年 10 月

05

第五章　心理健康　\\　70

06

第六章　网络与信息安全　\\　100

07

第七章　交通安全 \\ 116

08

09

第一章 大学生安全教育概述

在当今复杂多变的社会环境中，大学生作为国家的未来和民族的希望，其安全问题日益受到广泛关注。从国家安全、财产安全、心理健康到网络与信息安全等，大学生面临着诸多潜在的风险和挑战。因此，增强自我防范能力成为每一位大学生的必修课。

本章将基于"安全"这一概念的历史渊源和现代内涵，全面介绍安全教育的核心内容和重要意义。通过对本章的学习，大学生可以提高安全意识，增强安全防范能力；能够在复杂多变的环境中保持平安、健康的状态；能够为维护校园和谐稳定、保障国家安全贡献自己的力量。

学习目标

1. 认识安全的含义，理解安全的意义与价值，掌握安全教育的定义及主要内容，理解安全教育对个人发展、社会稳定、国家安全的重要意义。

2. 了解什么是安全意识，掌握树立良好安全意识的方法与途径，能够识别安全风险，杜绝不安全的行为。

3. 强化安全风险识别与预测能力，增强突发事件处置和应急反应能力，树立正确的世界观、人生观、价值观。

👁 引导案例　　**大学实验室火险：违规操作引试剂燃烧**

在某学院的实验室内，两名正在做实验的学生不慎将盛有水与乙醇混合物的烧杯置于电磁搅拌加热套上，烧杯内的试剂突然发生燃烧。情急之下，一名学生错误地将着火的烧杯扔到了实验室地上的一个纸箱内，这一举动直接导致纸箱及其内部物品迅速被引燃。随后，两人尝试利用灭火毯进行扑救，但由于不熟悉灭火毯的使用方法，未能立即将火势控制住。

幸运的是，隔壁实验室的同学及时察觉并迅速行动，使用灭火器有效地扑灭了火焰，避免了火势的进一步蔓延。经调查发现，这两名学生在实验过程中未严格遵守实验室规定，未穿着必要的实验服，且在实验期间分心玩手机，忽视了实验操作的安全规范，从而因操作失误引发试剂燃烧，造成了此次火险事件。

很多安全事故的发生与处理都与事故者的安全意识和安全素养有关，如果大学生的安全意识够高、自我防范能力够强，就可以规避很多安全事故，降低安全风险。安全意识是预防安全事故发生的关键，是保证人们生活生产安全的前提，是提高人们生活质量和促进社会稳定的基础。要想保证安全，大学生应深刻认识安全的重要性，并提高安全意识，做到防患于未然。

第一节 初识大学生安全教育

慕课视频

大学生安全教育是高校教育体系的重要一环。为了提升大学生的安全意识、防范技能及应对突发事件的能力，高校高度重视大学生安全教育工作，不断创新教育方式和手段，确保每位大学生都能掌握必要的安全知识，全面提升大学生的安全素养。

一、安全与安全教育

在古汉语中，"安"和"全"并不总是组合使用。"安"字在许多语境下都能表达"安全"的意义。例如，《周易·系辞下》中的"是故君子安而不忘危，存而不忘亡，治而不忘乱，是以身安而国家可保也"，这里的"安"与"危"相对，表达了"平安、安定"的意思；《晋书·慕容垂载记》中的"孤受主上不世之恩，故欲安全长乐公，使尽众赴京师，然后修复国家之业，与秦永为邻好"，这里的"安全"则带有"保护、保全"的含义。

在现代汉语中，"安全"一词通常表示"没有危险；平安"，简而言之，就是"事物的主体在客观上不存在威胁的一种工作和生活状态"。安全是人类生存、生产与再生产的重要保障。对于大学生而言，安全是完成学业的根基，是健康成长、学习知识和发展进步的最基本条件，其重要性不容忽视。

而安全教育，是一种以提高公众安全意识、传授公众安全防范知识和技能、培养公众应对突发事件的能力为目的的教育活动。安全教育不仅仅局限于学校教育，而是贯穿人的一生，涉及家庭、学校、社会等多个层面。安全教育的核心在于帮助人们形成正确的安全思维习惯，认识到潜在的危险和风险，学会预防和避免风险，以及在面临危险时能够有效地保护自己和他人的生命安全。

大学生安全教育是高校和教育者依据党和国家的相关政策与法律，以全面提升大学生的综合素质为目标，针对大学生在校期间及步入社会后可能面临的安全问题，对大学生进行实用的法律知识、安全防范知识、学校安全管理制度以及心理健康知识的教育，目的是使大学生能够系统地掌握安全知识，具备相应的防范能力。

课堂活动   **安全漫谈**

安全意识关乎自己和他人的健康和生命安全，关乎每一个家庭的完整，关乎社会的稳定。阅读以下安全事故，你认为谁是安全事故的受害者？谁是安全事故的受益者？遇到这类安全事故，我们应该秉持什么态度和如何做？

（1）某小区一电瓶车违规进入楼道，充电时自燃，引发楼栋大火，对居民的生命财产安全造成严重损害。

（2）某家庭的食物储存不当，全家人食用这些食物后出现中毒症状。

二、大学生安全教育的主要内容

大学生安全教育是一项系统工程，涵盖了国家安全、人身安全、财产安全、心理健康、网络与信息安全、交通安全、消防安全、自然灾害应对以及实习与就业安全等多个方面，这些安全教育内容相互关联，共同构成了大学生安全教育的完整体系。

1. 国家安全

国家安全是国家发展的基石，也是人民福祉的保障。大学生作为国家未来的栋梁，应当自觉关心和维护国家安全，包括但不限于政治安全、国土安全、军事安全、经济安全、文化安全等多个领域。大学生应通过学习和了解相关法律法规，如《中华人民共和国国家安全法》，明确危害国家安全的行为及后果，不参与任何危害国家安全的活动。在日常生活中，大学生应注意言谈举止，不泄露国家秘密，不传播不良信息，积极协助国家安全机关开展工作，共同维护国家的安全稳定。

2. 人身安全

人身安全是大学生生活的基础，大学生必须认识到生命的重要性，珍惜生命、尊重生命，维护自己的身体健康，养成良好的生活习惯，包括饮食习惯、卫生习惯等。此外，大学生还应主动防范、规避一些危及人身安全的事件，增强紧急情况下的应变能力，保护自己和他人的人身安全。

3. 财产安全

财产安全关乎大学生在校期间的正常学习与生活。大学生涉世不深，往往缺乏足够的经验和警惕性，不善于保管自己的财物，因此容易成为不法分子的侵害对象。为了保障自己的财产安全，大学生应增强财物保管意识，学会合理管理自己的财物，不给不法分子留下可乘之机。一旦遭遇财产损失，大学生应及时报警并配合警方调查，尽可能挽回损失。

4. 心理健康

心理健康是大学生全面发展的重要组成部分，它关乎大学生的智力、情绪、意志和人格等多个方面。大学生应该积极面对学习、生活、就业等方面的压力和挑战，培养良好的人格品质和社会交往能力，并掌握自我调节的方法，维护自己的心理健康，从而更好地适应社会环境，实现全面发展。

5. 网络与信息安全

随着互联网的普及和发展，网络与信息安全问题日益突出，成为不容忽视的社会问题。大学生作为网络的主要用户群体之一，更应该提高网络与信息安全意识，一方面要自觉遵守网络道德规范，不传播不良信息，不进行网络攻击，维护健康、安全的网络环境；另一方面，要加强防范意识，保护个人信息，防止个人信息安全受到侵害。

6. 交通安全

为确保自身和他人的安全，大学生应时刻将交通安全牢记心中，增强交通安全意识，学习交通法规，遵守交通规则，文明出行，增强自我保护能力；拒绝危险的交通行为，学会在紧急情况下迅速采取措施，避免交通安全事故发生或减轻交通安全事故带来的伤害，时刻将交通安全放在首位，从小事做起，共同维护良好的交通秩序和社会环境。

7. 消防安全

消防安全与大学生的生命财产安全密切相关，大学生应主动学习消防安全知识，自觉遵守消防法律法规，不断强化自身的消防意识，认识到消防安全的重要性；积极参加学校组织的消防演练活动，提高应对火灾等突发事件的能力水平，做到防患于未然。

8. 自然灾害应对

自然灾害如地震、洪水、台风等，随时可能对大学生的生命财产安全构成严重威胁。因此，大学生应当深入了解并掌握基本的自然灾害应对知识和技能，积极参与学校组织的自然灾害应急演练活动，增强应对自然灾害的能力；注意防范次生灾害等，确保自身安全。

9. 实习与就业安全

实习与就业是大学生走向社会的重要阶段。大学生在实习与就业过程中，也存在一些安全风险问题，如生产安全事故、劳动权益受损等。因此，大学生在选择实习单位和就业岗位时，应仔细甄别并了解相关情况，避免陷入不良的工作环境之中；在工作过程中，也要注意个人安全防护，保护个人人身安全；如果遇到劳动权益受损等问题，要及时向相关部门反映并寻求帮助，维护自身合法权益不受侵害。

课堂活动　　　　　　　　　**宿舍起火怎么处理？**

> 周末晚上，几名学生在宿舍用电磁炉煮火锅吃，中途结伴下楼购买饮品，走时无人关闭电磁炉的电源。他们回到宿舍时，把门一打开，发现火光把宿舍照得透亮，于是连忙冲进去救火。有同学闻讯赶来，端着一盆盆水往起火的宿舍里浇。现场十几个人你来我往地浇水，但火势并未得到有效控制。有同学在宿舍走廊墙角发现灭火器，但现场没有一个人知道如何使用灭火器，错过了最佳救火时机。最后，学校保卫处的工作人员赶来，使用灭火器等消防设施把火扑灭，但宿舍的物品已经严重损毁。
>
> （1）分析这个案例，说一说你发现了哪些安全隐患。
>
> （2）你认为通过安全教育，能否避免类似安全事故的发生？

三、大学生安全教育的意义

大学生安全教育作为高校教育体系的重要组成部分，不仅关乎大学生个人的健康成长与全面发展，还与校园的和谐稳定以及社会的整体安全密切相关。通过系统的安全教育，大学生能够提高自我保护意识，学会识别并规避潜在危险，从而有效保障自身安全。同时，大学生安全教育在增强大学生的法治观念、促进大学生的心理健康、培养大学生的责任感和使命感以及使大学生适应社会发展需求等方面也发挥着不可替代的作用。安全教育可以帮助大学生形成遵纪守法的良好习惯，建立健康的心理防线，明确自身作为社会成员的责任和使命，并掌握必要的安全知识和技能以应对未来社会的挑战。

1. 维护国家安全与利益

党的二十大报告指出："国家安全是民族复兴的根基，社会稳定是国家强盛的前提。"国家安全关乎政治、军事、经济、文化、社会、科技、网络等多个领域，与个人的生活紧密相关。当前，世界环境复杂，国际安全形势不容乐观，我国面临的安全问题也复杂多变。因此，高校必须加强大学生安全教育，引导大学生密切关注国家安全与发展，树立国家安全和利益高于一切的坚定观念和意识，自觉维护国家安全。这不仅是大学生健康成长、成才的必备政治素质，更是大学生应展现的高尚品格。

2. 提高自我保护意识

大学生正处在人生发展的关键时期，面临着复杂多变的社会环境和各种潜在的安全风险。大学生安全教育通过传授安全知识和安全防范技能，可以帮助大学生提高自我保护意识，识别并避免潜在的危险，在面对危险时能够迅速做出正确的判断和行动，从而保障自身的安全。

3. 增强法治观念

通常来说，法治观念淡薄的人更容易出现违法行为，这不仅会对他人造成直接伤害，更会对自己的未来发展产生严重的负面影响。大学生安全教育可以帮助大学生形成对法律的严肃性认知，理解国家法律法规在各个方面发挥的重要作用，养成遵纪守法的良好习惯。同时，大学生安全教育也可以使大学生学会用法律武器来保护自己，积极维护社会的公平正义，成为法治社会的坚定支持者和积极践行者。

4. 促进心理健康

大学是一个充满挑战和机遇的阶段，大学生常常面临来自学业、人际关系等多方面的压力。大学生安全教育有助于大学生建立健康的心理防线，对于处理人际关系、应对学业压力等方面有着积极影响。通过进行大学生安全教育，大学生能够学习到一系列有效的压力管理和应对策略，以更加积极、健康的心态面对生活中的各种挑战。同时，大学生还能树立起正确的价值观和人生观，形成全面发展的个性，不仅在学术上有所成就，更在品德、情感等方面得到全面提升。

5. 保障校园和谐稳定

一个和谐稳定的校园环境有利于学生的学习和发展，而大学生安全教育的实施则有利于营造和谐稳定的校园环境。通过加强安全教育，高校可以减少校园欺凌、火灾、意外伤害等事件的发生。此外，大学生安全教育还能够增强大学生的责任感和使命感，使他们在面对校园安全问题时能够积极采取行动，共同维护校园的和谐稳定。

6. 培养责任感和使命感

大学生是家庭、校园和社会的一分子，享受相应的权利，也需要承担起相应的责任和义务。通过进行大学生安全教育，大学生可以更好地理解自己作为社会成员的责任和使命，在面对紧急情况或安全事故时，能够正确地进行自救互救，不仅保护自己的安全，也保护他人的安全。同时，这种责任感和使命感的培养有助于大学生在日后的工作和生活中更加积极地履行自己的职责和义务，为社会的发展贡献自己的力量。

7. 适应社会发展需求

现代社会对个人的安全素养要求越来越高。接受大学生安全教育已经成为大学生适应社会发展、提升个人综合素质的必要条件。通过进行大学生安全教育，大学生可以掌握必要的安全知识和技能，增强应对突发事件的能力。这些能力和素质的提升有助于大学生在未来的工作和生活中更好地适应社会发展的需求，提升自己的竞争力。

第二节　树立安全意识

慕课视频

对于大学生而言，树立安全意识是一个全方位、多层次且持续不断的过程。在这一过程中，大学生首先要将正确的价值观和道德观作为自己行为的内在导向。同时，大学生还要强化规则意识和法治精神，在日常生活中自觉遵守社会道德规范、规章制度和法律法规，成为法治社会的坚定维护者。面对国家安全的新形势，大学生应树立并践行总体国家安全观，将国家安全意识内化于心、外化于行，积极履行维护国家安全的义务。

一、什么是安全意识

安全意识是指人们对安全问题的关注与警觉心理，是人脑对生活、生产等活动中安全观念的反映。它表现为人们在面对可能对自己或他人造成伤害的外在环境条件时，所保持的一种戒备和警觉的心理状态。这种心理状态促使人们主动识别潜在危险，评估风险，并采取适当的预防措施来保障自身和他人的安全。

安全意识的核心在于对安全的认识和预防意识，它要求人们了解和掌握安全知识，能够在实践中灵活运用这些知识来识别和应对危险。同时，安全意识还强调人们的责任感和自我约束能力，即要求人们自觉遵守安全规定，不违反安全规程，不触碰安全红线。

安全意识反映了人们在日常生活、工作、学习等环境中，对潜在危险、安全隐患及安全规范的认知和警觉程度，主要表现在风险意识、责任意识、红线意识、应急意识几个方面。

1. 风险意识

风险意识是安全意识的重要组成部分，它体现了个人或组织对潜在危险的认知和预判能力。风险意识要求人们能够敏锐地察觉到可能存在的安全隐患，并对其进行科学评估，从而提前采取措施加以防范。风险意识不仅关乎个人安全，也直接影响团队乃至整个组织的安全状况。具备风险意识的人会时刻保持警惕，不放过任何可能引发事故的细节，从而有效避免或减少安全事故的发生。

2. 责任意识

责任意识是安全意识中的另一个重要方面，它强调的是个人或组织对自己所担负的安全职责的自觉认识和主动承担。在安全生产中，责任意识要求每名生产者都能明确自己在安全工作中的角色和定位，知晓自己的安全职责所在，并积极主动地去履行这些职责。大学生身处校园环境中时也要具备责任意识，自觉维护校园安全，同时关心周围环境的安全。

3. 红线意识

红线意识也可理解为规矩意识，是安全意识中的一道不可逾越的底线。它要求个人或组织必须严格遵守国家法律法规、行业标准、企业规章制度、校园规范等规定，不得有任何违规操作或违法行为。红线意识的存在是为了确保各项活动的合法性和安全性，防止因个人或组织的疏忽大意而引发重大安全事故。无论在工作还是在生活中，每个人都应该时刻持有红线意识，将其作为自己行为的准则和底线，坚决不触碰任何可能危害安全的红线。

4. 应急意识

应急意识是指个人或组织在面临突发事件或紧急情况时，能够迅速做出反应并采取有效措施加以应对的心理状态和能力。具备应急意识的人，不仅拥有丰富的安全知识和实践经验，还具备良好的心理素质和应变能力。在突发事件发生时，他们能够保持冷静、沉着应对，迅速判断形势并采取相应的应急措施，以最大限度地减少事故损失和人员伤亡。应急意识的培养和提高，需要通过定期的应急演练和培训来实现。通过培训，大学生可以有效掌握应急处理技能和方法，提升应对突发事件的能力和水平。

课堂活动　　　　　　　　　　**安全意识测一测**

（1）在家里听到有人敲门或门铃响时，你第一反应是做什么？
（2）有人敲门说要到家里检查水电和供气状态，你会怎么处理？
（3）有人自称食品公司销售员并向你赠送饼干，你怎么应对？
（4）购买食品前，你一般会查看保质期吗？
（5）你经常吃路边摊的食物吗？
（6）你定期修改你的密码吗？
（7）防病毒软件可以防范所有的计算机病毒吗？
（8）你考虑过手机丢失时里面信息的安全性吗？
（9）在每年的交通事故中，你估计有多大比例是可以通过提高安全意识来避免的？
（10）你注意过自己的生理规律与工作的关系吗？
（11）你骑自行车转弯时有查看后面来车情况的习惯吗？
（12）平时看到媒体报道或自己在路上看到事故时，你会引以为鉴吗？
（13）总有人在路上不礼让、不遵守交通规则，如果你遇到了会怎么办？
（14）你对过去的经验教训有复盘的习惯吗？
（15）家人和朋友常嘱咐你注意安全，你会从心底里答应吗？
（16）你会有意无意学习一些新的安全知识吗？
（17）你对自己的听觉、视觉、反应速度和执行效果有了解吗？
（18）你有经常开窗通风的习惯吗？
（19）一年四季的常见病有哪些？
（20）出门旅行你会准备一些药品吗？

通过上面的问题，简单评估自己的安全意识与防范能力，并与同学讨论：在生活中，有哪些安全问题需要引起重视？

二、如何树立安全意识

树立安全意识是预防安全事故发生的关键措施，大学生可通过综合运用多种途径树立良好的安全意识。

1. 树立"我要安全"的观念，坚持预防为主

树立安全意识的本质就是树立"安全第一，预防为主"的观念，就是将"要我安全"的被动观念转变为"我要安全"的主动观念。长此以往，大学生就会树立牢固的安全意识，让保护自身安全成为一种条件反射，一旦在生活、学习、实践中发现安全隐患，就会注重保护自身安全，并提醒他人注意安全。

2. 树立正确的人生观和价值观

树立正确的人生观和价值观有助于大学生树立良好的安全意识。

● **树立正确的人生观**。人生观是人们对人生目的和人生意义的根本看法和态度。例如，有的人认为人活着就是为了享乐；有的人认为人生在世，对他人和社会要有所担当。不同的人生观会使人们形成不同的思想观念，导致人们走上不同的人生道路。正确的人生观是一个人对生活的态度、价值观念和存在的意义等方面的健康、积极的看法，其关键是实现个人的幸福感和与社会的和谐共处。因此，树立正确的人生观对大学生树立良好的安全意识有指导作用。

● **树立正确的价值观**。价值观是人们区分好与坏、对与错的总体观念。正确的价值观是个人认为重要并遵循的行为准则和信念体系，其关键是维护能够促进个人幸福、人际关系和社会福祉的价值观念，如诚实与诚信、尊重与包容、责任与担当、勤奋与进取、合作与团结、自律与自控、和谐与平衡等。这些价值观指导人们如何判断好坏与对错，以及在生活中应该追求什么。因此，树立正确的价值观对大学生树立良好的安全意识有指导作用。

3. 培养规则意识和法治精神

培养规则意识和法治精神有助于大学生树立良好的安全意识。

● **培养规则意识**。规则意识是人们发自内心的、以规则为自己行动准绳的意识，如遵守安全规章制度的意识。在校园中，各种安全规章制度随处可见，如宿舍安全规章制度、实验室安全规章制度、网络安全规章制度、消防安全规章制度、校园治安规章制度等。"敬畏规则，行有所止。"大学生可以直观地感受到这些安全规章制度在保障学生安全方面发挥的积极作用。因此，大学生应该培养规则意识，增强遵章守纪的自觉性，这有助于其树立良好的安全意识。

● **培养法治精神**。法治精神是人们尊重法律、遵守法律、服从法律的精神和行为，其要求人们坚持严格执行法律，不得侵犯他人的权利，遵守社会公德，建立良性的社会秩序。培养法治精神是人们通过认识法律的重要性、了解法律知识、树立维权意识等方法与途径将法治原则内化为行为准则的过程。培养法治精神不仅是为了个人利益，更是为了构建一个文明、和谐、有序的社会环境。每个人都应该成为法治精神的传播者和实践者。

4. 重视大学生安全教育

安全需要是人类的重要需要之一，如果大学生对社会安全形势和安全问题认识不清晰，缺乏自我保护意识和必要的安全知识，缺乏解决各种复杂问题和矛盾的能力，那么，在存在安全隐患的情况下就可能身处险境。另外，有的大学生自制力较弱，不考虑做事的后果，易受到不良风气的影响，以身犯险，以身试法。

因此，大学生务必重视并积极接受大学生安全教育。大学生安全教育能够帮助大学生认识安全事故的危害性，了解树立安全意识的重要性，学习安全防范的相关知识和注意事项；可防止大学生因安全意识淡薄而做出不安全的行为，或因为不了解安全知识而做出不安全的行为。

5. 积极参加安全活动

重视安全不是喊口号，而是要行动起来。大学生只有真正把重视安全落到实处，才能帮助自己筑起一座牢固的安全"长城"。因此，大学生应该积极参加学校组织的安全活动，包括各类安全演练和培训，如消防安全演练、抗震逃生演练、应急救援演练、疾病预防培训、急救知识培训、心理健康知识培训等。

大学生积极参加安全活动，可以增强判断所处环境潜在危险的能力、抗压能力和克服心理障碍的能力，以及安全事故应急处理和逃生自救的能力等。大量事实也证明，安全活动有助于在真正发生安全事故时减少或避免财产损失和人员伤亡。因此，大学生要积极参加安全活动，且要按照活动的主题、步骤和要求，认真完成活动内容，不断巩固自己的安全知识，真正做到有备无患。

6. 及时报告事故隐患

"一人把关一处安，众人把关稳如山"，防范安全事故要靠大家齐心协力。大学生不仅要以身作则，自觉遵守安全规章制度、重视安全问题，还要形成随时制止他人不安全行为、关心周围安全情况的意识。大学生发现事故隐患和不安全因素后应及时向老师、学校领导或有关部门汇报情况；一旦发生安全事故，大学生要及时抢救伤员、保护现场，同时协助有关人员做好调查工作。

素养小贴士

大学生应谨记两点：一是不要以身犯险，要避开危险，正如孟子所说"是故知命者，不立乎岩墙之下"；二是有备则无患，如果不能避开危险，就要做好万全的应对措施。

第三节　增强自我防范能力

外部环境是十分复杂且多变的，这种变化性和未知性使得大学生面临着多重安全风险。自我防范能力的提升，是应对这些风险的关键。通过增强安全风险识别与预测能力，大学生可以在危险发生之前做好充分准备；通过增强突发事

慕课视频

件处置和应急反应能力，大学生能够在面对突发状况时迅速做出正确判断，有效保护自己。因此，在大学生安全教育的整个体系中，增强自我防范能力是必不可少的一环。

一、大学生常见安全风险

近年来，我国民众的安全感持续保持高位，国家统计局的调查结果显示，"社会安全稳定"是令青年群体感到十分自豪的状态之一。然而，在当前我国社会治安形势持续向好的大背景下，大学生安全事件仍时常发生。大学生所面临的安全问题既有普遍性，也有特殊性。安全问题是社会中每个人都会面对的，如遭受不法侵害、网络信息安全、违法犯罪等；而特殊性的安全问题则主要源于大学生特殊的学习和生活环境，大学生在享受便捷校园生活的同时，也面临着一些独特的安全挑战，如心理健康等。

1. **心理健康的风险**

大学生虽然正值青春年华，受到家人、师长的保护，但在学业、就业、人际关系等方面，很容易遭遇一些心理健康风险。

● 学习压力。大学生在学习上可能面临着课业负担、考试压力等。长期的学习压力会给大学生带来沉重的心理负担，可能导致焦虑、抑郁等心理问题。

● 经济压力。某些大学生在学费、生活费上面临着一定的压力，长期的经济压力可能导致自卑、抑郁等心理问题。

● 就业压力。大学生在踏入社会时，可能会面临就业竞争、职业发展等压力。越是临近毕业，大学生的就业压力就越大，容易导致焦虑、抑郁等心理问题。

● 家庭问题。大学生在家庭方面可能会遇到各种问题，如家庭矛盾、亲人生病等，这些问题可能导致心理创伤、抑郁等心理问题。

● 人际关系问题。大学生处于青春期和成人期的过渡阶段，人际关系变得更为复杂。室友间的矛盾、恋爱关系的处理，以及与不同性格、背景的同学的相处，等等，这些都可能引发某些大学生的自卑、焦虑、孤独等心理问题。

● 自我认同问题。大学生在自我认同方面可能会遇到困惑，如对自己的专业、兴趣、价值观等方面产生怀疑，或者长期存在负面情绪，如自卑、自责和消极的情绪，这些问题可能导致抑郁等心理问题。

身心健康是大学生完成学业、健康成长、谋求良好职业发展的基本前提。个体的心理健康风险是一个复杂的问题，受到许多因素的影响，每个人的情况都是独特的，因此，大学生需要充分了解生活、学习中面临的心理健康问题，以便及时调整和治疗，保持朝气蓬勃的状态。

2. **遭受不法侵害的风险**

大学生在校园和社会中可能面临遭受不法侵害的风险，主要涉及大学生的人身安全、财产安全，如遭遇盗窃、诈骗、抢劫、抢夺、故意伤害、性骚扰或性侵害等违法犯罪事件。

大学生自身的一些思想观念和行为习惯，使其更容易成为违法犯罪事件的被害人。例如，某些大学生缺乏必要的防范心理，从而给了不法分子可乘之机，成为盗窃、诈骗、抢劫等事件的被害人；某些大学生道德修养不够，或贪图小利，或唯利是图，或拥有错误的恋爱观、婚姻观，容易引发矛盾或遭人报复，从而受到伤害；某些大学生容易冲动行事，不能妥善处理学习或生活中的矛盾、纠纷，从而引发打架斗殴等事件；某些大学生的自我保护意识、法律意识薄弱，在实习、求职、就业的过程中，或上当受骗造成财产损失，或自身的合法权益遭到侵害，等等。

大学生要想规避这些风险，一方面应提升自己的品德修养，增强处理复杂问题的能力；另一方面要提高自我保护意识，学习相关法律知识，以便在面对这些风险时能有效防范和应对。

3. 违法犯罪的风险

大学生面临违法犯罪的风险，具体表现为不良的社会交往、不良的消费观念、不正确的财富观等导致的聚众斗殴、聚众赌博、盗窃、诈骗、抢劫、吸毒藏毒等违法犯罪行为。甚至，一些大学生被金钱、名利诱惑，或受不良人员的蛊惑，参与黑恶势力、利用邪教违法犯罪、危害国家安全，这些行为的社会危害性极大、负面影响巨大，犯罪人员会受到法律最严厉的制裁。

细究起来，大学生走上违法犯罪的道路，主要原因是缺乏对法律知识的基本了解，对犯罪后果的严重性认识不足。大学生要想避免违法犯罪的风险，一方面要提升道德修养，另一方面要了解基本的法律知识，知道违法犯罪的严重后果。

4. 网络信息安全的风险

在信息时代，几乎每个大学生都会使用网络，其生活、学习都离不开网络。例如，网络购物、网络支付、网络学习等。因此，大学生也时刻面临着网络信息安全的风险。

当前大学生面临的网络信息安全风险的常见情形是：在信息交流、网络购物和网络支付等过程中账号被盗用、个人信息被窃取等。此外，也有个别大学生利用信息技术直接实施网络违法犯罪，或者被人利用、唆使，成为电信诈骗、网络盗窃、网络暴力的帮凶。

网络不是法外之地，净化网络，人人有责。一方面，大学生不得通过网络违法犯罪；另一方面，大学生应当健康使用网络，养成良好的网络使用习惯，拒绝网络成瘾，在使用网络时保护好个人信息。

5. 自然灾害及其他突发事件的风险

自然灾害是人类在社会生产生活中始终要面对的风险和挑战，大学生也需要了解这类风险，如台风、洪涝、地震、泥石流、滑坡等。对频繁参与户外活动、集体活动、处于青春活跃期的大学生而言，事故灾难、公共卫生事件和社会安全事件等突发事件，也是安全风险的来源，如交通事故风险、食品安全风险、户外运动安全风险、消防安全风险等。

自然灾害及其他突发事件是造成大学生伤残、死亡的重要原因之一。虽然自然灾害及其他突发事件常常无法预料，但大学生可以做好应对准备，树立良好的安全意识，掌握一定的应急救护知识与技能，以便在遭遇自然灾害及其他突发事件时，保持冷静、理性，采取有效的应对措施，尽量减少生命财产的损失。

📝 **课堂活动**　　　　　　　　**劝说违规下水游泳的大学生**

　　因天气炎热，两名大学生相约到水库游泳降温，他们到达水库边时，既无视"禁止游泳"的警告标志，也不顾路人劝阻，坚决下水。一眨眼的工夫，路人回头再看时，两名大学生已在水里挣扎。这名路人立即呼救，但两名大学生被拖上岸时已经溺亡。后经多方查证，其中一名大学生会游泳，另一名大学生则不会游泳。惨剧发生的原因极有可能是不会游泳的大学生先溺水，另一名大学生施救措施不当，最终两人均溺亡。

　　去水库游泳十分危险，因为水库的水深且不流动，夏天水库上层和下层的水温相差大，容易使游泳者抽筋。并且很多水库里面有状似藤蔓的水生植物，这种水生植物会绊住游泳者的手脚。所以，水库边上一般都设有"禁止游泳"的警告标志，但是有的人仍然心存侥幸，自大逞能去冒险，最终使自己陷入险境。

　　假设你是路人，遇到有人违规下水游泳，你会怎么做？

_____

_____

　　三名同学组成小组，一人扮演路人，两人扮演大学生，路人尝试用自己的安全知识进行科普，阻止大学生下水游泳。

二、大学生必备自我防范技巧

　　通常来说，安全风险不同，其具体的防范手段与技巧也就不同。但无论是什么安全风险，都可以依靠提升安全风险识别与预测能力、突发事件处置和应急反应能力，来帮助自身有效规避一些风险因素，减少安全风险带来的损失。

1. 安全风险识别与预测能力

　　进行安全风险识别与预测是大学生提升自我防范能力的基础。大学生安全风险识别的首要任务是识别生活中潜在的不安全因素和情境，对涉及的具体人物、物体以及时间、地点的安全性有清晰的认知，并主动规避不安全因素和情境。另外，大学生需要依据安全因素、自身实际情况以及可能的损害程度，判断风险的来源，采取有效措施降低风险发生的可能性，确保心中有数、有备无患。

　　分析特定时空背景下的安全状况和安全程度，是进行安全风险识别与预测的前提条件。在开展任何活动之前，深入了解天气状况、历史安全事故发生概率等相关信息，这对于大学生规避风险、有效应对潜在危险具有至关重要的作用。在应对社会安全风险方面，了解社区周围的犯罪动态趋势，是预防犯罪、提升安全感的主要途径。我国各地公安机关也会定期发布警情通报，让辖区居民了解一定时间段内发生的违法犯罪案件、治安状况以及应当采取的防范措施。因此，大学生应当养成通过媒体、网络等渠道关注和了解社会治安情况的习惯，掌握生活环境或出行地区的治安信息，从而提升自身的安全防范意识，并进行必要的预防准备。

课堂活动

户外徒步计划

　　假设你与几位朋友相约到户外徒步，你需要为你们的户外徒步活动制定一个准备方案，以应对可能遭遇的各种风险，你将从哪些方面进行准备？将你的方案列举在下面的横线上。

（1）徒步准备

_____

_____

_____

（2）应急预案

肢体受伤：_____

蛇虫咬伤：_____

失踪：_____

失温：_____

中暑：_____

脱水：_____

2. 突发事件处置和应急反应能力

　　突发事件处置是指在面对不安全事件时，采取有效措施以规避风险或减少损失的过程。而应急反应能力则是指个体在面对突发事件时，能够迅速做出反应，进行有效应对、躲避或救助的能力。为了培养应急反应能力，大学生应积极参与各类应急救护知识培训，加深对各类突发事件的认识和了解，学习并掌握应急救治技能（如心肺复苏术等）；还应认真对待应急演练活动，关注建筑物内的安全出口位置，并努力提高自身的身体素质。

知识拓展

"SAFE" 原则

　　"SAFE" 原则是一种防范暴力侵害的原则，也可以概括为防范暴力侵害的 "警惕—躲避—逃离—自救" 四步法。其中，S 代表 Secure，即寻求安全；A 代表 Avoid，即躲避危险；F 代表 Flee，即逃离灾难；E 代表 Engage，即缓兵诈敌。

　　"SAFE 原则" 将防范暴力侵害策略分为几个层次，从寻求安全到缓兵诈敌，后一策略都是前一策略无法实施时的备选方案：在能够确保自身安全的情况下，应避免进入可能遭遇危险的环境；当无法直接寻求安全时，应尝试躲避可能带来风险的活动或环境，通过改变行为或地点来减少遭遇暴力侵害的可能性；如果躲避不可行，应考虑立即逃离现场；如果前 3 个策略都无法实施，则考虑自救，使用缓兵之计稳定敌人，寻求合作或帮助。这一策略的实施往往对应十分紧急和危险的情况，需要个体迅速采取行动。

当实际遭受安全危害时，应急反应方式需根据现场情况灵活调整。例如，大学生遭遇人身伤害时，应尽可能迅速跑向有人、明亮或有摄像头监控的地方；如果无法脱身，则应保持冷静，尽量拖延时间，避免激怒对方；在生命攸关的时刻，要舍得放弃财物以确保自身安全；应第一时间拨打110报警电话，并在手机上设置一键拨打报警电话的功能，以便在紧急情况下迅速求助。对于女性而言，在不安全时段出行或前往安全性较低的地方时，可随身携带一些必要的小型防范设备，如具有爆闪功能的强光手电筒等，以增强自我保护能力。

本章小结

本章概述了大学生安全教育的重要性与核心内容，通过深入剖析"安全"的古今含义及其在教育中的体现，明确了大学生安全教育对提升大学生的自我保护意识、增强大学生的法治观念、促进大学生的心理健康等方面的积极作用。同时，本章详细列举了大学生面临的常见安全风险，介绍了自我防范技巧，旨在帮助大学生树立安全意识，提升应对突发事件的能力，为其健康成长和全面发展提供坚实保障。

课后思考

1. 安全问题的自我审视

（1）请反思自己在日常生活中是否存在忽视安全问题的行为或习惯。这些行为或习惯可能带来哪些潜在的风险？

_____

_____

（2）你认为应该如何通过改变生活习惯和加强对安全知识的学习，进一步提升自己的安全意识？

_____

_____

2. 维护安全的实践行动

（1）在网络中搜索关于"大学生安全事故"的各种案例，阅读案例，并说一说这些安全问题应该如何避免。

骑车摔伤：_____

用电不当：_____

溺水：_____

心理问题：_____

其他：_____

（2）请你从不同的方面为自己制定一个提高安全意识的方案，督促自己养成了解安全事故、了解安全风险易发地、了解消防逃生图、学习安全小技巧等习惯，通过该方案在潜移默化中培养自己的安全意识，提升自己的安全风险防范能力。

3. 个体责任与安全反思

作为大学生，你该如何为维护国家安全贡献自己的力量？在日常生活中，有哪些具体行动可以体现你对国家安全的重视和责任感？

_____

_____

_____

_____

_____

第二章

国家安全

在全球化、信息化的世界中，国家面临着来自国际社会的各种挑战和威胁，即使是一些个体行为引起的"蝴蝶效应"，也可能对国家安全造成不可预估的影响。维护国家安全是全国各族人民根本利益所在。因此，每个人都要为国家安全贡献力量，筑牢坚如磐石的堤坝，使任何危害国家安全的行为都无法得逞。

本章将围绕国家安全的相关内容进行讲解，帮助大学生深入理解国家安全的重要性，提升国家安全意识，使大学生能通过各种方式为国家安全贡献智慧和力量。

1. 了解国家安全的内涵和维护国家安全的意义。
2. 树立总体国家安全观，增强国家安全意识。
3. 掌握维护国家安全的实现途径，切实维护国家安全。

引导案例   **警惕网络诱惑，守护国家安全**

某校学生小张喜欢了解时事新闻、浏览军事网站。某天，小张在某军事论坛浏览时，发现有人在自己的帖子下面留言，表示已经关注小张很久，对小张在军事方面的专业知识很是欣赏，想私下与小张进一步探讨。于是，小张便添加了对方的社交联系方式，与对方成为网络好友。成为好友后，对方频频找小张讨论时事热点、军事动态，并自称是某研究中心研究员，受雇于境外企业，希望能获得小张的帮助，完成对中国社会文化、政治、军事等领域的一些研究，同时许以高额报酬。

小张本着为好友解决难题的想法，表示愿意帮忙。但多次聊天后，小张发现对方在有针对性地收集我国各个方面的政策方针和军事资料，动机十分可疑，便当机立断向国家安全机关举报，并如实反映自己掌握的情况。国家安全机关工作人员经过侦查，查明和小张联系的"研究员"的真实身份是境外间谍情报机关人员。由于小张的及时举报，国家安全机关第一时间消除了相关间谍窃密的安全隐患。

网络使人们能够进行跨越时间和空间的便捷交流，但也隐藏着危险，掌握着大量知识的大学生稍有不慎，就容易被人利用。在各种形式的利诱面前，大学生切莫放松警惕，更不要抱有侥幸心理。大学生应提升维护国家安全的意识，提升对国家安全隐患的识别能力，切实维护国家安全。

第一节　认识国家安全

慕课视频

个人的生活安全与国家安全紧密联系，国家安全不仅关乎国家利益，也关乎每个人的切身利益。"居安思危，思则有备，有备无患"，自觉关心和维护国家安全是每个人的义务，国家安全的实现需要每个人的参与。大学生必须深刻认识国家安全，丰富国家安全知识，树立正确的国家安全观。

一、国家安全的内涵

《中华人民共和国国家安全法》（以下简称《国家安全法》）第二条对国家安全的定义如下：国家安全是指国家政权、主权、统一和领土完整、人民福祉、经济社会可持续发展和国家其他重大利益相对处于没有危险和不受内外威胁的状态，以及保障持续安全状态的能力。

国家处于没有危险和不受内外威胁的状态，也就是国家既没有外部的威胁和侵害，又没有内部的混乱和疾患的客观状态，这是国家安全的基本要义。

第一，国家安全是国家没有外部的威胁和侵害的客观状态。从威胁和侵害者看，这种外部的威胁和侵害包括：①其他国家的威胁；②非国家的其他外部社会组织和个人的威胁，如某些国际组织或地区组织对某国的威胁和侵害；③国内力量在外部所形成的威胁和侵害，如国内反叛组织在国外从事的威胁和侵害本国的活动。

第二，国家安全是国家没有内部的混乱和疾患的客观状态。危及国家生存的力量不仅来源于一个国家的外部，而且还时常来源于一个国家的内部。国内的混乱、动乱、骚乱、暴乱，以及其他各种形式的疾患，都会直接危害到国家生存，造成国家的不安全。因此，国家安全必然包括没有内部混乱和疾患的要求。

第三，只有在同时没有内外两方面的危害的条件下，国家才安全，因此，只有这两个方面的统一，才是真正的国家安全。

素养课堂

《国家安全法》第七十七条规定，公民和组织应当履行下列维护国家安全的义务：

（一）遵守宪法、法律法规关于国家安全的有关规定；

（二）及时报告危害国家安全活动的线索；

（三）如实提供所知悉的涉及危害国家安全活动的证据；

（四）为国家安全工作提供便利条件或者其他协助；

（五）向国家安全机关、公安机关和有关军事机关提供必要的支持和协助；

（六）保守所知悉的国家秘密；

（七）法律、行政法规规定的其他义务。

任何个人和组织不得有危害国家安全的行为，不得向危害国家安全的个人或者组织提供任何资助或者协助。

二、维护国家安全的意义

维护国家安全的意义重大且深远，它不仅关乎国家的生存与发展，也是人民幸福安康的前提。

从国家角度看，国家安全是确保国家独立和主权的基础，国家安全的强大保障可以防止外部势力对国家的侵略和干涉，维护国家的领土完整和政治稳定。国家安全是安邦定国的重要基石，维护国家安全是全国各族人民根本利益所在。国家安全是国家生存与发展的重要保障，它确保了国家的经济社会能够持续发展，使国家更加繁荣富强。在当前的国际环境中，面对复杂多变的安全挑战，维护国家安全对于实现"两个一百年"奋斗目标和中华民族伟大复兴的中国梦具有重要意义。

从人民角度看，国家安全是人民幸福安康的基本前提。通过建立健全的安全机制和法律制度，国家可以预防和应对各种内外部安全威胁，保护人民免受恐怖袭击、犯罪活动和其他安全风险的侵害。在稳定的国家环境中，人民才能拥有良好的学习、生产和生活条件，其生命安全和财产安全才能得到保障，从而获得安全感，并创造更美好的生活和未来。

三、增强国家安全意识的途径

国家安全意识是指公民在履行维护国家安全、荣誉和利益的义务方面所应具备的观念的总和，主要包括爱国主义精神、国家利益至上观念、法纪观念、敌情观念、保密观念、安全防范观念等。将维护国家安全列为首要任务，视国家利益为最高、最根本的利益，增强国家安全意识，是每个大学生都应该引起重视和做到的。

1. 树立国家利益高于一切的观念

大学生应始终把国家安全放在第一位，强化自己的责任意识，树立国家利益高于一切的观念，并且坚定思想。科学没有国界，但科学家有自己的祖国。大学生需要树立正确的人生观和世界观，通过强化爱国主义思想，真正意识到自己是国家的主人，国家的稳定与安全关系着整个民族的利益；意识到国家安全涉及生活的方方面面，是国家、民族生存与发展的首要保障；意识到维护国家安全既是每个公民的权利，也是每个公民必须履行的义务。

2. 培养主人翁意识

一些大学生觉得军事、战争、国土、间谍、恐怖主义等距离自己十分遥远，不能自觉地把维护国家安全与自身的责任联系起来，这就是典型的缺乏主人翁意识的表现。大学生应该懂得国家安全是国家生存和发展的基本前提，"家是最小国，国是千万家"的道理。并且，大学生作为国之栋梁，接受国家教育，在国家建设、国家安全等方面是能够建功立业的。大学生应摒弃"国家安全与自己关系不大"这种缺乏深刻认知的错误观念，明白维护国家安全关乎自身、关乎民生、关乎国家稳定、关乎社会的长远发展。大学生应增强主人翁意识和国家安全意识，积极履行维护国家安全的各项义务。

3. 摒弃妄自菲薄的思想

摒弃妄自菲薄的思想包含两个方面的内容。一方面，大学生要有文化自信和民族自信等，充分肯定自身文化的价值。我国虽是发展中国家，但我国的未来发展不可小觑。大学生要看到我国的许多"世界第一""中国特色"，树立文化自信和民族自信。另一方面，大学生是维护国家安全的重要力量，要摒弃人微言轻的错误思想。国家安全是一个"大安全"理念，涵盖诸多领域，其中很多领域都与大学生的日常生活、学习、工作紧密关联。

4. 丰富国家安全知识

当前，有关国家安全的规定在理论上较为完善，而部分大学生对国家安全的认识还停留在传统的、局部的层面，加之国家安全面临的实际情况十分复杂，这使得部分大学生对国家安全的定义和范围认识得不清晰、不全面，以致在履行维护国家安全的义务和责任时，不能准确、恰当地把握避免国家安全受损、切实维护国家利益的相关尺度。

大学生应该积极丰富国家安全知识，除了了解国家安全涵盖的范畴和内容之外，还要了解有关国家安全的法律法规，如《中华人民共和国宪法》（以下简称《宪法》）、《国家安全法》《中华人民共和国反恐怖主义法》（以下简称《反恐怖主义法》）、《中华人民共和国保守国家秘密法》（以下简称《保守国家秘密法》）等。这样既能清楚在日常生活或对外交往活动中什么是合法的、什么是违法的、什么可以做、什么不能做，并时刻保持警惕，又能提升维护国家安全的能力，识别危害国家安全的行为，防范别有用心者，并与其进行斗争。除此之外，大学生还可以随时关注和了解时事新闻，关心国家大事，从而丰富国家安全知识，强化爱国主义思想，增强国家安全意识。

5. 积极配合国家安全机关的工作

国家安全机关是反间谍工作的主管机关，是重要的国家情报工作机构，同时承担着维护政治安全、保卫海外安全等职能，严格依照与国家安全相关的法律法规行使权力、履行职责。大学生要有积极配合国家安全机关工作的意识并付诸行动。当国家安全机关需要大学生配合工作时，每个大学生都应按照法律法规的要求，认真履行义务，尽力提供便利条件或其他协助。例如，当国家安全机关需要大学生配合工作时，大学生应如实提供相关情况和证据，做到不推、不拒，切勿以暴力、威胁等阻碍国家安全机关工作人员执行公务，还要保守好已知晓的国家安全工作秘密。

6. 积极参与国家安全活动

大学生要积极参与全民国家安全教育日等国家安全活动。根据《国家安全法》的相关规定，每年4月15日为全民国家安全教育日。设立全民国家安全教育日，是为了强调维护国家安全不仅仅是专门机关的任务，而是所有国家机关、社会组织和公民的义务和职责；是为了集中地向社会公众传播国家安全方面的知识，让社会公众接触和了解国家安全方面的法律知识，特别是懂得如何依法履行维护国家安全方面的职责和义务，增强维护国家安全的能力，甄别和防范危害国家安全的不法行为。

　　"12339"是国家安全机关受理个人和组织发现的危害我国国家安全的线索举报电话。任何个人和组织一旦发现危害国家安全的情况和线索，应及时向国家安全机关报告并如实提供所知悉的相关证据。另外，个人和组织还可通过向国家安全机关投递信函、登录国家安全机关互联网举报受理平台网站等方式举报任何危害国家安全的活动。

第二节　树立总体国家安全观

慕课视频

　　从古至今，国家安全一直处于发展变化之中。新中国成立以来，我国国家安全蕴含的内容逐步扩大。如今，外部环境不断发生改变，国际形势进入新的阶段，国家安全的变化速度也进一步加快，其内容和形式越来越丰富，涉及的问题越来越复杂。

一、我国国家安全观的演变

　　中华人民共和国成立以来，我国国家安全观经历了不断的演变和发展，其核心逐渐从单一的领域扩展到了更为广泛的领域，体现了国家对安全问题的全面认识和应对。

　　中华人民共和国成立之初，我国面临着非常复杂的安全环境。为了确保国家的政权安全和领土完整，这一时期，军事安全是我国国家安全的重心，同时我国十分重视国际安全。

　　在20世纪70年代末至冷战结束期间，国际形势出现了巨大的变动，时代主题开始朝着反对战争、谋求和平发展的方向推进，此时，我国的国家安全观也从以军事安全为主转向了综合安全的观点，指出要综合、全面地衡量国力，在军事安全、政治安全之外，发展经济安全、科技安全，依靠发展经济与促进社会稳定来加强国家安全。

　　进入21世纪，我国经济高速发展，一些国家惧怕我国的崛起，蓄意制造"中国威胁论"，为我国国家安全带来不良影响。此外，国内因经济发展而产生的各类问题也在一定程度上危及了国家安全和社会稳定。这一时期，我国在以往国家安全观的基础上，强调以人为本，促进社会和谐稳定，促进全民族的团结，以维护我国的国家安全。

　　中国发展进入新时期、新阶段以来，社会环境复杂、国际形势变化多端，为了应对各种问题与挑战，我国从战略高度提出了总体国家安全观。

二、总体国家安全观的核心要义

　　2014年，习近平同志在中央国家安全委员会第一次会议上强调，要准确把握国家安全形势变化新特点新趋势，坚持总体国家安全观，走出一条中国特色国家安全道路。

　　总体国家安全观是中国共产党和中国人民捍卫国家主权、安全、发展利益百年奋斗实践经验和集体智慧的结晶，是新时代国家安全工作的根本遵循和行动指南。总体国家安观的核心要义可以概括为五大要素和五对关系。五大要素就是要以人民安全为宗旨，以政治安全为根本，以经济安全为基础，以军事、科技文化、社会安全为保障，以促进国际安全为依托。五对关系就是既重视发展问题，又重视安全问题；既重视外部安全，又重视内部安全；既重视国土安全，又重视国民安全；既重视传统安全，又重视非传统安全；既重视自身安全，又重视共同安全。总之，厘清五大要素、把握五对关系，是理解总体国家安全观的关键所在。

三、重点领域的国家安全

　　重点领域的国家安全是保障国家整体安全的重要基石。在当前复杂多变的国内外形势下，维护政治安全、国土安全、经济安全、社会安全、网络安全、外部安全等重点领域的稳定与发展，对于维护国家主权、安全和发展利益具有至关重要的意义。

✍ 课堂活动　　辨别抹黑国家形象的谣言

　　张某假扮缅甸籍人员，在境外社交媒体网站开通数个账号，介绍国外日常生活、风土人情，发布2万余条帖子，吸引了数万粉丝关注。为了维持其虚假"人设"，张某恶意编造了大量耸人听闻的虚假消息和谣言，引发网民恐慌，造成恶劣影响。在吸引大量粉丝后，张某频繁以造谣、诽谤的方式，发布抹黑国家形象、攻击党和政府的帖子，甚至煽动、教唆他人以暴力方式推翻国家政权。在充分掌握张某违法犯罪的证据后，国家安全机关依法对张某采取了强制措施。

　　你认为张某危害了哪些方面的国家安全，造成了什么恶劣影响？

　　（1）维护政治安全。政治安全是国家安全的根本，维护政治安全要坚持中国共产党的领导，始终保持对国家安全的高度警惕。

　　（2）维护国土安全。国土安全是立国之基，是关乎国家生存和发展的基本条件。

　　（3）维护经济安全。经济安全是国家安全的基础。维护经济安全要坚持中国特色社会主义基本经济制度不动摇，不断完善社会主义市场经济体制，建设现代化经济体系。

　　（4）维护社会安全。社会安全与人民群众的切身利益关系最为密切，维护社会安全要大力推进平安中国建设，完善立体化社会治安防控体系，提高社会治理整体水平。

　　（5）维护网络安全。当今世界，以互联网为代表的新兴技术日新月异，对人类社会的发展进程产生深刻影响，网络安全威胁也日益严峻。

　　（6）维护外部安全。和平稳定的国际环境和国际秩序是国家安全的重要保障。维护外部安全，要坚定奉行独立自主的和平外交政策，坚持走和平发展道路，推动构建人类命运共同体。

📝 **课堂活动**　　　　　**以监测为名非法窃取信息**

　　辽宁大连的海参养殖户张先生向国家安全机关举报称，他的养殖场来了几名不速之客。黄某带领数名外籍人员，以"免费安装海水质量监测设备"为名，在张先生的海参养殖场安装了海洋水文监测设备和海空监控摄录设备。此后，张先生逐渐发现，水文监测设备的数据被源源不断地传输至境外，且很多数据与海参养殖并无关系，那些海空监控摄录设备对海参养殖更是毫无意义。张先生感觉情况可疑，便拨打12339向国家安全机关进行了举报。经鉴定，这些外籍人员在我国海域非法安装的监测设备，监测范围涉及我国空中军事行动区域，可以对我国非开放海域潮汐、海流等重要敏感数据进行实时监测，对我国海洋权益及军事安全构成严重威胁。根据举报信息，辽宁省国家安全机关对黄某及数名外籍人员依法采取强制措施，并收缴了监测设备。黄某等人如实交代了非法窃取我国海洋水文数据和海空军事影像的违法犯罪事实。

　　你认为这种非法窃取海洋水文数据和海空军事影像的行为危害了我国的什么安全？大学生应该如何对类似行为保持警惕？

　　_____

　　_____

第三节　维护国家安全的实现路径

慕课视频

　　当前，我国面临的环境复杂多变，境外敌对势力和间谍情报机构为达到分化、西化中国的目的，一方面利用各种渠道，以公开或秘密的方式传播西方的价值观念及生活方式；另一方面采取物质利诱等手段，或打着学术交流、参观访问、洽谈业务等幌子，刺探、套取、收买国家秘密和单位秘密。在此复杂形势下，作为维护国家安全的重要力量，大学生应擦亮双眼，身体力行，自觉维护国家安全。

一、反恐防暴

　　恐怖主义是指通过暴力、破坏、恐吓等手段，制造社会恐慌、危害公共安全、侵犯人身财产，或者胁迫国家机关、国际组织，以实现其政治、意识形态等目的的主张和行为。如今，恐怖主义已成为影响世界和平与发展的重要因素，在已经发生的各类事件中，恐怖分子袭击民众的手段之凶残，严重挑战了人类文明的底线。

1. 防范恐怖主义

　　受国际形势和部分地区的不稳定因素影响，世界上的一些地方受到了不同程度的恐怖主义的威胁，发生了不同程度的暴恐事件。因此，大学生要清楚地认识恐怖主义的严重社会危害性，增强自身的安全防范意识，保护自己、家人与亲友的安全。

● 要坚决反对煽动仇恨、煽动歧视、鼓吹暴力等一切形式的恐怖主义，对破坏国家乃至国际社会的安全与稳定的恐怖主义应强烈谴责。

● 要理性表达爱国行为，不在社交平台发布不当言论和照片，不破坏团结。

● 要积极接受反恐怖主义宣传教育，增强自身的反恐怖主义意识。

● 不宣扬恐怖主义或挑唆、煽动、胁迫、引诱他人实施恐怖主义活动；不制作、传播、非法持有宣扬恐怖主义的物品；不穿戴宣扬恐怖主义的服饰。

● 不为宣扬恐怖主义或实施恐怖主义活动的个人或组织提供信息、资金、物资、劳务、技术、场所等支持、协助和便利。

● 一旦发现宣扬恐怖主义的物品、资料、信息，要立即向国家安全机关报告。要尽量做到不围观与恐怖主义相关的人、事、物，以免影响相关部门的快速应急反应。

2. 防范恐怖主义袭击事件的侵害

恐怖主义袭击事件在一些国家或地区时有发生，造成人员伤亡和重大财产损失、公共设施损坏，严重扰乱了正常的工作与生活秩序。大学生可以从以下几个方面入手，防范恐怖主义袭击事件的侵害，维护自身的人身安全。

● 不去恐怖主义活动的频发区，即使到这些地方学习、旅游、工作，思想上也要提高警惕，活动时要格外小心。

● 如遇持刀袭击，要快速跑开，不停留围观；若跑不掉则要找隐蔽的地方躲藏；若跑不掉也躲不了，则要利用身边一切可用之物，如衣服、书包、石块等，与周围的人共同反击。

● 如遇纵火袭击，要保持冷静，迅速撤离；如果身上着火了，要尽快脱掉衣物或就地打滚，压灭火苗，用湿毛巾、湿衣物等捂住口鼻俯身逃离；在3层以下的楼房，可迅速利用身边的绳索或衣物、窗帘等自制简易救生绳，并用水浸湿，从窗台或阳台沿绳滑到下层或地面；如实在无法逃离，可用湿毛巾、湿衣物、湿棉被等堵塞门缝、门窗，并用水淋透房间，等待救援；尽量在阳台、窗口等易于被人发现和避免烟火近身的地方呼救。

● 如遇毒气袭击，要尽快利用环境设施和衣服、帽子、口罩等随身携带的物品保护自己的眼、鼻、口，防止摄入毒气，并迅速撤离现场；撤离时，要逆着毒气流动的风向撤离；远离毒气源后，要脱去被污染的衣服，及时消毒，并立即到医院检查，必要时进行排毒治疗。

● 如遇开枪袭击，应当降低身体姿势，立即找遮蔽物躲避伤害，不要尝试与子弹赛跑。判明情况后，要快速撤离到安全的地方。

● 如遇爆炸袭击，应迅速俯卧，使上体和头部远离爆炸物，护住身体重要部位；若在有水沟的地方，则应侧卧在水沟内。如遇大量人员慌乱撤离，应尽量贴墙前行，同时可用物品遮掩身体易受伤部位，切忌乱跑乱窜或大呼大叫。

● 如不幸被劫持，成为人质，应首先保持镇定，保存体力，不要行为失控，以免惹怒劫持者而受到伤害，同时要注意观察劫持者的数目、体貌特征；然后借机通过发短信、写字条等方式，将所处地点及劫持者的数目、体貌特征等重要信息传递出去，然后耐心等待救援。在警务人员对劫持者发起攻击时，要立即趴在地上，双手保护头部，随后迅速按警务人员的指令撤退。

● 在遭遇恐怖袭击时，在确保个人安全的情况下，要尽快拨打报警电话，尽量提供简明清晰的信息，如地点、时间、发生事件、后果等。

二、反对民族分裂

民族分裂是指境内外民族分裂势力以脱离平等、团结、互助、和谐的社会主义民族关系的整体为目的，破坏国家统一和团结，违反本民族根本利益，制造并加剧各民族之间的隔阂与纷争的民族分裂活动和行为。民族分裂势力的存在是影响社会安定的重大隐患。一切破坏民族团结和制造民族分裂的行为，《中华人民共和国宪法》都明确规定予以禁止。

1. 反对民族分裂的意义

民族分裂是危害国家安全的重要因素之一。长期以来，境内外民族分裂势力以唯心主义的国家观、历史观为基础，利用文学作品、文艺演出、音像制品、网络媒体等，大肆歪曲、编造、篡改历史，散布和传播错误、反动言论，夸大文化差异，煽动民族对立情绪，企图带偏人们的思想观念，以此来争夺人心。这致使一些人对历史、民族、文化等问题产生错误认知，严重削弱了人们的国家认同感。直到今天，民族分裂的思想毒瘤远未肃清。

国家统一、民族团结才能推动社会向前发展，这是人类社会发展的基本规律。纵观中外历史，任何国家的繁荣鼎盛莫不如此。相反，在历史的长河中，凡是民族纷争、国家破碎的时期，社会的进步和发展都会受到严重的阻碍。如果一个国家、一个地区处于动荡中，纷争不断，战火不停，那么带来的结果必然是厂矿停产、商场歇业、学校关门等，既扰乱人们正常的生活秩序，给人们造成心理恐惧，又严重破坏国家、地区的繁荣稳定，使整个社会呈现出混乱的局面。

我国是统一的多民族国家，多民族、多文化是我国的一大特色。各民族在长期的生产生活中，共同开发了祖国的锦绣河山和广袤疆域，共同创造了悠久的历史和灿烂的文化。在漫长的历史进程中，各族人民密切交往、相互依存、休戚与共，结成了牢不可破的血肉纽带和兄弟情谊，这是任何势力都无法阻断的。因此，大学生应牢固树立中华民族共同体意识，自觉地同民族分裂势力坚决斗争。

2. 如何反对民族分裂

大学生在反对民族分裂问题上，应立场坚定，坚决与一切企图分裂民族的势力进行斗争。

● 坚定立场。大学生在反对民族分裂问题上要立场坚定，正确认识历史真相，树立正确观念，提升辨别能力，在维护国家安全的问题上毫不动摇，不传播民族分裂的言论和非法出版物，发现危害国家安全的情况和线索应立即举报，自觉维护国家统一和民族团结。

● 加强宣传。与民族分裂势力的斗争实践表明，意识形态领域是我们与民族分裂势力斗争的主要场地，彻底清除民族分裂势力在意识形态领域散布的错误言论和反动思想的影响，是实现社会稳定和长治久安的迫切需要，是增强中华民族凝聚力、铸牢中华民族共同体意识的根本。因此，大学生可发挥自己的力量加强对祖国统一、民族团结相关知识的宣传，让周围的人认清民族分裂的阴谋及其危害，认清真实历史，树立正确观念，不要被不良思想左右，让他们明白只有各民族平等互助、团结共享，才能实现共同富裕，促进国家的统一和发展。

● **坚决斗争**。大学生在反对民族分裂问题上要坚决支持我国政府严厉打击民族分裂势力的行动，并坚决同一切破坏我国繁荣稳定的民族分裂势力进行斗争。

三、严守国家秘密

国家秘密一旦泄露，将危害国家的安全和利益。不同等级的国家秘密泄露后会造成不同程度的危害。因此，每个人都要引起重视，培养自己的保密意识。

1. 国家秘密的范围与密级

《中华人民共和国保守国家秘密法》第二条规定，国家秘密是关系国家安全和利益，依照法定程序确定，在一定时间内只限一定范围的人员知悉的事项。

《中华人民共和国保守国家秘密法》第十三条规定，下列涉及国家安全和利益的事项，泄露后可能损害国家在政治、经济、国防、外交等领域的安全和利益的，应当确定为国家秘密：

（1）国家事务重大决策中的秘密事项；

（2）国防建设和武装力量活动中的秘密事项；

（3）外交和外事活动中的秘密事项以及对外承担保密义务的秘密事项；

（4）国民经济和社会发展中的秘密事项；

（5）科学技术中的秘密事项；

（6）维护国家安全活动和追查刑事犯罪中的秘密事项；

（7）经国家保密行政管理部门确定的其他秘密事项；

政党的秘密事项中符合前款规定的，属于国家秘密。

《中华人民共和国保守国家秘密法》第十四条规定，国家秘密的密级分为绝密、机密、秘密三级。绝密级国家秘密是最重要的国家秘密，泄露会使国家安全和利益遭受特别严重的损害；机密级国家秘密是重要的国家秘密，泄露会使国家安全和利益遭受严重的损害；秘密级国家秘密是一般的国家秘密，泄露会使国家安全和利益遭受损害。

2. 如何自觉保守国家秘密

近年来，在日常生活中，泄露国家秘密的案件时有发生，如"军迷"在社交网站晒军事资料泄密，国家机关工作人员在微信朋友圈发布涉密信息，网络攻击和窃密，等等。保守国家秘密，人人有责。大学生要正确认识保密对国家安全的重要性，坚守法律红线，在日常生活中提高警惕，严守国家秘密。

● **不任意拍摄、分享照片**。不能为了满足好奇心，在军事基地、军用港口等地未经允许拍照，更不能为了炫耀，在微信朋友圈分享部队训练、武器装备、军人军装等照片。

● **不随意插队**。驾车外出时，若遇到军车车队驶过，不要穿插车队，更不要跟踪拍摄。

● **不盲目工作。**工作中杜绝可能泄露国家秘密的行为，如提供涉密单位尚未公开的内部信息，或者利用工作之便拍摄涉密照片牟利等。

● **不混用计算机内外网。**不要在内网专用计算机上使用无线网卡、无线鼠标、无线键盘等无线设备以及外单位的存储介质。不要把涉及国家秘密的内容保存在与互联网连接的计算机、移动硬盘等介质中。

● **不随便买卖东西。**不能非法购买或出售卫星数据接收卡、无线摄像笔、实时视频无线监控器、GPS跟踪定位器、钥匙扣密拍器等专用间谍器材。

● **不非法传播信息。**不参与出版和传播涉及国家秘密的非法出版物，不利用电子邮件、网络论坛等网络传播途径传播涉及国家秘密的内容。

● **不隐瞒可疑线索。**若发现可能涉及泄露国家秘密的情况和线索，不得隐瞒，立即向国家安全机关举报。

课堂活动　　　　　**因非法获取军事信息而获罪**

　　某校学生张某是一个超级"军事迷"，喜欢浏览军事信息，收集军事资料，并经常发帖分享军事知识。为显示自己在军事方面的专业度，引起网友的追捧，张某多次到某军用机场周边观察、打探，记录部队日常训练时间，并偷拍军用飞机和军用机场设施。张某不仅将自己偷拍的照片发到社交平台，还向其他军事爱好者传播这些资料。

　　此后，张某被国家安全机关抓获，经鉴定，张某拍摄的军用飞机照片属于军事机密和国家秘密，等待他的将是法律的严惩。

　　你知道偷拍军用机场、军事基地、军事禁区、军用设备、军队训练、国防军工单位等涉嫌违法吗？你认为这些行为存在哪些危害？

_____

_____

3. 如何防范间谍

　　在危害国家安全的犯罪行为中，间谍活动是一种较为隐蔽的活动，也是最为严重的行为之一。一方面，随着通信技术的发展与移动互联网终端的普及，人们的沟通变得非常方便，但人们在享受这份便利的同时，间谍组织也在利用这一点实施勾连、渗透、策反和窃密等非法活动。另一方面，改革开放以来，我国对外交往的范围不断扩大，大学生与国外人员接触、交流的机会越来越多，从而无形中给了间谍组织可乘之机。

　　"安而不忘危，存而不忘亡，治而不忘乱"，身处和平时期，现实生活里并不见刀光剑影，但在我们看不见的地方，敌我之间窃密与反窃密、间谍与反间谍这场没有硝烟的战争仍在悄然进行。对于防范间谍、保守国家秘密，大学生应注意以下事项。

● 在对外交往活动中，大学生既要做到热情友好、以礼相待，又要提高警惕，做到内外有别、注意分寸，防范各种可能的窃密活动。

● 在对外交往活动中，大学生不要随便谈论涉及社会治安状况、科技成果、技术诀窍和经济建设等领域的各种未公开的数据资料。凡是涉及国家秘密的内容，应当回避或按照国家的对外口径回答。

● 与境外人员接触时不携带秘密文件、数据、资料。对方公开询问或直接索取涉密内容时，要根据情况灵活拒绝。

● 未经相关部门批准，不能带境外人员参观或进入非开放区域、场所。

● 不准境外人员利用学术交流、讲课、实践活动的机会进行系统的社会调查；不要填写境外人员发放的各种调查表，或替他们撰写社会调查方面的文章；向境外投寄稿件、论文和其他资料时，不得涉及国家秘密；不得为境外人员提供或代购内部读物和资料等。

● 发现境内外可疑组织和人员经常出现在军事、保密单位周边观察、拍照或者长时间逗留等情况，要立即向国家安全机关、公安机关报告。

● 坚决抵制敌对势力的威胁、利诱、挑唆、拉拢、策反等，不向他人提供相关资讯或线索。一旦在境外受胁迫、受诱骗参加敌对组织或者从事危害国家安全的活动，应当找机会及时向我国驻外机构如实说明情况，或者入境后及时向国家安全机关如实说明情况，争取立功表现。

● 一旦拾获属于国家秘密的文件、资料和其他物品，要及时送交有关单位。

● 一旦发现有人买卖属于国家秘密的文件、资料和其他物品，要及时报告保密工作部门或者国家安全机关、公安机关处理。

● 一旦发现有人盗窃、抢夺属于国家秘密的文件、资料和其他物品，有权制止，并立即向有关部门报告。

● 一旦发现泄露或可能泄露国家秘密的线索，要及时向国家安全机关举报。举报间谍行为起到重要作用的将给予奖励。

四、抵制邪教迷信

邪教是冒用宗教、气功或其他名义建立的，神化邪教首要人物，利用迷信邪说的手段蛊惑、蒙骗他人，发展、控制成员，危害社会和国家安全的非法组织。邪教是祸国殃民的毒瘤，它践踏人权，害人夺命，破坏法制；它扰乱人民安居乐业的生活，影响经济社会发展；它具有反科学、反社会、反政府、反人类的反动本质，是世界各国政府坚决取缔的非法组织。21世纪以来，崇尚科学、反对邪教的意识已逐渐深入人心。但在科学和文明高度发达的今天，邪教仍在全世界不断地滋生和横行。究其主要原因，一方面，邪教的传播手段在不断改进，其更隐蔽、更具迷惑性；另一方面，邪教的内容具有迷惑性，容易吸引有心理困惑的人，这些人错把邪教当作精神寄托和解决问题的途径。因此，如何防范和治理邪教，仍然是世界各国普遍关注、积极应对的严峻问题。

邪教的危害性极大，就个人而言，邪教麻痹人心，扭曲个体的人生观和世界观。因此，大学生必须加强对邪教的防范意识，认清邪教的危害，坚决抵制邪教，不给邪教迷信思潮一丝一毫乘虚而入的机会。

- 树立正确的人生观和世界观，提升辨别能力，认清邪教的本质和危害。
- 崇尚科学，用科学知识武装和充实自己的头脑。
- 积极参加有益的社会活动，保持积极的人生态度。
- 提高警惕，慎重加入校外不明社团，防止被非法分子利用。
- 自觉同邪教进行斗争，当有心理困惑时，要通过正规途径寻求心理咨询并找到解决办法。
- 不受邪教宣传影响，不加入任何邪教。
- 若发现有人进行邪教活动，要及时向有关部门报告。

本章小结

　　本章分别从认识国家安全、树立总体国家安全观、维护国家安全的实现路径3个方面概述了国家安全的重要性，探讨了我国国家安全观的演变、总体国家安全观的核心要义和国家安全的主要内容，详细列举了大学生维护国家安全的重要途径，帮助大学生树立起国家利益高于一切、国家安全人人有责的意识，引导大学生积极关注维护国家安全的各种行为，并积极采取行动防范各种危害国家安全事件的发生，让任何可能危害国家安全的行为都无法得逞。国家安全的根基在人民、力量在人民，维护国家安全，每个人都是参与者。只有全社会都动员起来、行动起来，才能筑牢国家安全的防线。

课后思考

　　1. 安全问题的自我审视

　　（1）你了解我国当前的国家安全形势吗？你是否会主动关注国家安全的相关话题？

　　_____

　　_____

　　（2）网络是大学生学习、生活中的重要工具，你如何确保自己的网络行为不泄露国家机密或敏感信息？

　　_____

　　_____

　　_____

　　2. 维护安全的实践行动

　　（1）在网络上关注一些涉嫌危害国家安全的事件，如非法测绘、定位涉密区域，蓄意抹黑国家形象，等等，根据实际情况向有关部门反映。

　　（2）与同学结伴成立关注国家安全的小组，定期讨论国家安全热点问题，参与国家安全教育活动，并通过合适的渠道进行分享。

3. 个体责任与安全反思

　　近年来，不时有国家陷入纷争、内乱、战火之中，社会混乱，民不聊生。回顾中国近代史，中国人民也是在进行了艰苦卓绝的斗争并付出了惨重代价后，才换来了国家的安全和和平。当代大学生生活在和谐稳定的社会中，一定要坚决抵制一切危害国家安全的行为，自觉成为国家安全的坚定捍卫者和持久守望者。谈一谈你对国家安全的思考，以及我国国家安全观的演变给你的启示。

_____

_____

_____

第三章

人身安全

　　所谓人身安全，是指人们的生命和身体的安全。人身安全是生命与健康的基础，没有人身安全，生命就可能受到威胁，身体健康就可能受到影响；只有保障了人身安全，人们才能去追求生活中的其他价值与目标。大学生正处于成长与独立的关键时期，应增强自我保护意识，增强应对突发事件的能力，高度重视自己的人身安全问题，同时采取有效措施来预防和减少人身伤害事件的发生。

　　本章将针对人身安全的相关问题进行探讨。通过本章的学习，大学生可以深入理解人身安全的重要性，树立正确的生命观、健康观，养成良好的健康习惯，并能够正确防范人身伤害事件的发生。

学习目标

　　1. 认识生命的内涵与价值，树立正确的生命观。
　　2. 认识常见的身体健康问题，养成良好的健康习惯。
　　3. 防范打架斗殴、寻衅滋事等，保护自己的人身安全。

引导案例　　　**冲动言行酿成暴力事件，敲响理智警钟**

　　某校大二学生王某和大一学生张某在球场上结识，成为朋友，但后因张某欠王某1500元钱无力偿还发生矛盾。王某多次催还未果，便邀约几名同学为其壮胆，前往张某寝室要钱。到达张某寝室后，张某拒不还钱的要赖态度激怒了王某。王某一气之下扇了张某耳光，并对他拳打脚踢，声称不还钱就要拿走张某的手机抵账。后张某的室友们凑齐1500元给王某，王某才带着几名同学离开。

　　王某一行人离开后，张某室友向辅导员说明情况，随后双方辅导员、值班老师前往现场处置，并送张某去医院检查。

　　事后，王某赔偿张某医药费和精神损失费，学校对相关学生给予了处分。王某为要欠款带人到他人寝室动手打人，造成对方轻微伤，被给予留校察看处分。随行的8名同学没有坚持正确立场，是非不分，被学院通报批评。

　　从运动结识到暴力相向，这个案例揭示了年轻人在处理冲突时容易出现冲动与过激行为，也深刻警示每一名大学生必须时刻警醒自己尊重他人，理性沟通，用正确的方式处理矛盾，规避冲突，共同维护自己与他人的人身安全。

第一节　认识生命

慕课视频

生命是人身安全最核心的部分，因为生命的存在是其他一切权益的前提和基础。古往今来，关于生命，人们有过无数的思考。从古老的哲学思辨到现代科学的探索，人们不断地追寻着生命的起源与终结、生命的意义与价值。生物学家基于生命遗传信息的传递与表达规律来定义生命，哲学家深入探讨着生命的长度与宽度。不同的观点相互碰撞、交融，共同构成了人类关于生命思考的丰富图景。生命是一个复杂而深奥的主题，而通过对生命的深入研究和思考，大学生可以更好地理解生命、认识生命、尊重生命，并认识到保护自己生命安全的重要性。

一、生命的内涵与价值

众所周知，人类是生命体。那么生命到底是什么？生物学上的生命泛指有机物和水构成的，一个或多个细胞组成的，具有稳定的物质和能量代谢现象（能够稳定地从外界获取物质和能量，并将体内产生的废物和多余的热量排放到外界），能回应刺激，能进行自我复制（繁殖）的半开放物质系统。而人类就是最复杂的生命体。从宏观角度来看，生命是一个由能量维持的过程，所有生命个体都会经历出生、成长和死亡。人们常说，生命是短暂的。

相较于其他生命体，人类因为思想性而具有多重生命属性。马克思的人性观认为，人具有两种属性：一种是自然属性，另一种是社会属性。人的社会属性最为根本，它是人之所以为人的关键所在，因为人与动物的本质区别就在于人会劳动。

一体心理学则认为人的属性主要有3种，分别是自然属性、心理属性和社会属性，这3种属性与人的生命形态也是相对应的。现在普遍认为，人的生命形态主要有以下3种。

● **生物性生命**。人是作为自然生理性的肉体生命而存在的，这是人和自然界的广大生物都必须具有的基本属性。

● **精神性生命**。人与动物非常显著的区别就在于人有高于动物的意识活动，有超越生物性生命的精神世界。人只要存在于世界上一天，就不会停下思考的脚步，如思考如何生存、如何活得更好。

● **价值性生命**。人的价值性生命即思考"为何活着"，这是人对生命价值的追求。

通过这3种属性，我们不难发现，人的生命不仅仅是指肉体生命，更是精神、情感与智慧的载体。生命承载无数独特而宝贵的意义和价值，对个体、社会乃至整个宇宙都有着深远的影响。每个生命体都是独一无二的，这种唯一性使得每个生命体都充满了无限的可能性和潜力。人可以通过学习、创造、爱与被爱来丰富自己的生命体验，追求个人的成长与幸福。而在生命发展的过程中，人也需要感悟生命的有限性、难得性，从而思考个体生命的价值，并在人生实践中实现其生命价值。

那么，生命的意义与价值是什么呢？很早以前，古代先哲就已开始了对生命意义的探索。古希腊思想家、哲学家柏拉图提出了经典的哲学三问：我是谁？我从哪里来？我要到哪里去？这3个问题可以引发人们对生命意义的思考。孔子所言"未知生，焉知死"也强调要先懂活着的道理。当然，生命的意义与价值这一问题并没有标准答案。个体不同，对于生命也有不同的感悟。生命的意义与价值可以是奉献、是爱、是创造、是挑战、是希望，生命赋予了我们感受世界、体验生活、追求梦想的权利。同时，生命又是独一无二的，无论想要成就怎样的人生，首先都要懂得珍惜生命，珍惜这种独一无二的存在。

📝 课堂活动　　　　　　　　生与死之思

生命的意义是什么？这是一个永恒的灵魂之问。提到生命，你会想到什么？你对生命与死亡有怎样的认识？带着这样的思考，探讨下列问题。

① 提到生命时，你会想到什么？提到死亡时，你又会想到什么？

② 如果医生告诉你，你的生命还有一年的时间，那么在这剩下的一年时间里，你想做哪些事？将你想做的事写下来。

_____

_____

二、树立正确的生命观

生命是不可逆的，生命只会向前，无法倒行；生命是有限的，人类只有约30000天的寿命；生命是不可互换的，彼此之间不可替代转换；生命是不可再来的，正所谓"人死不能复生"。正是这些特点让生命无比珍重与宝贵。因此，大学生应该认识生命的意义，珍爱、敬畏生命，尊重与珍惜生命的价值，热爱每个人独特的生命，并将自己的生命融入社会中，树立起积极、健康、正确的生命观。

1. 尊重生命的存在性

任何生命都有存在的价值，人类的生命尤其特殊：一方面，人类具有其他生物没有的认识和改造世界的能力；另一方面，人类个体具有显著的唯一性、独特性和不可取代性。所以大学生应当学会尊重生命，正视自己的存在价值，不要有轻生或伤害他人生命等不尊重生命存在性的做法。

2. 尊重生命的创造性

生命的价值不仅在于存在，更重要的是实现。有些人沉迷网络、浑噩度日，就是在浪费宝贵的生命。生命的创造性价值要求大学生以珍惜生命为基础，通过社会实践实现生命的价值，这也是生命更高层面的价值。创造性价值之所以能代表生命存在的真正价值，在于它可以创造出远大于生命本身的价值。

3. 尊重生命的超越性

人的生命具有通过自身的实践活动去超越生命本身的能力。生命正是在不断超越自身的过程中实现价值的，这也是人不同于动物的地方。有些人会忽视生命的创造性和超越性，陷入重复消费生命的活动中，或以经验方式重复生命的其他活动，这种行为不仅会使个人无法超越自己，也会影响社会的发展。

📝 课堂活动　　　生命中最重要的5件事

生命只有一次，在生命的历程中，每个人都会有不同的经历与体验。请试着列举你认为在生命中最重要的5件事，然后逐步舍弃，最后保留1件事，通过这个游戏来分析自己的价值取向，明确自己生命中最珍贵的东西，并思考自己未来想要体验的生命旅程。

_____

_____

三、维护个人生命安全

生命承载着无数独特而宝贵的意义和价值，每个生命体都是独一无二的。如果没有生命，其他一切都将无从谈起。因此，每个人都应该尊重生命、保护生命。生命安全是每个人最基本的权利和需求，维护生命安全是每个人的责任和义务，也是国家和社会的共同责任。大学生应该积极保证生命处于存续和不受威胁的状态，预防各种可能导致生命丧失的意外事件、犯罪行为、自然灾害等，通过加强安全意识教育、遵守安全规则、学习安全技能、建立安全网络、关注心理健康等举措来保护自己的生命安全。

（1）增强安全意识

大学生应该深刻认识到生命安全的重要性，时刻保持警惕，不忽视任何可能危及自身安全的情况，主动学习并了解常见的安全隐患和防范措施，如火灾、溺水、交通事故、网络诈骗等。

（2）遵守安全规则

遵守安全规则可以帮助大学生规避很多安全隐患。例如，在校园内，大学生应遵守学校的各项安全规定和制度，如宿舍安全规定、实验室安全规程等。在日常生活中，大学生应遵守交通规则。在网络上，大学生应保护个人信息，同时不恶意使用语言或不法手段伤害他人。

（3）学习安全技能

大学生可以通过参加学校或社区组织的安全教育和培训活动，学习急救知识、消防知识以及防身术等实用技能，提高自己面对突发问题时的应急处理能力。

（4）建立安全网络

所谓建立安全网络，主要是指保持健康、良好的人际交往关系。大学生应该与室友、同学和老师建立良好的关系，相互关心和支持，以便在遇到困难和危险时能够相互帮助；大学生也可以加入学校的安全组织或社团，参与安全管理和宣传活动，为安全贡献自己的力量。

（5）关注心理健康

在现代社会，心理问题也是危害生命安全的一大"杀手"。大学生面临学业、就业等压力时，应学会调节情绪和缓解压力，保持积极乐观的心态。如果遇到心理问题或困扰，大学生应及时寻求心理咨询或治疗服务，避免问题恶化导致不良后果。

课堂活动　　　　　　　　　**命运纸牌**

全班学生分为若干小组，每小组4～6人。各小组准备6张写有不同命运情境的纸牌，每一张纸牌上分别写上关于意外受伤、患病、家庭变故、心理问题、社交受挫、遭遇暴力等内容，命运纸牌的牌面设计示例如图3-1所示。该活动可以通过模拟不同的命运情境，让学生意识到命运的不可预测性和珍惜当前的重要性。

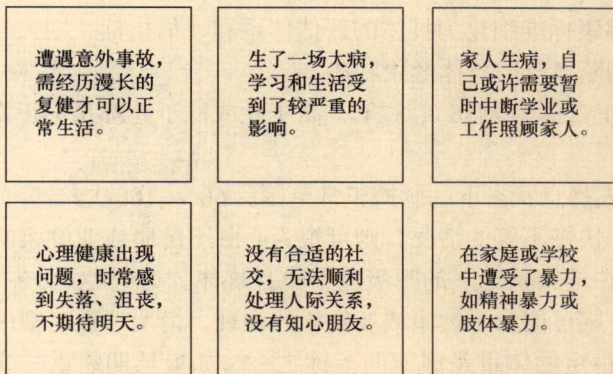

遭遇意外事故，需经历漫长的复健才可以正常生活。	生了一场大病，学习和生活受到了较严重的影响。	家人生病，自己或许需要暂时中断学业或工作照顾家人。
心理健康出现问题，时常感到失落、沮丧，不期待明天。	没有合适的社交，无法顺利处理人际关系，没有知心朋友。	在家庭或学校中遭受了暴力，如精神暴力或肢体暴力。

图3-1　命运纸牌的牌面设计示例

活动流程：

① 学生随机抽取一张纸牌，并假设自己处于该命运情境中；

② 根据自己抽到的命运纸牌，思考如何面对和接受这样的情境；

③ 反思现实生活中的自己，学会珍惜生命、感恩生活，学会从逆境中寻找希望和力量。

第二节　维护身体健康

健康是当今使用频率十分高的词汇之一，在互联网的中文搜索引擎中搜索"健康"一词，与其相关的条目数以万计。党的二十大报告中也强调"把保障人民健康放在优先发展的战略位置"。从古至今，健康都是人们关注的话题，个人

慕课视频

的健康状态也直接与人身安全相关。身体健康是人身安全的基础，大学生应该认识身体健康、重视身体健康，通过健康的生活方式和行为习惯来维护自身的人身安全。

一、青年身体健康标准

身体健康通常指的是一个人在生理层面上的良好状态，包括身体各系统、各器官功能的正常运作，以及身体形态、生理机能和心理状态的综合平衡与协调。人们对健康内涵的认识是随着历史的发展而不断演进和深化的。在古代，人们对健康的认识仅仅局限于没有疾病、外伤和肢体完整，即所谓"无病、无伤、无残"。在近代，人们能够使用各种仪器检测、发现身体的生理变化，健康被视为"器官发育良好，体质健壮，体能充沛"。到了现代，世界卫生组织提出了新的健康概念——健康不单是没有疾病和不虚弱，而是躯体、精神的健康和社会幸福的完善状态，此后又将道德修养纳入了健康的范畴，使健康的定义更加全面。

如果要将身体健康标准细化为具体的评估体系和评估指标，则大学生可以从以下几个方面来简单测试并判断自己的身体健康状态。

● **体温**。人的正常体温为36 ~ 37℃，高于此或低于此都是不正常的体温，需要引起注意。

● **脉搏**。成年人静息状态下的脉搏正常范围为60 ~ 100次/分，如出现心动过速、过缓、间歇强弱不定、快慢不等的情况，则可视为心脏不健康或亚健康的表现。

● **呼吸**。人体在健康状态下的呼吸应平稳且规律，为15次/分左右。如有呼吸费力、胸闷、憋气等状况，则可能为不健康或亚健康的表现，情况严重时则应及时就医。

● **体重**。长期稳定的体重是健康的指标之一。如果长期超重，或短期内体重快速增加、降低，都可能为不健康或亚健康的表现。

● **饮食**。通常来说，成年人每日都应摄入谷类、蔬菜类、水果类、蛋白类等食物，且总摄入量在1225 ~ 2050克，当然具体摄入量应根据每日消耗量而定。如果消耗量大，则摄入量也可相应增加。如果摄入食物类型单一，摄入量过少或过多，都是不健康的表现。

● **睡眠**。成年人每日应保证6 ~ 8小时的睡眠，且应保持睡眠的规律性。如果睡眠时间不足，或睡眠时间不规律，都是不健康的表现。

● **精神**。健康的人应该精神饱满，行为敏捷，情绪稳定，无晕无痛。

二、常见的健康问题

根据世界卫生组织的划分，人的健康状态分为3种类型，分别是健康、不健康和亚健康。如果一个人机体上没有明确的疾病（包括生理的和心理的），但活力降低，生理不适，心理疲惫，对社会适应能力降低，这种介于健康和不健康状态之间的症状，医学上就称为"亚健康"。亚健康程度加重，可能转化为不健康；亚健康程度改善和消除，也可以恢复健康。

对于大学生来说，亚健康问题是危害其身体健康的主要问题。亚健康是一种可间断或持续出现的症状，处于亚健康状态时，人的心理和行为容易出现偏差和异常。亚健康状态比较明显和典型的表现如下。

● 经常感到心慌、气短、胸闷、憋气，心血管系统功能减弱。

● 对很多饭菜没有胃口，偶尔感到饥饿，但没有进食的欲望，消化系统功能减弱。

● 经常感到腰酸背痛或浑身不舒服，运动系统功能减弱。

● 经常头痛，全身无力，容易疲劳，记忆力变差，神经系统功能减弱。

● 时常感到莫名的心烦意乱，遇小事易生气、易紧张恐惧，主要表现为精神、心理方面的症状。

● 入睡较困难，多噩梦，睡眠质量下降。

● 有尿频、尿急等泌尿生殖系统症状。

除了亚健康问题，大学生正处于生长发育和学业压力并存的阶段，还普遍存在一些其他的健康问题，如视力问题、营养与饮食问题、慢性病风险等。

● **视力问题**。长时间使用电子设备、不正确的用眼姿势以及缺乏户外活动等，这些因素导致大学生近视率居高不下。大学生长时间盯着屏幕学习或娱乐，缺乏适当的休息，容易引发眼疲劳，甚至加重近视程度。

● **营养与饮食问题**。部分大学生的饮食不规律或不健康，如不吃早餐、晚餐时间过晚、暴饮暴食、挑食偏食等，这会导致这些大学生营养摄入不均衡、身体素质下降、超重等情况，严重影响身体健康。

● **慢性病风险**。部分大学生由于学业繁忙或缺乏运动意识，导致运动时间不足，再加上久坐不动，缺乏身体活动，因而很容易引发腰椎、颈椎等问题。

身体健康是大学生支撑学业、促进个人全面发展、实现人生目标以及为社会做出贡献的基础，大学生应该充分认识到身体健康的重要性，积极采取措施保持健康的生活方式，保护自己的人身安全。

三、养成良好的健康习惯

饮食适宜、注意卫生、坚持运动，可以帮助自己的身体保持在一个良好且稳定的状态。因此，大学生应该养成良好的饮食、卫生和运动习惯，促进自身身心的全面健康发展。

1. 饮食习惯

俗话说："民以食为天。"食物是人赖以生存的根本，可以为人体提供能量，满足人体的生存所需，但如果饮食不当，就会对身体健康造成损害。大学生正值青年，新陈代谢旺盛，机体对物质的需求较高，因此大学生应注重饮食健康，及时补充营养物质，平衡膳食，这样才能充分发挥机体的功能，开发潜力，促进身心健康。反之，如果大学生不注重饮食健康，身体免疫力等机能则会受到损害，体质会变差，身体正常发育也会受到影响。因此，大学生要关注饮食健康，养成良好的饮食习惯。

（1）树立健康饮食意识

从营养学的角度看，人体的营养来源于饮食，合理的饮食能够促进身体生长发育，促进体质健康和增强免疫力，预防疾病。因此，大学生必须有意识地学习和积累营养知识，树立健康饮食的意识，摄入符合人体所需的平衡膳食，以适应自身生理、生活、劳动等需要。

通常来说，大学生可以通过营养方面的书籍来获取专业的营养知识，也可以通过报刊、电视等传统媒体或网络新媒体等渠道来学习营养知识；此外，大学生也可以参加学校或其他组织开办的营养课程、营养讲座等，学习系统、科学的营养知识。大学生在学习营养知识时，可以重点学习以下几个方面的内容。

- 各种营养素之间的合理搭配。
- 如何安排食物的种类和数量。
- 常见食物所含的主要营养素。
- 平衡膳食模式。
- 良好的饮食习惯包括什么，如何培养良好的饮食习惯。
- 营养与疾病的关系。

（2）调整饮食结构

从现代营养学的观点来看，只有符合人体实际需要的营养搭配才是健康的膳食搭配，2022年版中国居民平衡膳食宝塔如图3-2所示。其中最基本的膳食准则就是食物多样、搭配合理。不同的食物含有不同的营养素，单一的食物难以包含人体所需的全部营养素，且不同的人对营养素的需求并不一致，因此只有平衡膳食才能维持人体正常的代谢和身体所需。

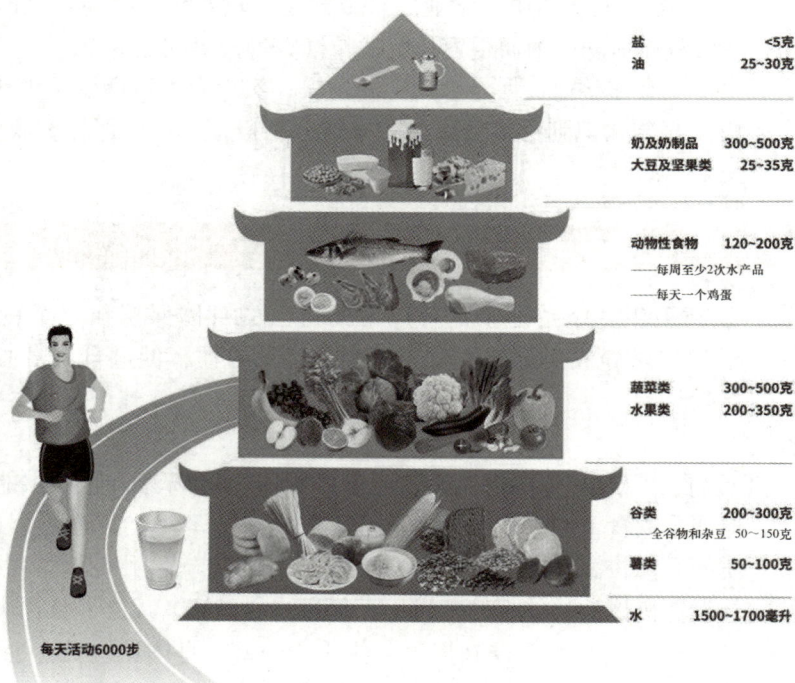

图3-2　2022年版中国居民平衡膳食宝塔

📝 课堂活动　　　　　　　　　　规划一日三餐

从饮食健康的角度为自己制定一份一日食谱。注意多样、平衡、适宜地选择适合自己的膳食，保证能量和营养的平衡。

早餐：＿＿＿＿＿＿＿＿＿＿＿＿　　时间：＿＿＿＿＿＿＿＿＿＿＿

上午茶：＿＿＿＿＿＿＿＿＿＿＿　　时间：＿＿＿＿＿＿＿＿＿＿＿

午餐：＿＿＿＿＿＿＿＿＿＿＿＿　　时间：＿＿＿＿＿＿＿＿＿＿＿

下午茶：＿＿＿＿＿＿＿＿＿＿＿　　时间：＿＿＿＿＿＿＿＿＿＿＿

晚餐：＿＿＿＿＿＿＿＿＿＿＿＿　　时间：＿＿＿＿＿＿＿＿＿＿＿

夜宵：＿＿＿＿＿＿＿＿＿＿＿＿　　时间：＿＿＿＿＿＿＿＿＿＿＿

2. 卫生习惯

良好的卫生习惯是健康生活的保障，因此大学生应该培养健康的卫生习惯，不断提高自我保健能力。

（1）个人卫生习惯

良好的个人卫生习惯有利于大学生个人的身心健康，对于大学生来说，常见的良好个人卫生习惯如下。

● **勤洗勤晒**。衣服鞋袜、床单被套应该勤换勤洗，被褥、厚衣物应该勤晾晒，这样不仅有利于维持生活环境的清洁，也可以有效防止细菌滋生，维护身体健康。

● **注意个人清洁**。个人清洁包括手、脸、牙、头及其他身体部位的清洁，如早晚刷牙、洗脸，睡前洗脚，饭前便后洗手，勤洗澡、洗头，勤剪指甲，勤刮胡须，等等。大学生还要注意个人生活用品的定期更换与消毒、清洁与通风，不与他人共用个人生活用品，以避免传播疾病。

● **不吸烟酗酒**。不吸烟，防止烟草中的有害物质损害身体健康；不酗酒，防止乙醇对大脑、肝脏、心脏、消化系统等造成损害。

（2）公共卫生习惯

公共环境是人们的主要活动场所之一，自觉维护公共环境的卫生，防止公共环境污染，对促进个人和他人的健康具有重要意义。大学生要养成良好的公共卫生习惯，包括不随地吐痰，不乱扔废纸、果皮，不在公共场所喧哗、乱涂乱画，不面对他人打喷嚏、咳嗽等。

3. 运动习惯

生命在于运动，运动是祛病健身之本。运动需要坚持，只有持之以恒地参与运动，才能收获运动成果，因此大学生要养成良好的运动习惯。

● **制定目标**。根据个人的体质情况、运动需求、运动季节、运动年龄等制定合理的运动目标。大学生的身体素质相对较好，可以适时更换运动项目，一方面避免长期单调的运动方式影响运动兴趣，另一方面也可以学习新的内容，弥补多方不足，提升自信心。

● **寻找同伴**。一个人运动容易感到乏味，大学生不妨寻找一个或几个志同道合的伙伴一起运动，相互激励，共同进步，这样运动热情也可以维持得更长久。

● **分享成果**。在参与运动的过程中，如果取得了效果、接近了目标，或者获得了体会感悟，可以和朋友分享，或分享到社交媒体中，与更多的运动同好交流，激励自己，坚定坚持运动的决心。

● **快乐运动**。保持积极、乐观的心态，有利于提升运动效率。大学生在运动时，可以对运动环境进行适当布置，放入安全且有利于自己调节心情的一些物品，如花草等，享受运动的快乐，保持运动的热情。

● **调整运动强度**。不同体质的人适合不同的运动强度，在不同的季节或不同的环境中应选择不同的运动项目。若运动后体质得到了提升，则运动强度也需要适当提高。总之，大学生要基于各种客观情况及时调整运动强度，保持良好的运动状态，这样更利于增进健康。

第三节　防范人身伤害

慕课视频

　　珍惜生命、维护身体健康，本质上是从自身内部来保障人身安全。而在外部，人们也可能会面临一些人身伤害，严重危害人身安全。大学生面临的人身伤害事件主要有打架斗殴、寻衅滋事和性侵害等。伤害事件发生后，往往会给大学生带来巨大创伤，因此，预防人身伤害，对于大学生保护人身安全至关重要。大学生要防范人身伤害，应提高自身修养，保持举止文明，与人融洽相处，杜绝不良嗜好。当然，生活不是乌托邦，除了提高自身修养，大学生还要提高防范意识，以免受到他人的无端滋扰或侵害。

一、防范打架斗殴

　　打架斗殴的双方通常剑拔弩张，轻则使人受伤，重则致人残疾或死亡，大多构成犯罪或严重犯罪。打架斗殴一方面易构成刑事犯罪，打架斗殴者可能前途尽毁、面临牢狱之灾；另一方面又给其家人带来痛苦，使家庭财产受损等。因此，大学生一定要严防打架斗殴事件的发生。

1. 引发大学生打架斗殴的常见情形

　　大学中的打架斗殴事件一般是校内同学之间因纠纷、矛盾而打架斗殴，或是校内学生与校外人员因纠纷、矛盾而打架斗殴。引发大学生打架斗殴的常见情形如下。

● **意气用事引发的打架斗殴**。意气用事引发的打架斗殴中，一类是当大学生因一些琐事与人产生摩擦，如因与人肢体相撞、开玩笑过度、争夺活动场地、被他人打扰休息或打扰他人休息等，不能克制自己的情绪，而引发的突发性打架斗殴事件；另一类是有的大学生讲究"哥们儿义气"，帮同学、朋友出头、出气，挑起事端，而引发的打架斗殴。

● **感情纠葛引发的打架斗殴**。如双方因追求同一对象，争风吃醋而大打出手，或因感情牵扯而引发的打架斗殴等。

● **酗酒闹事引发的打架斗殴**。一些大学生在聚会时，因饮酒过量，在醉酒状态下缺乏自制力，会变得放肆、粗暴、失去冷静，极易与人发生纠纷或矛盾。

● **报复引发的打架斗殴**。报复是指一个（些）人的行为对另一个（些）人的利益产生一定的损害后，后者想办法打击损害自己利益的人以泄愤。报复心理和报复行为常见于心胸狭窄、个性不良者受到挫折的时候。实际上，报复是一种受到伤害后让自己伤口愈合的错误方法。

2. 严防打架斗殴

大学生正值血气方刚的年龄，在生活中有时无法理智应对和处理一些事情。特别是在校园内，大家生活在一个集体中，且来自全国各地，每个人的脾气、性格和生活习惯不同。个性张扬的年轻人聚在一起，有时难免会产生纠纷和矛盾，如果处置不当，就会使事态升级，引发打架斗殴事件。

大学生要预防打架斗殴事件的发生，可以从以下6个方面入手。

● **严格遵守校纪校规**。要想创造一个和谐温馨的校园环境，每个大学生都应严格遵守校纪校规。当所有人都自觉遵守校纪校规时，校园生活就会井然有序，从而很好地减少或避免纠纷。

● **严于律己，宽以待人**。大学生要学会与人和谐相处、融洽交往，要严于律己，宽以待人，不能去招惹是非，说话要文明和气，不恶语伤人，防止祸从口出，对待他人要包容忍让。包容忍让不是胆小怯懦，而是一种文明礼貌、从容大度的表现。

● **遇事冷静，克制情绪**。大学生在遇到争执时，无论争执是由哪一方引起的，都要克制、冷静。正所谓"冲动是魔鬼""一失足成千古恨"，很多时候退一步海阔天空，大学生在遇到争执时要保持冷静，良性沟通，便能"一笑泯恩仇"。

● **明辨是非，判断正误**。大学生要学会从纷繁复杂的生活现象中明辨是非、判断正误，做一个堂堂正正、有原则的人，不要因为受人挑唆而无原则地讲究"兄弟义气"，要分清是非对错，防止自己挑起事端或参与打架斗殴等。

● **真诚地化解纠纷或矛盾**。大学生如果与他人发生纠纷或矛盾，要勇于承担错误和责任。如果大学生不小心侵害了对方的利益或伤害了对方的感情，要真诚地道歉，尽力弥补对方的损失。若对方不小心侵害了自己的利益或伤害了自己的感情，则在接受对方的道歉后也应该表现出宽容和大度，不要咄咄逼人，这样就可以避免很多暴力事件的发生。

● **学会转移注意力，化解怨愤**。如果大学生认为自己遭到不公对待，因长期积累或压抑不良情绪而产生报复心理，一定要学会转移注意力，化解怨愤。如果某些事情侵犯了自己的权益，那么可通过正常途径，如寻求老师的援助或采用法律手段等来维护自身的权益；如果某些事情只是令自己感到不快，但并没有给自己造成具体伤害，则可以找人倾诉，合理宣泄负面情绪。

📝 **课堂活动**　　　　　　　　**如何处理球场纠纷**

　　杨某、陈某两同学因打篮球产生摩擦，发生口角。杨某先动手打了陈某，两人遂扭打起来，之后被在场同学制止。事后在各自同伴的陪同下，双方和解聚餐。在聚餐过程中，陈某又因出言不慎，与杨某发生争执，引发冲突。在冲突过程中，双方同学有的卷入冲突，有的劝架，场面十分混乱。很快，学校保卫人员赶到现场控制住了局面。双方冷静下来后，都后悔不已。虽然并无人员受伤，但参与打架斗殴的同学都受到了学校的记过处分。

　　根据上述案例，思考如下问题。

　　（1）你如何看待这一打架斗殴事件？

　　（2）你认为这一事件对当事双方产生了哪些不利的影响？

　　（3）如果你在事件发生的现场，你会如何化解这场纠纷呢？

二、应对寻衅滋事

　　寻衅滋事是一种破坏社会秩序的行为，具体表现为肆意挑衅，随意殴打、骚扰他人，或任意损毁、占用公私财物，以及在公共场所起哄闹事，等等。寻衅滋事行为往往具有恶意性，且行为人自身能够意识到这种行为的严重后果，但为了获得耍威风、取乐等不正常的精神刺激或满足其他不健康的心理需要而实施。在寻衅滋事中，倘若处理不当，则很容易引发人身伤害事件。因而大学生需要认识和了解寻衅滋事情形或行为，正确应对他人的挑衅、侵犯甚至伤害。

　　1. 大学生受到寻衅滋事的常见情形

　　大学生受到寻衅滋事的常见情形有以下6种。

● 校内同学之间发生的寻衅滋事，如因争夺活动场地而产生矛盾，因歧视心理或嫉妒心理而侵扰对方，等等。

● 在恋爱中，大学生因求爱不成、心有不甘等，对另一方死缠烂打，搅扰对方的生活。

● 不良人员有意或借故扰乱大学生的生活秩序。

● 不良人员与少数大学生发生纠纷，伺机入校寻衅滋事，对大学生进行打击报复。

● 大学生在校外娱乐场所与他人发生纠纷，或遭到他人的无端挑衅。

● 大学生在车站、公交车、公园等公共场所与他人发生纠纷，或者遭到他人的无端挑衅等。

　　2. 应对寻衅滋事的一般处置方法

　　大学生在保障自身安全、维护自身合法利益、与外部滋扰斗争时，需要把握以下几个要点。

● **主动避开危险。**主动避开危险是大学生应对寻衅滋事的有效方法之一。一方面，如果大学生在校内外遇到形迹可疑或言行举止轻佻的人，要主动避开；另一方面，大学生不要去不正规的娱乐场所，这些地方鱼龙混杂，存在较多不可控的不安全因素，且在玩乐时，人的情绪比较兴奋，常会因为一些小事发生纠纷，或者无端遭到他人的骚扰、侵犯等。

● **脱离险境**。大学生在遭遇寻衅滋事，有潜在的安全威胁时，要克制冲动情绪，不要言语过激，让对方找到由头进而引发暴力冲突事件；大学生也不要与对方过多纠缠，要及时脱离危险境地。及时脱险不仅可以避免自身受到伤害，而且可以为未脱险的人员寻求帮助，协助相关部门消除安全威胁。

● **正当防卫**。当不能及时脱险时，大学生一方面要克制自己的情绪，另一方面要积极干预和制止对方的滋扰行为，不能任其发展。在危及自身安全时，大学生可以采取正当防卫措施，保护自己的安全，维护自己的合法权益，但大学生在进行正当防卫时，要掌握分寸，不要防卫过当。

● **寻求援助**。在受到伤害时，大学生除了采取正当的防卫措施，还应采取必要的求助措施，如寻求师生援助、寻求公安人员援助等，在其他人的帮助下及时地脱险或维护自己正当的权益。

● **收集证据**。大学生在人身遭遇安全威胁时，如果无法脱身，需要注意收集有效的证据，包括加害人的外貌特征、加害人的遗留物品及加害人使用的威胁器具等，为相关部门开展后续调查工作提供线索。

📝 **课堂活动**　　　　　　**如何拒绝无理的邀请**

某校数名学生相约聚餐，当晚凌晨结束聚餐后共同离开，行至街角处，被一群社会不良人员拦住去路，他们声称邀请几名学生去酒吧继续娱乐，几名学生拒绝对方的邀请。在理论过程中，双方发生冲突。

根据上述案例，思考如下问题。

（1）如果你遇到上述情况，你会选择如何处理？

（2）在双方发生冲突的过程中，你会如何保护自己与同伴？

（3）与同学讨论，选择一个你认为可以最大限度降低伤害、保护自己人身安全的方法。

三、防止性侵害

性侵害是指违背当事人意愿的性接触和被强迫的性行为，包括强迫亲吻、性骚扰、性虐待等。它不仅对受害人的身心造成伤害，还会使受害人的人格尊严受到侮辱，从而导致受害人精神崩溃，甚至导致受害人自残、自杀等严重后果。因此，大学生必须对性侵害严加防范。

1. 性侵害的常见类型

在大学生性侵害中，女生是遭受性侵害的重点对象。不法分子在目标的选择上呈现出一定的明显特征。不法分子从作案意念产生、作案得逞的概率及作案后逃避法律制裁等方面考虑，通常选择单纯幼稚、缺乏社会阅历者，作风大胆、社会关系复杂者，文静懦弱、胆小怕事者，身处险境、孤立无援者等作为侵害对象。且不法分子在实施性侵害时，作案形式多样，呈现出一定的明显特征，大学生要注意加强防范。

● **暴力型侵害**。暴力型侵害是指不法分子采取暴力和野蛮手段、语言恐吓等，威胁或劫持受害人，对受害人实施性侵害。这类侵害的作案动机比较复杂，不法分子可能直接实施性侵害，也可能在盗窃、抢劫中见有机可乘而实施性侵害，还有一些不法分子因感情受挫、心理走向极端而实施性侵害。暴力型侵害危害极大，容易诱发其他犯罪，如害怕事情暴露或为逃避法律制裁而杀人灭口等。

● **胁迫型侵害**。胁迫型侵害主要是指心术不正者利用自己的权势、地位、职务之便，或利用受害人有求于己的处境，或抓住受害人的个人隐私、错误等把柄，采用威胁、恐吓、利诱等手段，对受害人实施性侵害。

● **诱惑型侵害**。诱惑型侵害是指不法分子利用受害人贪图钱财、追求享乐的心理，诱惑受害人而使其遭受性侵害。

● **社交型侵害**。社交型侵害大多发生在熟人间。有的不法分子是受害人的同学、朋友、同乡等，他们打着游玩、约会的幌子，借机对受害人实施性侵害；有的不法分子则处心积虑地与大学生结交，相熟后伺机作案。

● **寻衅滋事型侵害**。寻衅滋事型侵害主要是指社会上的一些不良人员寻衅滋事，对受害人进行各种性骚扰，如用下流语言调戏、侮辱受害人，或触碰受害人隐私部位等。

2. 性侵害的预防

性侵害是危害大学生人身安全和心理健康的重要问题之一。大学生预防性侵害的关键是要树立性侵害防范意识，在各种场合中提高警惕，这样才能避开危险，有效地保护自己。为此，大学生要特别注意以下情形。

● **自尊自重，言语得体**。在言语举止方面，大学生要自尊自爱，不以财物为目的和异性交往，不与异性随意亲昵、暧昧，甚至做出挑逗动作。

● **不去治安管理混乱的娱乐场所**。大学生不宜去治安管理混乱的娱乐场所，这些地方人员混乱、环境复杂，大学生在这些地方容易受到一些不良人员的侵犯。

● **谨防陌生人的搭讪**。大学生独自外出时，尤其是在偏僻的地方，遇陌生人问路，不要独自带路，不要随意搭乘陌生人的车辆，以防落入不法分子的圈套。如果遭遇陌生人搭讪，大学生要不予理睬，针对不怀好意的言语调戏、挑逗，大学生要及时斥责、敢于反抗。

● **谨慎结交朋友**。大学生在结交朋友时，要注意从言行中了解对方的人品、道德修养，不随意透露自己的个人信息，如姓名、住址等。若对方异常热情、亲昵，大学生则要及时、果断地终止与其来往。

● **与朋友相处有道**。大学生在与朋友交往的过程中，应时刻提醒自己不要轻信他人的甜言蜜语，不单独跟不知底细的朋友去陌生地方；大学生不要到偏僻的地方与人约会；

大学生不要过量饮酒，对一些低俗的笑话、暧昧的语言、挑逗暗示的动作应表现出强烈的排斥态度，及时打消对方的不良念头。

● **夜间不宜单独外出**。大学生夜间不宜单独外出，应结伴而行。如果需要单独外出，大学生在行走时应尽量选择行人较多、路灯明亮的道路，要尽量避开隐蔽、狭窄、灯光昏暗的道路和场所，确保周围环境安全，径直去往目的地。

● **不宜单独到偏僻的地方玩耍**。大学生独自外出玩耍时，不去偏僻幽静、人迹罕至的池边湖畔、树林深处、夹道小巷、无人居住的建筑物等地方，不在这些地方停留。

● **在宿舍或校外租房处就寝时避免独处**。大学生在宿舍或校外租房处就寝时应尽量避免独处。特别是节假日期间，大学生回宿舍就寝时，要留心门窗是否敞开，防止有潜伏的不法分子伺机作案。如遇异常情况，大学生可请一两位同学同时进去，以确保安全。晚上睡觉前，大学生要关好门窗。夜间如有人敲门问询，大学生要问清是谁再开门。如发现有人想撬门砸窗闯进来，大学生要及时呼救，并准备可供搏斗的工具，做好反抗的准备。

● **遭遇滋扰时积极寻求援助**。大学生在遭受他人不断纠缠、滋扰时，如果不能独自处理，则要积极向学校、公安机关寻求援助，避免受到进一步伤害。

3. 遭遇性侵害的应对措施

遭遇性侵害时，大学生应灵活应对、机智反抗、迅速脱身。

（1）明确意愿，态度坚决

遭遇性侵害时，大学生应明确意愿，态度坚决地表示抵抗，表现出自己应有的自尊与刚强。这样一是能够点醒同学、朋友等相识之人，防止熟人做出性侵害行为；二是防止性侵害者错误地理解自己的意愿，一时冲动想要图谋不轨；三是可以震慑性侵害者，毕竟性侵害者做贼心虚，强烈的抵抗态度或许可以使其放弃性侵害的企图。

（2）机智反抗，正当防卫

对性侵害者的性侵害行为进行反抗自卫是一种正当防卫行为，受国家法律的保护。大学生需要明确的一点是，遭遇性侵害时要有信心，性侵害者在实施性侵害时固然面目狰狞、穷凶极恶，但是其行为是卑劣的，其内心大多是紧张和恐慌的，因此大学生绝对不能被外强中干的性侵害者吓倒。第一，大学生在反抗的同时，可以根据性侵害者的特征或弱点，尝试唤醒其人性中善良的一面，使形势向好的方面转变，避免性侵害行为发生。第二，如果性侵害者已丧失理智，毫无人性可言，那么，大学生应立即正当防卫，既可以利用身边一切可以利用的物品，如钥匙、笔、发卡、砖头等寻找时机同其搏斗，还可采取抓、扯、咬、踢、顶、撞等方法猛击其要害部位，如脸部、舌头、腹部等，争取脱身机会。

（3）抓住时机，迅速脱身

遭遇性侵害时，大学生要设法机智地脱离险境，大学生要抓住时机，观察周围环境，迅速脱身，逃到安全的地方。如果没有可能以硬拼的方式成功阻止性侵害者，特别是对方手持利器时，切忌蛮干，可先稳住性侵害者，然后创造条件和机会争取外援或脱身。即使性侵害行为已经成为事实，也要抓住时机，尽快离开险境，避免使自己受到进一步的伤害。

素养课堂

《中华人民共和国刑法》规定：对正在进行行凶、杀人、抢劫、强奸、绑架以及其他严重危及人身安全的暴力犯罪，采取防卫行为，造成不法侵害人伤亡的，不属于防卫过当，不负刑事责任。大学生可以学一些近身搏斗的防身术，这样既可强身健体，又可为应对各种危机做准备。一般来说，女性的体力弱于男性，因此女性在防身时要把握时机，快、准、狠地击打不法侵害人的要害部位，这样即使无法制服对方，也可创造寻求外援和脱身的机会，保全自己。

（4）想方设法，保留证据

大学生在与性侵害者周旋、斗智斗勇、争取外援、设法脱身时，要尽可能记住性侵害者的年龄、身高、口音、动作姿态等特征，或观察性侵害者身上是不是有明显可识别的记号，如文身、伤疤等，并可通过撕、抓、扯、咬等方式保留其血液、体毛、指纹等证据，为日后破案创造条件，以便将性侵害者绳之以法，防止更多的人受到伤害。

课堂活动   安全辨一辨

性侵害作为一种严重犯罪行为，很多时候都是在受害者缺乏警惕心或缺乏有效防范手段的时候发生。下面列举了一些情景，试着判断在这些情景中是否容易发生性侵害事件，并分析应该如何有效规避伤害的发生。

（1）与在社交媒体和交友应用中认识的网友线下见面。

（2）在酒吧等娱乐场所饮酒至深夜。

（3）受认识但不了解的异性邀请前往某个地方。

（4）让不熟悉的人知道个人处于独居或独处状态，或深夜单独外出。

（5）在旅行或住宿时未关好房门或未检查房门安全。

• 本章小结 ••••••••••••••••••••••••••••••••••

本章分别从认识生命、维护身体健康、防范人身伤害3个方面概述了大学生保护人身安全的重要性，详细列举了大学生面临人身安全风险时的自我防范与应对技巧，旨在帮助大学生树立人身安全意识，提升维护自身人身安全的技能，引导大学生积极采取行动，为自己创造一个更加美好、安全的生活与学习环境。大学生人身安全保护不仅关乎个人的幸福与成长，也直接影响社会的和谐与发展，因此，作为建设美好中国的中坚力量，大学生一定要保持充沛的精力和清晰的思维，培养积极向上的生活态度，珍惜生命、保障健康，正确防范人身伤害，对自己负责，对家人负责。

• 课后思考

1. 安全问题的自我审视

（1）在日常的生活、学习中，你接触过哪些危害人身安全的行为？将各种不安全行为填写到下方横线上，并说明针对这些行为，你的举措是什么。

危害人身安全的行为：＿＿＿＿＿＿＿＿＿＿＿＿＿＿＿＿＿＿＿＿＿＿＿
＿＿＿＿＿＿＿＿＿＿＿＿＿＿＿＿＿＿＿＿＿＿＿＿＿＿＿＿＿＿＿＿＿＿
＿＿＿＿＿＿＿＿＿＿＿＿＿＿＿＿＿＿＿＿＿＿＿＿＿＿＿＿＿＿＿＿＿＿

维护人身安全的举措：＿＿＿＿＿＿＿＿＿＿＿＿＿＿＿＿＿＿＿＿＿＿＿
＿＿＿＿＿＿＿＿＿＿＿＿＿＿＿＿＿＿＿＿＿＿＿＿＿＿＿＿＿＿＿＿＿＿
＿＿＿＿＿＿＿＿＿＿＿＿＿＿＿＿＿＿＿＿＿＿＿＿＿＿＿＿＿＿＿＿＿＿

（2）"人无泰然之习性，必无健康之身体。"你认为大学生目前普遍存在哪些不健康的行为，又应该从哪些方面、以何种方法保证身体健康？

不健康的行为：＿＿＿＿＿＿＿＿＿＿＿＿＿＿＿＿＿＿＿＿＿＿＿＿＿＿
＿＿＿＿＿＿＿＿＿＿＿＿＿＿＿＿＿＿＿＿＿＿＿＿＿＿＿＿＿＿＿＿＿＿
＿＿＿＿＿＿＿＿＿＿＿＿＿＿＿＿＿＿＿＿＿＿＿＿＿＿＿＿＿＿＿＿＿＿

保证身体健康的方法：＿＿＿＿＿＿＿＿＿＿＿＿＿＿＿＿＿＿＿＿＿＿＿
＿＿＿＿＿＿＿＿＿＿＿＿＿＿＿＿＿＿＿＿＿＿＿＿＿＿＿＿＿＿＿＿＿＿
＿＿＿＿＿＿＿＿＿＿＿＿＿＿＿＿＿＿＿＿＿＿＿＿＿＿＿＿＿＿＿＿＿＿

2. 维护安全的实践行动

（1）为了维护个人的身体健康，请分别围绕饮食习惯、卫生习惯、运动习惯等制订健康行动计划。

饮食计划：＿＿＿＿＿＿＿＿＿＿＿＿＿＿＿＿＿＿＿＿＿＿＿＿＿＿＿＿

卫生计划：＿＿＿＿＿＿＿＿＿＿＿＿＿＿＿＿＿＿＿＿＿＿＿＿＿＿＿＿

运动计划：＿＿＿＿＿＿＿＿＿＿＿＿＿＿＿＿＿＿＿＿＿＿＿＿＿＿＿＿

其他（如作息计划等）：＿＿＿＿＿＿＿＿＿＿＿＿＿＿＿＿＿＿＿＿＿＿

（2）请你从不同的方面为自己制订一个安全行动指南，帮助自己增强面对人身伤害时的应对能力。

增强自我保护意识：＿＿＿＿＿＿＿＿＿＿＿＿＿＿＿＿＿＿＿＿＿＿＿

规避危险环境：＿＿＿＿＿＿＿＿＿＿＿＿＿＿＿＿＿＿＿＿＿＿＿＿＿＿

谨慎与人交往：＿＿＿＿＿＿＿＿＿＿＿＿＿＿＿＿＿＿＿＿＿＿＿＿＿＿

增强自我防卫能力：＿＿＿＿＿＿＿＿＿＿＿＿＿＿＿＿＿＿＿＿＿＿＿

正确求助：＿＿＿＿＿＿＿＿＿＿＿＿＿＿＿＿＿＿＿＿＿＿＿＿＿＿＿＿

其他：＿＿＿＿＿＿＿＿＿＿＿＿＿＿＿＿＿＿＿＿＿＿＿＿＿＿＿＿＿＿

3.　个体责任与安全反思

　　大学生健康与安全关乎个人成长，关乎家庭幸福，也关乎民族与国家的未来。请你分别从个人、家庭和社会3个角度来思考人身安全的重要性，并描述你在思考中获得的感悟。

_____

_____

_____

_____

第四章

财产安全

学习导语

　　财产安全是指个人或组织所拥有的具有经济价值的实物和权利不受损害或威胁的状态。大学生通常没有稳定的收入来源，且进入大学后，许多大学生都需要独立管理自己的财物，包括学费、生活费等，财产损失一旦发生，可能会对其学习、生活乃至未来规划造成严重影响。因此，大学生一定要增强防范意识，学会识别并应对潜在的财产安全风险。

　　本章将主要介绍大学生财产安全保护的相关知识。通过本章的学习，大学生能够增强财产保护意识，提高警惕，避免误入财产陷阱；能在财产安全事件发生时，依靠国家行政机关、司法机关、学校保卫部门等的保护，避免财产安全受到进一步侵害；可以进行自我保护，培养独立性和安全意识，防范财产安全事件的发生。

学习目标

　　1. 认识电信网络诈骗及其常见诈骗套路，正确防范和应对电信网络诈骗，增强防诈骗意识，保护自己的财产安全。

　　2. 认识财物失窃及其预防和应对方法，增强自我保护能力和应急处理能力。

　　3. 辨识常见的财产圈套，识别常见的财产陷阱，增强财产安全防范意识。

引导案例

误陷刷单骗局，被骗数万元

　　某校学生薛某在上网时发现了一个兼职软件。为了赚些零用钱，薛某在该软件上注册了账号并成为会员。在该软件赚钱的方式就是做任务刷单，往软件中转账然后提现赚差价。薛某尝试着转账3次，共计414元，成功提现498元。随后薛某便相信这是个可以赚钱的软件，继续向其转账、完成刷单任务，但很快他就发现不能提现了。软件中的"派单员"称这是因为薛某的信誉度不够，让他继续转账以提高信誉度。随后薛某继续转账多次以提高信誉度，发现还是不能提现，薛某逐渐意识到被骗，随即报案。

　　网购刷单兼职是十分常见的骗局，骗子承诺在交易后立即返还购物费，并返还额外提成。刷第一单时，骗子会小额返利。刷单交易额变大后，骗子就会以各种理由拒不返款，以此诈骗受害者的钱财。面对任何涉及钱财的交易，大学生都必须保持谨慎态度。如果大学生不慎入局，在发现交易过程中存在异常或对方行为可疑时，要立即停止交易并寻求帮助。此外，大学生还应加强自我保护意识，了解常见的诈骗手法和防范措施，增强自我防范能力。

第一节　警惕电信网络诈骗

在日常生活中，我们常常会听闻一些诈骗事件。例如，刷单返利、冒充银行或贷款机构人员开展贷款投资业务、冒充客服退款、冒充领导借钱、冒充亲友借钱等，这些诈骗就是现在常说的电信网络诈骗。所谓电信网络诈骗，其实就是一种通过电话、短信或网络等方式，编造虚假信息设置骗局，对受害人实施远程、非接触式诈骗，骗取受害者财物的犯罪行为。

慕课视频

一、常见的电信网络诈骗套路

电信网络诈骗是一种非接触式诈骗，犯罪分子往往不会直接接触受害人，而是通过电信网络手段（如电话、短信、QQ、微信等）与受害人联系，诱导受害人进行转账或提供个人信息。电信网络诈骗的作案目标十分广泛。犯罪分子会不断翻新诈骗手法，他们精心设计骗术，甚至针对不同群体量身定做、步步设套，对受害人进行欺骗、引诱、威胁、恐吓，严重威胁受害人财产安全。

下面介绍一些常见的电信网络诈骗形式，帮助大学生了解相关作案手法，有效防范电信网络诈骗。

● **利用QQ冒充好友诈骗**。犯罪分子利用木马程序盗取受害人的QQ账号和密码，截取其聊天视频资料，熟悉其好友情况后，冒充该QQ账号主人对其QQ好友以"患重病""出车祸"等紧急事宜为由实施诈骗。

● **利用微信伪装身份诈骗**。犯罪分子利用微信伪装成有钱人或者卖茶叶、卖土特产的励志少年，加受害人为好友并骗取受害人的信任，随即以"资金紧张""家人有难"等各种理由骗取钱财。

● **利用微信假冒微商诈骗**。犯罪分子在微信朋友圈假冒微商，以优惠、打折、海外代购等为诱饵，待买家付款后，又以"商品被海关扣下，要加缴关税"等为由要求买家加付款项，一旦获取购货款便失去联系。

● **利用微信点赞诈骗**。犯罪分子冒充商家发布"点赞有奖"信息，要求参与者将姓名、电话等个人资料发至微信平台，一旦商家套取足够的个人信息，即以缴纳手续费、公证费、保证金等形式实施诈骗。

● **"中奖"诈骗**。犯罪分子冒充工作人员，以知名企业、热播栏目节目组的名义，通过短信、电子邮件、QQ、微信等途径向受害人发送中奖信息，一旦受害人与犯罪分子联系兑奖，犯罪分子即以缴纳个人所得税、公证费、转账手续费等各种理由要求受害人汇款，达到诈骗目的。

● **网络购物诈骗**。犯罪分子开设虚假购物网站，一旦受害人下单购买商品，犯罪分子便称系统故障，订单出现问题，需要重新激活；随后，犯罪分子通过QQ发送虚假激活网址，在受害人填写网络购物平台账号、银行卡号、密码及验证码后，随即将其卡上余额划走。

● **网络购物退款诈骗**。犯罪分子冒充购物网站的客服，拨打电话或者发送短信，谎称受害人拍下的货品缺货，需要退款，要求其提供银行卡号、密码等信息，实施诈骗。

● **解除分期付款诈骗**。犯罪分子通过专门渠道购买购物网站的买家信息，再冒充购物网站的工作人员，声称"由于银行系统错误，买家一次性付款变成了分期付款，每个月都得支付相同费用"，之后再冒充银行工作人员诱骗受害人到ATM机前办理解除分期付款的手续，实施诈骗。

● **贷款诈骗**。犯罪分子通过QQ、微信、短信等群发信息，称其可为资金短缺者提供贷款，利息低，无担保。一旦受害人信以为真，对方即以预付利息、保证金等名义实施诈骗。

● **投资诈骗**。犯罪分子通过QQ、微信等社交软件引诱受害人在不知名网站投资，自己则在网站后台操控数据，先给受害人一些"甜头"，待其深陷其中后，再卷款逃离。

● **虚构色情服务诈骗**。犯罪分子在互联网上留下提供色情服务的电话，待受害人与之联系后，称须先付款才能提供服务，诱导受害人打款。

● **提供考题诈骗**。犯罪分子给即将参加考试的考生拨打电话，称自己能提供考题或答案，但须事先支付"好处费"。

● **高薪招聘诈骗**。犯罪分子通过QQ、微信、短信等群发信息，以高薪招聘为幌子进行招聘，随后以缴纳培训费、服装费、保证金等名义实施诈骗。

● **订票诈骗**。犯罪分子利用门户网站、旅游网站、搜索引擎等投放广告，制作虚假的网上订票公司网页，发布订购机票、火车票等虚假信息，以较低票价引诱受害人上当；随后，再以"身份信息不全""账号被冻结""订票不成功"等理由要求受害人再次汇款，实施诈骗。

● **冒充公检法工作人员拨打电话诈骗**。犯罪分子冒充公安局、检察院、法院等机关工作人员拨打受害人电话，以受害人身份信息被盗用且涉嫌洗钱等为由，要求将其资金转入"国家安全账户"配合调查，以此实施诈骗。

知识拓展　　　　**国家反诈中心App**

　　近年来，电信网络诈骗事件频发，犯罪分子诈骗手法变化多端，让人防不胜防。为了最大限度预防诈骗事件发生、减少人民群众财产损失，我国推出了国家反诈中心App、96110预警劝阻专线、12381涉诈预警劝阻短信系统、全国移动电话卡"一证通查"、云闪付App"一键查卡"、"反诈名片"、全国互联网账号"一证通查2.0"七大反诈利器，为人民群众构筑了一道防诈反诈"防火墙"。其中，国家反诈中心App是一款官方手机防骗保护软件，主要有以下几项功能。一是高效预警劝阻提示：当用户收到涉嫌诈骗的电话或短信时，它会尽可能进行预警提示。二是快速举报涉诈线索：当用户在生活中发现诈骗线索时，可以使用App一键举报功能进行举报。三是远程身份账号验证：用户可以通过App对可疑网友的真实身份、社交账号和支付账户进行涉诈风险验证，降低网络交易涉诈风险。四是全面了解反诈防骗知识：国家反诈中心App常态化发布防骗知识和诈骗套路，提升用户的识骗防骗能力。图4-1所示为国家反诈中心App界面，其在"科普"界面，还依据目前常见的刷单返利诈骗、虚假投资理财诈骗、虚假网络贷款诈骗、冒充电商物流客服诈骗、冒充公检法诈骗、虚假征信诈骗、虚假购物、服务诈骗、冒充领导熟人诈骗、网络游戏产品虚假交易诈骗、婚恋交友诈骗等类型，对其诈骗形式、详细案件等进行了介绍，并提供了防骗方法，提醒人们提高警惕，不要误入陷阱，以免造成财产损失。

图4-1　国家反诈中心App界面

课堂活动

反诈飞行棋

　　全班同学分为若干小组，每小组6人或8人（偶数），各小组独立开展活动（也可从全班同学中抽选6人或8人进行活动）。

　　活动流程如下。

　　① 准备一个自定义的简易棋盘，样式如图4-2所示，准备两颗棋子。

　　② 准备分别带有"1""2"数字标记的纸团，用于"抓阄"，"1"表示前进一格，"2"表示前进两格。

　　③ 各小组分为A、B两个阵营，猜拳决定抓阄先后顺序。

④ 抽取一个纸团，按纸团中标记的数字从起点前进。若前进至"反诈"格子，则需要在1秒内（思考时间）说出一个关于反诈的小知识；若前进至"防诈"格子，则需要在1秒内（思考时间）回答对方阵营提出的一个关于诈骗的问题（可以是某诈骗类型的防范措施或解释某诈骗手段的原理等问题），回答正确可停留在原地，回答错误则退到上一步所在的格子。

⑤ 最先到达终点的阵营获胜。

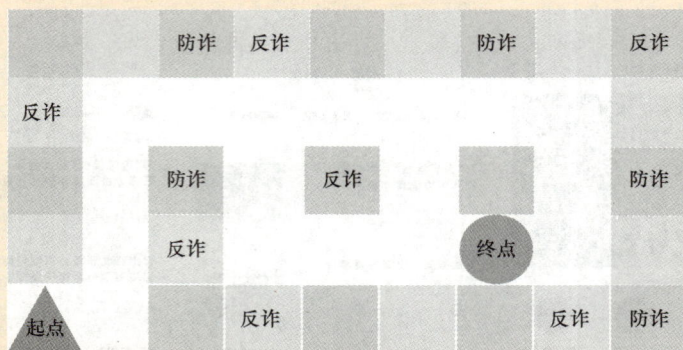

图4-2　反诈飞行棋棋盘示例

二、如何预防电信网络诈骗

无论电信网络诈骗的手段如何隐蔽、如何翻新，归根结底，诈骗分子就是利用人们趋利避害、贪图便宜或急于求成等心理实施诈骗。大学生在面对各种诱惑和"天上掉馅饼的好事"时，必须沉着冷静、擦亮眼睛、切勿贪婪。认识到这一点后，大学生就可以更好地实施防范电信网络诈骗的措施，增强防范意识。

大学生防范电信网络诈骗要注意以下事项。

● **保护个人信息**。不要随意告知陌生人自己的银行卡号、姓名及个人情况；在一般情况下，不要把自己的通信工具给他人使用；不要轻易在网络上留下自己详细的联系方式和个人基本情况，以防被人窃取；遗失身份证、银行卡后要及时挂失补办。

● **不贪图眼前小利**。不要因贪图眼前小利而掉入消费陷阱，要有消费的自制力和明辨是非的能力；对手机上收到的中奖短信不予理睬；不点击陌生的购票链接，不轻信低价购票信息；不点击陌生的或含有引诱、夸张信息的网络链接，谨防进入"钓鱼"网站；对意外飞来的"横财""好运"，特别是陌生人提供的利益，一定要坚信"天上不会掉馅饼"。

● **谨慎交友，不感情用事**。"害人之心不可有，防人之心不可无。"不要听信陌生人的花言巧语，特别是在网上交友时要有戒备之心，注意保护好个人信息；为取得大学生的信任，诈骗分子会提供一些伪造的证件（身份证、学生证等），此时大学生应仔细辨别其真伪；遇到事情不感情用事，在提倡助人为乐、奉献爱心的同时，也要提高警惕性，因为有的诈骗分子常常会利用老人、小孩编出种种凄惨故事，通过博取善良者的同情进行诈骗。

● **涉及钱款交易时核实信息**。在QQ、微信、支付宝上一旦涉及钱款交易，一定要及时与本人联系和核实；如果发现自己被盗号，要及时冻结账号并更改密码；如果被人告知家庭突遭变故、索要钱财，不要轻信，应多方核实。

● **不提倡校园贷款，谨慎借款**。大学生在申请借款或分期购物时，要衡量自己是否具备还款能力；对于关乎自身信息、财产安全的事，要多方求证，不要轻易相信他人的一面之词，更不要轻易透露个人信息，甚至将身份证借与他人使用。若发现危险，应及时报警。

● **通过正规渠道求职就业**。大学生求职就业一般应通过政府和学校组织的人才交流市场或正规网站，同时注意查询、核实招聘企业的真实情况；大学生在进行校外兼职前，要查看对方资质，在应聘过程中若遇到索要身份证、押金、保证金的情况，应立即拒绝并离开，因为按照国家规定，用人单位在招聘时不应收取任何费用。

三、如何应对电信网络诈骗

遭遇电信网络诈骗后，大学生不能有所顾虑，应及时报案，既不要担心因财物损失而受到父母责备，也不要因自尊心强而怕受到他人奚落。报案时，大学生要如实向公安机关说明受骗的时间、地点和过程，以及损失的财物，并提供诈骗分子实施诈骗时使用的姓名、年龄、犯罪工具（如社交账号、电话号码、其他遗留物），以及其外貌特征、口音，与诈骗分子的谈话内容，诈骗分子暴露的社会关系，等等，协助公安机关侦查破案。

此外，买卖、出租、出借电话卡、银行卡，以及微信、支付宝等第三方支付平台账户信息，均属违法行为。如大学生为他人实施电信网络诈骗、洗钱等违法犯罪活动提供便利，达到一定情节时，还可能涉嫌刑事犯罪。希望大学生时刻保持警惕，避免成为电信网络诈骗的帮凶。如发现上述不法行为，大学生应及时向公安机关举报。

课堂活动　　　　**一通来自天猫客服的电话**

某天，你接到一通陌生电话，对方自称天猫客服，说你的账号登记成为天猫商家，该登记手续一旦办理，就会定期自动扣款，询问你是否解除该登记，此时，你将：

_____

如果对方声称解除该登记需要填写回执单，此时，你将：

_____

填写回执单后，对方称要将你的回执请求转接到农业银行线路，进行资产保护，此时，你将：

_____

一会儿，你接到自称农业银行工作人员的电话，对方告诉你要单独开设资产保护账户，并要求你向新开设的账户转账，以激活账户，此时，你将：

_____

如果你不慎掉入该诈骗陷阱，完成转账后被提醒遭遇了诈骗，你将：

_____

第二节　提防财物失窃

慕课视频

　　财物失窃是指个人或单位所拥有的具有经济价值的物品或资金，在未经其所有人或合法管理者同意的情况下，被他人非法占有或取走的行为。这种行为通常伴随着非法性和秘密性，是违反法律和社会道德规范的一种犯罪行为。

　　大学生面对的财物失窃，主要以财物被盗窃为主要现象。大学生应对大学盗窃案件的表现形式和主要特征进行基本了解，以增强防范意识，加强防范措施，保持良好的防盗习惯。

素养课堂

　　盗窃罪属于侵犯财产类的犯罪，这里的财产不仅可以是货币、首饰等有形财产，也可以是电气、网络货币等无形财产，不仅指私有财产，也包括公有财产。《中华人民共和国刑法》规定：盗窃公私财物，数额较大的，或者多次盗窃、入户盗窃、携带凶器盗窃、扒窃的，处三年以下有期徒刑、拘役或者管制，并处或者单处罚金；数额巨大或者有其他严重情节的，处三年以上十年以下有期徒刑，并处罚金；数额特别巨大或者有其他特别严重情节的，处十年以上有期徒刑或者无期徒刑，并处罚金或者没收财产。

一、大学里常见的财物失窃场景

　　大学里涉及的被盗财物类型比较多，常见的如现金、银行卡、自行车、笔记本电脑、手机、数码相机等，盗窃案件的多发地点如宿舍、食堂、图书馆、教室、运动场等，此外，大学生若外出，在校外的餐厅、公交车和商场等地，也可能会遭遇财物失窃的情况。

　　● **宿舍。**宿舍是大学生日常生活和学习的重要场所，笔记本电脑、手机、平板电脑、相机、钱包、现金、首饰等贵重物品通常也存放在宿舍中，因此宿舍是财物失窃的高发地。由于宿舍内人员流动性大，且部分学生对私人空间的安全性有所疏忽，使得宿舍成为作案人员容易下手的地方。

　　● **食堂。**食堂人流量大，环境较杂乱，特别是在用餐时间，很多学生在打饭时将书包、钱包、手机等物品放在座位上，给作案人员提供了作案机会。

● **图书馆**。图书馆是学生学习和查阅资料的场所，部分学生常将书包、手机、钱包、书籍等物品放在座位上，然后去其他地方学习或查阅资料，给了作案人员可乘之机。

● **教室**。在上课或自习时，部分学生将手机、钱包等物品放在课桌上或抽屉里，然后离开教室，增加了财物失窃的风险。

● **运动场**。在运动时，很多学生往往会将手机、钱包、运动装备等物品放在场边或更衣室内，这也给作案人员提供了作案机会。

除了校内场景，大学生若外出用餐、购物、娱乐、乘坐公共交通工具等，在环境复杂、人流量大的场合缺乏警惕性，也可能会遭遇财物失窃的情况。

二、大学财物失窃案的作案类型

发生在大学的财物失窃案件，主要分为内部作案、外部作案两种类型，此外还有内外勾结作案的情况。

● **内部作案**。内部作案指学校学生及学校内部管理服务人员实施盗窃的行为。这类案件具有隐蔽性和伪装性，作案人员往往凭借自己熟悉盗窃目标的有关情况寻找作案时机，因而易于得手。

● **外部作案**。外部作案即校外社会人员在学校实施盗窃的行为。作案人员通常携带作案工具，如螺丝刀、钳子、塑料插片等，利用学校管理上的漏洞，冒充学校人员或以找人为名进入校园，盗取学校资产或师生财物。

● **内外勾结作案**。内外勾结作案即学校内部人员与校外社会人员相互勾结，在学校内实施盗窃的行为。这类案件中的内部人员的社会交往关系一般比较复杂，与校外社会存在一定的利益关系，往往与其结成团伙，形成盗、运、销一条龙。

素养课堂

近两年，随着外卖订餐平台的兴起，校园盗窃案的作案目标增加了"新成员"——外卖。偷拿外卖，从表面上看，好似涉案金额不高，但若多次作案，则构成"多次盗窃"，无论涉案金额多少，都可能构成刑事犯罪。大学生一定要提高警惕，不要误以为这是"轻微"的失范行为。

三、大学生财物失窃案的主要特征

一般盗窃案件都有以下共同点：实施盗窃前有预谋、有准备；盗窃现场通常遗留指纹、脚印及其他物证等；盗窃手段和方法常带有习惯性。相对而言，大学校园内的社会环境、人员等更加单纯，因而盗窃案也具有一些典型特征。

● **作案人员的特定性**。一般而言，在学生宿舍区以外发生的盗窃案件中，作案人员主要是学校周边的无业人员及来校务工人员，这些人熟悉目标学校的环境、学校师生与工作人员的作息时间、学生出入校园的时间，以及学生离校后频繁出入的场所。在学生宿舍区发生的盗窃案件中，作案人员主要是校内学生或工作人员，因为他们熟悉宿舍环境，在宿舍盗窃很容易得手。

● **作案时间的规律性。** 大学生有自己独特的学习、活动和生活规律，这些规律直接影响和制约着作案人员盗窃行为的具体实施。一般而言，作案人员主要选择以下时间实施盗窃：师生上课、员工上班期间；校内举办各种大型活动期间；新生入学期间；期末复习考试期间。盗窃成功后，作案人员往往抱有侥幸心理，加之报案的滞后和破案的延迟，作案人员极易屡屡作案而形成持续性的大学盗窃案件。

● **作案方式的多样性。** 作案人员往往针对不同环境和地点，选择对自己较为有利的作案手段，以获得更大的利益。各种作案手段主要包括顺手牵羊、浑水摸鱼、乘虚而入等。

四、如何预防财物失窃

面对时有发生的危及大学生财产安全的事件，不管是大学生还是校园安保部门都必须提高警惕。大学生有必要学习和掌握防盗常识和技巧，防止因自己的疏忽大意给盗窃分子可乘之机，避免财产损失。

● **宿舍防盗。** 养成随手锁门的习惯，尤其是晚上入睡前和外出时；贵重物品应锁在抽屉或柜子中，不要随意放在桌面或床上；如果发现宿舍区域出现陌生面孔且行为可疑，应提高警惕，必要时报告宿舍管理人员。

● **图书馆、自习室防盗。** 去图书馆和自习室时，不携带大量现金和贵重物品，否则要做到现金、贵重物品不离身；进入图书馆、自习室后，不用背包、衣服等物品占座，衣服、钱包和背包等不随意放在桌椅上；尽量不在图书馆、自习室睡觉，否则要让身旁的同学看护自己的物品；需暂时离开时，应带走自己的物品或交给同伴代管。

● **食堂、餐厅防盗。** 去食堂就餐时，背背包的同学要注意身后的情况，以防有人浑水摸鱼；手机、钱包等贴身放好，养成经常有意识地碰触、摸探衣服、裤子口袋中物品的习惯；排队时，注意挤靠、贴近自己或他人的人。去校外餐厅就餐时，大学生应选择环境较好的餐厅，不去人员复杂、秩序混乱的餐厅；看管好自己的物品，尽量不与陌生人攀谈，若有陌生人上前搭讪，要多留一个心眼，看护好自己的私人物品。

● **运动场所防盗。** 去运动场所锻炼时，不携带大量现金和贵重物品；物品集中放置于离运动地点较近的位置，最好交由同伴看管；离开前仔细清点物品。

● **网吧防盗。** 应选择管理规范的网吧上网，且不携带大量现金和贵重物品；上网过程中不用手机时，要将手机贴身放好，不要乱放在桌子上；衣服、背包等物品放在身前，切记不能挂在椅背上；注意自己座位周围情况的变化，有人在身旁来回踱步或挤靠自己时，要提高警惕；如果有人向自己询问事情，先把手机、钱包等物品放好，再作答。

● **公交车防盗。** 公交车上不做"低头族"，专心致志地玩手机的人容易成为盗窃分子的目标，给盗窃分子可乘之机；公交车上不露财，钱包、手机等物品贴身放好，在车厢内移动时保护好随身携带的物品；站立时注意避开有意紧贴你的人；养成有意识地碰触、探摸衣服、裤子口袋中物品的习惯。

● **商场防盗**。大学生在逛商场时不要露财，钱包、手机等物品贴身放好，背背包的同学要留意身后的情况；进超市购物时，不要将衣服、背包等放在手推车或购物篮里，以防在不注意时被盗走；试换衣裤时，要把随身物品放在身前，或交由同伴看管；在人多热闹的地方，要特别注意保护好自己的随身物品，不要只顾着看热闹而疏忽大意。

五、如何应对财物失窃

发生盗窃案件后，大学生不要惊慌失措、自乱阵脚，一方面要及时报案并保护现场，另一方面要及时报失并配合调查。

● **及时报案，保护现场**。盗窃案件发生后，大学生要及时拨打"110"报案。如果是校内被盗案件，大学生可向学校保卫部门报告，并迅速组织在场人员保护好被盗现场，不要随意翻动被盗现场，因为若现场有关的痕迹、物证被破坏了，不利于调查取证。在这个过程中，如果自己发现了可疑人员，可借助周围人的力量设法将其拖住，等待有关部门的调查援助，同时防范盗贼狗急跳墙，做出伤人举动。在当场无法抓获盗贼的情况下，大学生应记住盗贼的特征，以便向公安机关、学校保卫部门提供破案线索。

● **及时报失，配合调查**。发生盗窃案件后，大学生要做好事后补救工作，若发现身份证、银行卡被盗，应尽快挂失。知情人员应当积极配合公安机关、学校保卫部门的调查取证工作。有的人对身边发生的盗窃案件采取事不关己、不愿多讲的态度；有的人在调查人员询问时不敢详细说明有关情况，怕别人打击报复，怕影响同学间的关系；等等，这些都是不可取的。

📝 **课堂活动**　　**放在图书馆的笔记本电脑不翼而飞，怎么办？**

小于每周六下午都有去校图书馆看书的习惯，这一次他带了笔记本电脑。他到了图书馆后，图书馆内已经坐满了学生，大家都在安静地看书。小于找了一个角落坐了下来，一边看书一边上网查阅资料。中途小于感觉有些疲劳，就起身去茶水间喝水，并上了一趟厕所。回来后，小于发现自己座位上的笔记本电脑已不翼而飞。由于其他同学都在专心看书且不认识小于，小于向旁边的同学询问自己的笔记本电脑被谁拿走时，同学们也说不清楚。

如果你是小于，你会怎么做？

离开座位时：＿＿＿＿＿＿＿＿＿＿＿＿＿＿＿＿＿＿＿＿＿＿＿＿＿＿＿＿

发现笔记本电脑不见之后：＿＿＿＿＿＿＿＿＿＿＿＿＿＿＿＿＿＿＿＿

第三节　辨识其他财产圈套

慕课视频

大学生往往涉世未深，很容易被犯罪分子当作作案目标，因而在诈骗、盗窃之外，大学生还容易遇到诸如贷款、传销等财产圈套，一旦中招，将会对学习和生活造成非常恶劣的影响，因而大学生一定要时刻保持警惕，增强自我保护意识，避免陷入各种财产圈套中。

一、抵制不良贷款

虽然相关部门已经叫停网络借贷平台以在校大学生为贷款目标的"校园贷"业务，但是违法违规的"校园贷"并未绝迹，不良的网络借贷平台为牟取巨额非法暴利，仍在隐蔽地发放针对大学生的不良贷款。一旦贷款超出大学生偿还能力或大学生遇到高额贷款陷阱，后果将不堪设想。大学生要增强防范金融风险的意识，避免沦为不良网络借贷平台的待宰羔羊。

1. 不良贷款的特征

不良贷款往往以低门槛吸引受害者入局，并通过高利率、繁多的收费名目和逾期还款违约金获取高额非法利益，其主要特征如下。

● **低门槛**。不良网络借贷平台打着"无须抵押、操作便捷、快速到账"的幌子，吸引大学生前来贷款。这类网络借贷平台一般声称，借款人只需提供个人身份证件、学历证明，以及父母或同学、老师的联系方式等信息，即可得到几千元，甚至数万元额度的借款。但正规的网络借贷平台在操作借款时会严格限制借贷条件，一再审核借款人的借款资质和还款能力。仅凭身份信息就能成功借款的网络借贷平台多半会使借款人陷入高利贷的骗局。

● **利率不明**。不良的网络借贷平台宣传其借贷产品时往往玩数字游戏，避谈利率问题，只强调分期还款、低门槛、零首付等虚无好处，实际其利率非常高，甚至有些不良贷款的年利率超过100%，而银行贷款的年利率一般在4%～5%，由此可见，不良的网络借贷平台的贷款利率是十分不正常的，远超出法律允许的范围。

● **收费名目繁多**。如收取"砍头息"，即把利息预先从所借本金中扣除。《中华人民共和国民法典》第六百七十条规定"借款的利息不得预先在本金中扣除。利息预先在本金中扣除的，应当按照实际借款数额返还借款并计算利息。"其他如"服务费""担保费""保证金"等费用往往也从所借本金中预先扣除。也就是说，借款人真正到手的借款金额往往远低于实际的申请借款金额。另外，有的不良网络借贷平台把利息加入本金来一起计算利息，以利滚利的手段变相发放高利贷。

● **高额逾期还款违约金**。不良的网络借贷平台往往要求借款人支付极高的逾期还款违约金，如逾期还款违约金每天按未还金额的1%计算，或按借款金额的10%计算等，这些逾期还款违约金有时甚至比借款本金多。其在已经收取了高额利息的情况下再收取高额违约金，显然有悖法律的公平原则。

● **暴力催收手段。**很多不良的网络借贷平台会暴力催收，大学生如不能按时还款，这类借贷平台或其雇佣的催收公司就会采取去学校闹事、威胁学生亲友、打恐吓电话、暴力、拘禁、跟踪等恶劣手段讨债，严重侵犯大学生的人身安全。有的大学生在不堪忍受的情况下容易做出极端行为。情节严重的暴力催债行为已经涉嫌构成犯罪，应被追究刑事责任。

2. 不良贷款的危害

不良贷款的危害极大，不仅易使大学生树立不良的消费观，影响大学生的学习和生活，甚至还可能扰乱校园秩序和破坏大学生的家庭幸福。

● **使大学生树立不良的消费观。**大学生只需提供身份证就可以轻松得到数额不等的贷款，易产生"钱来得容易"的感觉，从而变相刺激自己超前消费。长此以往，大学生会受到错误诱导，树立起不良的消费观念，滋生借款恶习。

● **影响大学生的学习和生活。**大学生在借了不良贷款后，背负着高额债务，需要想方设法赚钱还贷，弄得身心疲惫，而一旦逾期不能按时还款，还会遭受不良网络借贷平台的各种恶劣催收，使自己难以应付，甚至弄得人人皆知，声誉受损，给正常学习和生活带来严重的负面影响。

● **扰乱校园秩序。**不良贷款除了影响大学生个人，还会对校园秩序产生重大影响。一方面，因受贷款大学生的影响，其身边的同学可能会采取同样的方式贷款；另一方面，当贷款大学生无力偿还借款时，不仅贷款大学生会遭受暴力催收，身边的同学和老师也会受到电话骚扰、恐吓等，这会极大地扰乱校园秩序。

● **破坏大学生的家庭幸福。**大学生若陷入不良贷款的高利贷陷阱中，便会想办法填补资金窟窿，有的不堪重负，走上偷盗、抢劫等违法犯罪道路，有的做出轻生等极端行为，这些都会给其家庭带来不可挽回的重大损失。有的大学生还将其借款转由家庭共同承担，不仅让自己遭受不良借贷平台的暴力催收，也使家人遭受暴力催收，使自己的家庭幸福遭到严重破坏。

3. 不良贷款的应对与预防

应对不良贷款，最重要的是树立健康的消费观，远离不良贷款；确需贷款的大学生，要通过正规渠道获取资金，同时提高警惕，防止上当受骗。如果大学生初涉不良贷款，赶紧收手；若大学生已陷入不良贷款旋涡，应立即报警处理。

● **树立健康的消费观。**大学生要有自控能力和自律能力，树立健康的消费观，不盲目攀比，不好逸恶劳，生活支出应根据家庭实际情况进行合理安排。避免遭受不良贷款侵害的有效方法就是远离它。

● **通过正规渠道获取必要资金。**如果大学生家庭经济困难，为了缓解经济压力，一是可以通过努力学习获取奖学金，或者争取学校困难补助；二是可以通过兼职赚取生活费，甚至学费等；三是可以与同学、老师商量向其借钱。如确需贷款，则应选择安全系数高的国家正规金融机构的借贷产品，并向多方咨询，了解清楚利率等还款事项后，根据自身还款能力来考虑借款金额。总之，对于借贷，大学生应慎之又慎。即使是正规的网络借贷平台，其也不是福利机构，大学生如果违约，也要负相应责任。

● **增强防骗意识，保持头脑清醒**。正规金融机构会根据用户的综合资信情况来评定借款上限，不仅需要用户提供身份证明、流水证明等，还会查看用户是否具有良好的信用记录及还款能力等。若贷款产品没有审核过程、门槛低或额度高，那么大学生就要擦亮双眼，因为该借贷平台十有八九是不良平台。

● **初涉不良贷款，赶紧收手**。如果有的大学生已初涉不良贷款，但是发现了不对劲，则要赶紧收手，并向警方报案寻求帮助。

● **陷入不良贷款旋涡，立马报警**。如果有的大学生已经陷入不良贷款的旋涡中，那么不要有所顾虑，应及时报警，并说清楚事情始末，按照法律程序解决，并把这件事当作自己的一个深刻教训，提高警惕。

📝 **课堂活动**　　　　　**如果有一天，你收到了一条催款信息**

　　有一天，你忽然收到了一条催款信息，信息显示：你的同学王×欠款4000元，逾期不还，现已通知亲友，希望亲友劝其尽快还款，否则将诉诸法律手段。你询问同学王×，发现贷款确有其事。原来，王×迷上了一款网络游戏，为了购买装备、充游戏币，便在"朋友"的推荐下注册了某网络借贷平台，提交信息后借款2000元，但未及时归还，利滚利之下，还款金额猛增至4000元。王×不敢告诉家人朋友，且利滚利之下更加还不上，一拖再拖，该网络借贷平台便开始频繁给王×的亲友拨打催款电话、发送信息等。

　　面对王×面临的局面，你会选择帮助他吗？你将如何帮助他？

_____

_____

　　你觉得这件事情给大学生带来了什么警示？

_____

_____

二、识别传销陷阱

　　传销全称"传播销售"，是指组织者或经营者通过发展人员，并以此人直接或间接发展的人员数量或销售业绩为依据来计算和给付报酬，或者要求被发展人员交纳一定费用以获得加入资格等方式牟取非法利益，扰乱经济秩序，影响社会稳定的行为。传销活动通常涉及无店铺经营，传销组织的领导者和组织者通过非法占有下线人员的财物来牟取利益。

　　传销活动危害很大，犯罪人员常利用受害者急于发财致富的心理诱其加入，受害者一旦受骗，就可能面临交纳高昂入门费、人身自由受到限制、强迫从事犯罪活动等情况，因此大学生一定要擦亮眼睛，识别传销陷阱，保障自己的人身、财产安全。

1. 传销行为的显著特征

传销行为是一种依靠不断发展下线而牟取非法利益的行为，其具有一些典型的特征。

● **需要交纳入门费**。传销组织一般需要加入者交纳入门费或购买一定数量的产品以获得加入资格。

● **需要不停拉人加入**。传销组织不是靠销售商品或提供服务赚取利润，而是靠不断发展新的下线成员，并要求他们购买商品或交纳费用来维持整个组织的运作。

● **计酬方式以发展下线为主**。传销组织的计酬方式往往是以发展下线的数量为依据，而不以销售商品或提供服务的数量和质量为依据。

● **层级关系明确**。传销组织内部通常有明确的层级关系，每个成员都需要发展一定数量的下线才能晋升到更高的层级，并获得更多的利益。

● **宣传具有欺骗性**。传销组织在宣传时通常会夸大或虚构其产品或服务的功效、收益等，以吸引更多人加入。同时，传销组织也会隐瞒或淡化加入的风险和成本。

素养课堂

为了诱骗他人加入传销组织，传销分子往往会将不法的传销行为伪装成正常的商务活动，但无论其如何伪装，都具有"高额回报""发展人员形成上下线关系"等特点。我国《禁止传销条例》规定："下列行为，属于传销行为：（一）组织者或者经营者通过发展人员，要求被发展人员发展其他人员加入，对发展的人员以其直接或者间接滚动发展的人员数量为依据计算和给付报酬（包括物质奖励和其他经济利益，下同），牟取非法利益的；（二）组织者或者经营者通过发展人员，要求被发展人员交纳费用或者以认购商品等方式变相交纳费用，取得加入或者发展其他人员加入的资格，牟取非法利益的；（三）组织者或者经营者通过发展人员，要求被发展人员发展其他人员加入，形成上下线关系，并以下线的销售业绩为依据计算和给付上线报酬，牟取非法利益的。"

---

2. 传销陷阱的常见手段

传销组织通常会以各种手段诱骗人们加入，传销陷阱的常见手段如下。

● **许以高额回报**。传销组织利用一些人急于求富的心理，许以高额回报，引诱受害者交纳一定费用或购买产品，以此作为加入该组织的条件。传销组织还可能通过"关爱、呵护"的方式，从感情入手，突破受害者的心理防线。

● **利用熟人关系**。一些传销组织专挑熟人下手，以介绍工作、从事经营活动、招聘兼职为名，欺骗他人离开居住地后非法聚集，限制其自由，再通过利诱、威逼、暴力等手段胁迫其从事传销活动。

● **以销售为幌子**。一些传销分子打着"网络营销""网络直销""循环消费""满100元返100元""消费增值"等幌子，打着已注销或并不存在的企业旗号，用十分吸引人的虚假宣传诱骗受害者参加传销。

● **利用新概念**。一些传销分子打着新概念的旗号诱人加入，如"互联网金融""数字货币""投资理财""互联网博弈"等，这些新概念看上去十分有噱头，但实际却是空有口号，不会落实。

● **利用三无产品**。一些传销分子以销售护肤品、保健品、日用品等三无产品的名义发展下线，谎称产品销量非常好，坐着就能赚钱，加入者交纳入门费才能加入这项"赚钱的生意"。

● **利用国家政策**。一些传销组织打着响应国家政策号召的旗号，歪曲利用国家经济政策、区域性发展政策等，以"资本运作""投资工程项目"等名义进行非法活动，要求加入者交纳高昂入门费。

● **利用暴富心理**。一些传销分子以一些虚假的课程为噱头，在朋友圈发布一些豪宅、豪车图片，暗示自己通过学习这些课程过上了更好的生活，以此引诱一些想要不劳而获的人购课加入。

3. 传销骗局的预防和应对

传销分子的手段层出不穷，但其核心都是利用人们的贪婪心理和对未来的美好憧憬，通过虚假承诺和虚假宣传，诱骗人们加入并投入资金。大学生初入社会，阅历尚浅，面对这些犯罪手段时，容易上当受骗。但不管传销手段如何层出不穷、花样翻新，大学生只要能够坚守原则，不为所动，在投资与求职的过程中保持理性，不盲目自信，积极与家人、朋友交流意见，同时密切关注社会动态与发展趋势，坚信"不劳而获绝非正道"，便能有效地防范并降低上当受骗的风险。

● **增强防范意识**。传销通常以高额回报为诱饵，因此对于任何看似能够轻松赚钱的机会，大学生都应保持警惕，避免被表面的高收益所迷惑。尤其是对于需要入门费并以拉人头的形式计算报酬的工作或机会，大学生更要警惕规避。

● **谨慎投资与消费**。在面对一些看似大有前景的投资时，大学生务必进行充分的调查和了解，确保所投入的资金安全合法。在购买一些夸大收益或隐瞒风险的产品时，大学生也要提高警惕，不轻信他人。

● **寻求专业建议**。如果是亲人、朋友邀请你共同投资生意，你可以先咨询专业人士或金融顾问的意见，以确保投资的合理性和安全性。

● **学习法律知识**。认真学习《禁止传销条例》《直销管理条例》等相关法律法规，了解传销的非法性和危害性，同时增强对传销本质、形式的认识和了解，提高识别能力。

● **树立正确的价值观**。树立脚踏实地、勤劳致富的观念，自觉抵制传销的诱惑。加强科学理论知识的学习，戒除急功近利、投机暴富的心态。

大学生如果发现自己已经不慎掉入传销陷阱，一定要保持冷静，不要盲目行动。一方面，可以收集、保存与传销活动相关的证据，如汇款凭证、交费收据、介绍人及上线人员的姓名、电话等；另一方面，要及时向家人、朋友或专业机构寻求帮助。大学生如果遭遇传销分子的"跟踪陪伴"，可以找机会向路人或当地执法机关求助。在确保自身安全的情况下，大学生可以积极向公安机关举报传销组织、传销组织人员等，帮助公安机关打击传销窝点。

知识拓展 **传销与直销**

　　从表面上看，传销是以"销售"为主，但其本身与正规的直销存在很大的差别。传销需要交纳入门费或购买产品，但直销不必；传销通常没有具体的销售商品或服务，或商品、服务与定价严重不符，但直销商品或服务的定价公正合理；传销人员通常以发展下线人员来计算报酬，而直销人员通常以销量计算报酬；传销组织需要不断吸引人员加入来获取非法利润，维持组织运作，而直销的利润取决于商品或服务的销量多少。

课堂活动 **迷宫大逃脱**

　　图4-3所示为一张传销陷阱迷宫图，其中圆点代表陷阱。试着从起点开始，寻找正确的迷宫出口。在寻找迷宫出口的过程中，如果遇到陷阱，需要列举一种传销陷阱，并描述其识别和防范方法，才可继续前进。

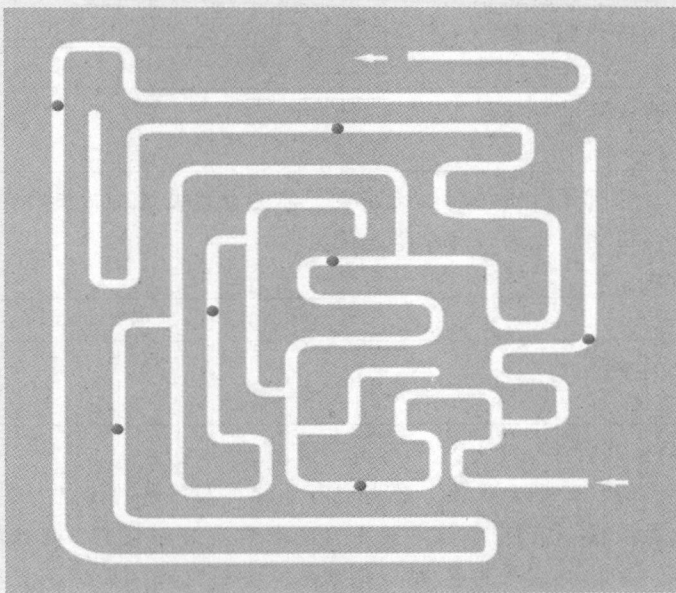

图4-3　传销陷阱迷宫图

列举传销陷阱，并描述其识别和防范方法。

_____

_____

• 本章小结

　　本章强调了大学生保护自身财产安全的重要性，并分别列举了电信网络诈骗、财物失窃、其他财产圈套等容易造成大学生财产损失的典型事例，说明了大学生面临财产安全风险时的防范与应对技巧，旨在帮助大学生树立财产保护意识，学会识别和应对各种诈骗手段与陷阱，提升维护自身财产安全与应急处理财产安全事件的能力。大学生财产安全保护不仅关乎大学生校园生活的稳定与安宁，还直接影响其学业发展与心理健康。因此，每名大学生都应该高度重视并切实做好个人财产安全的保护工作，同时，大学生也要在校园中起到示范带头作用，树立正确的价值观，做一个知法、懂法，决不触碰法律与道德底线的好青年。

• 课后思考

　　1. 安全问题的自我审视

　　（1）你是否遭遇过诈骗？你会主动了解新的电信网络诈骗类型吗？请你试着通过网络搜索一些新型电信网络诈骗类型，并了解其诈骗流程，思考其防范方法。

　　搜索新的电信网络诈骗类型：＿＿＿＿＿＿＿＿＿＿＿＿＿＿＿＿＿＿＿＿＿＿＿＿＿

　　分析其诈骗流程和防范方法：

　　＿＿＿＿＿＿＿＿＿＿＿＿＿＿＿＿＿＿＿＿＿＿＿＿＿＿＿＿＿＿＿＿＿＿＿＿＿＿＿

　　（2）在校园里，你听说过哪些财物失窃案？你是否遭遇过财物失窃呢？针对你听说过或遇到过的财物失窃现象，你的预防举措是什么？

　　校园财物失窃现象：＿＿＿＿＿＿＿＿＿＿＿＿＿＿＿＿＿＿＿＿＿＿＿＿＿＿＿＿＿＿

　　＿＿＿＿＿＿＿＿＿＿＿＿＿＿＿＿＿＿＿＿＿＿＿＿＿＿＿＿＿＿＿＿＿＿＿＿＿＿＿

　　维护财产安全的举措：

　　＿＿＿＿＿＿＿＿＿＿＿＿＿＿＿＿＿＿＿＿＿＿＿＿＿＿＿＿＿＿＿＿＿＿＿＿＿＿＿

　　2. 维护安全的实践行动

　　（1）请检查自己的社交平台账号，若发现有暴露个人信息的情况，及时删除或隐藏。

　　（2）检查自己在微信、QQ、小红书等平台的社群，若加入了不明社群，如推销产品、推销课程、租房等，严格核实社群性质；若存在不安全因素，如群中有人一唱一和购物、系统提示该群交易有风险等，建议及时退出。

　　（3）下载安装国家反诈中心App，对手机应用进行检查，开启防骗预警。

　　（4）在国家法律法规数据库中搜索并阅读《中华人民共和国治安管理处罚法》《中华人民共和国刑法》等法律文书，了解"黄赌毒"等犯罪行为的界定、量刑等，增强法律意识，提升法律素养。

3. 个体责任与安全反思

　　校园环境应该是安全、和谐的，但校园失窃事件时有发生。请你基于校园失窃事件背后作案人员法律认知的缺失和道德价值的偏离，谈一谈大学生应该如何提升个人品德与修养，从而营造一个和谐、安全、有序的学习环境。

_____

_____

_____

第五章

心理健康

学习导语

所谓健康，是指一个人在肉体、精神和社会等方面都处于良好的状态，而心理健康是健康的重要组成部分。保持健康的心理不仅是大学生全面发展的必然前提，也是高校人才教育过程中的重要目标。适时地引导并优化大学生的心理健康发展，对于塑造其完善的人格与健全的心理结构具有举足轻重的意义。同时，这一过程也可以极大地推动大学生向健康、独立、卓越的个体成长，为其更好地面对未来的挑战奠定坚实的基础。

本章将围绕心理健康的识别、诊断与维护来探讨大学生心理安全的相关问题，通过本章的学习，大学生可以深入理解心理安全的重要性，树立正确的心理健康观念，学会从心理学角度反思个人行为与情绪反应，采取积极主动的方式进行心理调适，有效管理情绪，解决问题，维护自身及他人的心理健康。

学习目标

1. 了解心理健康，了解大学生心理健康标准与维护大学生心理健康的意义，增强自我认知，树立身心一体的健康观。

2. 掌握识别和诊断心理问题的方法，能够积极进行自我判断与调适，主动关注和维护自身的心理健康。

3. 掌握情绪管理和心理危机预防的基本方法，关注自身的情绪健康状况，做驾驭情绪的主人，积极预防心理危机，树立正确的幸福观。

👁 引导案例　　　　　学习压力下的抑郁警示

小雪就读于一所重点大学的计算机相关专业，专业课排名稳定在年级前30%，但她仍觉得自己不够优秀。同宿舍的其他三人中，一人获得了国家奖学金，两人获得了一等奖学金，而她只获得了三等奖学金，这让她压力非常大。除了同宿舍的同学，同系中还有其他佼佼者。有的同学每门课都是满绩点，有的同学参与了国家级立项科研。于是她更加拼命地学习，只要闲下来，她就会有很强的负罪感。

大二下学期，小雪在参加了一个竞赛项目后，暂时放松了一下高度紧绷的神经，然而这一次放松让她忽然感觉做任何事情都提不起劲了。她想让自己做一些事情，但身体却好似动不了一样，只想躺着。小雪的内心十分煎熬，开始自我唾弃，甚至逐渐失去食欲。同宿舍的同学注意到了小雪的异常，赶紧仔细询问她的情况，并向学校心理咨询老师求助。最终，小雪被诊断为"重度抑郁倾向"，需要遵循医嘱坚持服药，并尝试融入集体，恢复行动力。

人的心理十分复杂，有时韧如丝，即便面对学业的重压、未来的迷茫或是人际关系的波动，都能以超乎常人的毅力与坚韧逐一化解，勇往直前；但有时却弱如絮，在自我期望与现实差距的拉扯中，或是在面对失败与挫折的连续打击时，内心防线瓦解崩溃，陷入自我怀疑、沮丧甚至抑郁的深渊。维护健康心理需要培养积极的应对机制。大学生应提高对心理健康的重视度，增强情绪管理能力和心理危机应对能力，以积极、正向的态度适应和面对未来。

第一节　认识大学生心理健康

慕课视频

《中国教育报》在2023年年底发布"2023中国高等教育十大关键词"，"大学生心理健康"正是十大关键词之一。近年来，大学生心理健康问题日益凸显，大学生心理健康问题是事关中华民族现在和未来的重要问题，加强大学生心理健康教育已成社会共识。

一、心理健康的内涵

心理健康是一个广泛而复杂的概念，涵盖个体在心理和情感层面的状态。通常来说，心理健康状态良好的人，能够有效地处理生活中的压力、挑战和变化，能够积极地参与社会活动，建立有意义的人际关系，同时保持自我认知、情感调节和行为控制的良好平衡。大学阶段是大学生身心发育的重要阶段，大学生需主动了解心理健康的概念及正常的心理健康状态，以保持自己的身心健康。

1. 心理健康的概念

对于心理健康，中外很多研究者都曾提出过自己的看法。

心理学家英格利希认为：心理健康是一种持续的心理状态，当事者在这种心理状态下，能做良好的适应，具有生命的活力，而且能充分发挥其身心的潜能，这是一种积极的状态，不仅仅是免于心理疾病而已。

1946年，第三届国际心理卫生大会将心理健康定义为：所谓心理健康，是指在身体、智能及情感上与他人的心理健康不相矛盾的范围内，将个人的心境发展成最佳状态。

2001年，世界卫生组织对心理健康的定义是：心理健康不仅仅是指没有患上心理疾病，更可视为一种幸福状态，在这种状态中，每个人认识到自己的潜力，可以应对正常的生活压力，有效地从事工作，并能够对社会做出贡献。

在我国，由国家卫生和计划生育委员会（现国家卫生健康委员会）、中共中央宣传部等22个部门联合发布的《关于加强心理健康服务的指导意见》中指出：心理健康是人在成长和发展过程中，认知合理、情绪稳定、行为适当、人际和谐、适应变化的一种完好状态。

心理健康是一个综合性的概念，心理健康状态与社会文化、家庭环境、教育水平等多种因素密切相关。大学生可以分别从身体健康、生活适应、他人健康几个角度来理解心理健康。

● **心理健康和身体健康是互相联系、互相作用的。**当身体或心理某一方面产生疾病时，另一方面也会受到影响。健康的身体使人精力充沛、行动迅速、思路清晰、心胸宽广、情绪良好；健康的心理反过来能使人体分泌更多有益的激素，提高免疫力，还能让个体正确认识身体健康的重要性，从而正确指导身体锻炼，自觉调整作息时间，使身体各系统始终处于良好的运行状态。

● **心理健康是指个体所能达到的生活适应的最佳状态。** 判断心理是否健康要基于自身的条件，以自身作为参照系：一是判断有无心理疾病，这是心理健康的最基本条件，心理疾病包括各种心理与行为异常的情形；二是判断是否具有积极的心理状态，即是否能够维持自己的心理健康，主动减少问题行为和解决心理困扰。

● **自身的心理健康状态不能与他人的健康相矛盾。** 不能以损害他人的健康作为成就自身心理健康的前提。心理健康的目标是追求自身与他人、与社会和谐共处的状态。

◎ 知识拓展　　　　　　　**睡眠与心理健康**

《2024中国居民睡眠健康白皮书》调查报告显示，28%的人夜间睡眠时长不超过6小时，64%的人睡眠质量欠佳。针对大学生群体，调查显示，有52%的人在零点后入睡，有19%的人入睡时间超过凌晨两点。睡眠问题是现在大学生普遍存在的问题，而睡眠又与心理健康息息相关，互相影响。心理健康问题，如焦虑、抑郁和压力等，常常会导致睡眠障碍。这些情绪困扰会使人难以入睡，或者在睡眠过程中频繁醒来，睡眠质量下降。长时间的睡眠不足和睡眠质量差又会进一步加重心理问题，形成一个恶性循环。

反过来，良好的睡眠对心理健康起着促进作用。充足的睡眠有助于缓解焦虑、抑郁等心理问题，提升情绪稳定性。同时，良好的睡眠对认知功能、记忆力和创造力等方面也有积极影响。相比之下，长期睡眠不足的人更容易出现情绪不稳定、动怒和焦虑等问题，甚至还可能影响大脑的正常功能，导致注意力不集中、记忆力减退等。这些心理问题的出现又可能进一步影响睡眠质量，形成一个恶性循环。

因此，大学生一定要培养良好的作息习惯，保证充足的睡眠，提高睡眠质量，维护自身的心理健康。

---

2. 心理健康的状态

心理健康状态并不是非黑即白。学者张小乔提出了心理健康灰色理论，如图5-1所示，即人的精神正常与否没有明显的界限，而是一个连续变化的过程。具体来说，如果将人的正常心理比作白色，不正常心理比作黑色，那么在白色区域与黑色区域之间存在着一个巨大的缓冲区域——灰色区域。灰色区域又可分为浅灰色区域与深灰色区域。处于浅灰色区域的人只存在心理冲突而不存在人格的变态，其突出表现为由失恋、工作学习不顺心、人际关系不和谐等生活矛盾带来的心理不平衡与精神压抑。处于深灰色区域的人则患有强迫症、边缘型人格障碍、性别认知障碍等。一般而言，浅灰色区域与深灰色区域之间无明确界限，后者往往包含前者。处于灰色区域的人对于生活的向往是美好的，但是由于存在部分心理问题，需要进行心理咨询或心理治疗，以改变其以往影响正常生活的行为和思维方式，减轻心理上的痛苦，尽力成为一个身心发展臻于最佳状态的人。

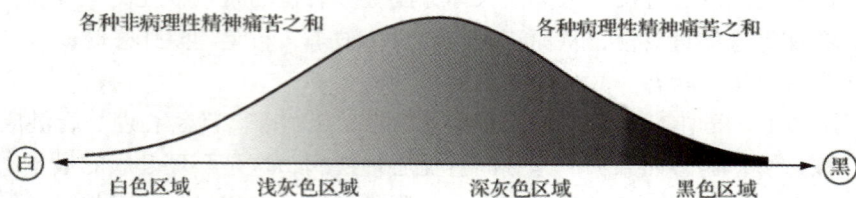

图5-1　心理健康灰色理论概念图

二、大学生心理健康标准

虽然心理健康与否没有绝对的界限，但理想的心理健康状态却永远是人们努力的方向。中外众多研究者通过对心理健康标准的研究，提出了很多具有重要参考价值的看法，大学生可以参考。

心理学家亚伯拉罕·马斯洛等提出了关于心理健康的10条标准，具体内容如下。

- 有充分的安全感。
- 对自己有比较充分的了解，并能恰当地评价自己的行为。
- 自己关于生活理想的目标切合实际。
- 能与周围环境、事物保持良好的接触。
- 能保持自我人格的完整与和谐。
- 具备从经验中学习的能力。
- 能保持适当和良好的人际关系。
- 能适度地表达与控制自己的情绪。
- 能在集体允许的前提下有限地发挥自己的个性。
- 能在社会规范的范围内适当地满足个人的基本要求。

心理学专家马建青教授从临床的角度提出了心理健康的7条基本标准，具体内容如下。

- 智力正常。
- 善于控制情绪，心境良好。
- 具备一定的意志、品质。
- 人际关系和谐。
- 能动地适应环境。
- 保持人格完善。
- 符合年龄特征。

蔡焯基教授等中国心理卫生专家经过调查与研究，提出了心理健康的5条标准及15条评价要素，具体内容如下。

（1）认识自我，感受安全。主要考察自我意识水平，评价要素如下。

- **自我认知**。了解自我，恰当地评价自己，有一定的自尊心和自信心。

- **自我接纳**。了解自我存在的价值，接受自己。
- **有安全感**。对人身安全、生活稳定有基本的安全感。

（2）自我学习，生活独立。主要考察生活和学习能力，评价要素如下。

- **生活能力**。能够独立处理日常生活中大部分的衣、食、住、行问题。
- **学习能力**。具有从经验中学习、获得知识与技能的能力。
- **解决问题的能力**。能够利用获得的知识、技能解决常见的问题。

（3）情绪稳定，反应适度。主要考察情绪健康水平，评价要素如下。

- **情绪稳定**。能够保持情绪基本稳定。
- **情绪控制**。能够调控自己情绪的变化。
- **情绪积极**。能够保持以积极情绪为主导。

（4）人际和谐，接纳他人。主要考察人际关系，评价要素如下。

- **人际交往能力**。具有基本的社会交往能力，能够处理和保持基本的人际交往关系。
- **人际满足**。能在人际互动中体验到正常的情绪、情感，获得安全感。
- **接纳他人**。能够接纳他人并积极解决在交往中遇到的问题。

（5）适应环境，应对挫折。主要考察环境适应能力，评价要素如下。

- **行为符合年龄与环境**。基本能够履行社会所要求的各种角色规定，心理与行为符合所处的环境与年龄特征。
- **接受现实**。保持与环境接触，积极主动地去适应现实和改变现实，而不是逃避现实。
- **合理应对**。能够面对现实，正确面对并克服困难、挫折。

三、维护大学生心理健康的意义

个体的心理健康与身体健康、生活质量、个人成长等息息相关，大学生进入大学后，面对变化较大的生活、学习和人际交往环境，更要明确心理健康在学业、人际交往、身体健康等方面的重要意义，时刻关注心理问题，养成敢于挑战困难、面对挫折的良好品质。

1. 促进学业发展

大学生进入大学后，学习环境、学习方式会发生较大变化。一方面，没有家长、老师的严格监督，部分学生可能产生放松、懈怠的消极心理，影响学业的发展；另一方面，部分大学生难以适应自我学习的学习方式，难以取得理想的成绩，继而产生焦虑、自我怀疑的消极心理。大学生一定要保持良好的心理状态，积极适应大学生活，正确应对大学学习中的各种困难，主动分析问题、寻找方法，增强独立性，从而顺利完成学业。

2. 增进人际交往

大学里汇聚了来自全国各地的优秀学子，其中不乏多才多艺、成绩优异的人。大学生如果没有良好的心理素质，就容易缺乏自信，久而久之会变得胆小怯懦、封闭自己，不与他人交流和交往，产生不合群、孤僻的心理，影响自己的交际能力和人际关系。一个人的成长、发展和成才都离不开人际交往，良好的人际交往不仅能培养大学生的沟通和表达能力，还能推动大学生学业和未来事业的发展。因此，大学生一定要保持良好的心理健康状态，找到调节不良心理的方法，增强人际交往能力，发展良好的人际关系。

3. 有益身体健康

心理健康与身体健康关系密切，长时间的情绪变化会导致人体内分泌发生变化，导致免疫力降低，进而引发身体疾病。例如，长期的压力、焦虑、抑郁等负面情绪会直接影响身体的免疫系统、内分泌系统和消化系统，增加患心脏病、高血压、糖尿病等疾病的风险。反之，如果人们能保持积极的心理状态，则有助于提升身体抵抗力，促进疾病的治愈。因此，大学生应树立身心一体的健康观，合理宣泄情绪，维护身心健康成长。

课堂活动　　　　　　　　　　　**感受心理的"重量"**

闭眼、深呼吸，将自己的双手尽量伸直，平放在胸前，掌心朝上。然后在脑海中静静地想象：你的左手腕系着一个氢气球，右手腕则系着一个铅球。现在你左手的氢气球在慢慢地膨胀，变得非常轻，而右手的铅球也在慢慢地膨胀，变得越来越重，沉得让你快要承受不住了。睁开眼睛，看看自己的手和周围同学的手发生了怎样的变化？

这个活动告诉我们，心理也能产生巨大的"重量"，甚至在很多时候会直接影响我们的学习和生活。想一想，你是否受到过心理的影响，如心理暗示。

_____

_____

第二节　识别与诊断心理问题

慕课视频

个体的心理发展是一个动态的过程，个体从出生、成熟、衰老直至死亡的整个生命进程中所发生的一系列心理变化，都是个体心理发展的表现。大学生正处于青年期，这正是生理因素、心理因素、社会因素相互作用的重要时期。在这一阶段，大学生的身心发展逐渐成熟或已达到成熟，自我意识和三观也正经历发展和再构成，因而大学生更需要时刻关注心理发展状态，及时识别和诊断心理问题，促进身心良好发展。

一、大学生常见心理问题

大学生通常会因为适应问题、学习问题、情感问题、人际问题等得不到妥善解决而出现各种心理问题。这些心理问题多为非病理性的心理问题，包括怯懦心理、自卑心理、狭隘心理、焦虑心理、孤僻心理、嫉妒心理、敌对心理、猜疑心理、忧郁心理、人际交往障碍等。

1. **怯懦心理**

怯懦的具体表现包括：胆小怕事，遇事容易退缩，容易屈从他人甚至逆来顺受，无反抗精神；进取心差，意志薄弱，害怕困难；感情脆弱，经不住挫折与失败。大学生一旦形成怯懦心理，就容易从怀疑自己的能力发展到不能表现自己的能力，从怯于与人交往发展到自我封闭，从而形成不良的人际关系，而不良的人际关系反过来又会加深怯懦心理。

2. **自卑心理**

自卑的具体表现包括：对个体的能力和品质做出偏低的评价，常伴有一些特殊的情绪，如害羞、不安、内疚、忧伤、失望等。有自卑心理的大学生，会处处感到自己不如别人、无所作为、悲观失望，甚至对那些稍加努力就可以完成的任务，也往往因自叹无能而轻易放弃。

3. **狭隘心理**

狭隘的具体表现包括：感情脆弱、意志薄弱、办事刻板。有狭隘心理的大学生常因一点委屈或很小的得失就斤斤计较、耿耿于怀；极易受外界信息影响而引发心理冲突，特别是那些与自己有关的信息。

4. **焦虑心理**

焦虑是因担心完不成某件事情、达不到某个目标而产生的一种忧虑、不安和紧张的情绪。一般来说，目标过高和自我肯定不足的大学生更容易产生焦虑心理，同时，学业、家庭和同学竞争的压力也是大学生焦虑心理的重要来源。需要注意的是，适当的焦虑可以提升学习效果，但过度的焦虑势必会起到负面作用，对大学生的身体和心理都可能产生伤害。

5. **孤僻心理**

孤僻是指因缺乏与人的交流而产生的孤单、寂寞情绪。孤僻心理对个人的损害很大，通常有孤僻心理的人习惯于封闭自我、少言寡语、不合群，其喜悦与忧愁可能都无法与人分享，自己内心的苦闷也得不到有效排解；有孤僻心理的人往往也待人冷漠，常常厌烦、鄙视或戒备周围的人，自己容易钻牛角尖、情绪偏激，容易与人产生矛盾，难以与人和睦相处，致使自己受到他人排挤。

6. **嫉妒心理**

嫉妒是指看到别人在某些方面（如才华、成就、品质、相貌等）优于自己而产生的一种羡慕，又因自己无条件赶上别人而产生的恼怒情感及相应行为。

7. **敌对心理**

敌对是指遇到挫折时表现出来的一种反抗态度。在这样的态度驱使下，大学生往往会误解或曲解老师和同学的批评、帮助，认为周围的人都在轻视自己、伤害自己，因而产生不满的情绪。

8. **猜疑心理**

猜疑的具体表现包括：极度神经敏感，遇事疑神疑鬼，整天提心吊胆地生活，自己也感到痛苦万分。例如，看到其他同学背着自己讲话，就疑心他们在说自己的坏话；老师偶尔对自己态度冷淡，就认为老师对自己有了负面看法；等等。

9. 忧郁心理

忧郁的具体表现包括：寡言少语、孤独沉默、郁郁寡欢、闷闷不乐，对一切事物都缺乏兴趣，对未来失去信心；小的过失或缺点也会带来无尽的懊悔，遇事总往坏处想，自怨自艾，认为自己是不幸的人或被遗弃的人。

10. 人际交往障碍

随着自我意识的增强，大学生不愿再依赖家长和老师，希望用自己的眼光去观察社会，用自己喜欢的方式去结交朋友；但由于心理的成熟度有限、适应能力不够强，在人际交往中，大学生可能出现一些异常心理，造成人际交往障碍。

● **以自我为中心**。人际交往是双方的，只有双方在交往过程中都能获得一定的满足，才有可能维持和发展交往。如果只想自己从交往中获得好处，而不顾及对方的意愿和利益，这种交往必定会失败。以自我为中心的交往主要表现为：强调评价标准的自我性，即自己认为是什么就应该是什么；注重自己目的的实现，即自己想获得什么利益就要获得什么利益。

● **心理不相容**。心理不相容即在人际交往中因为他人与自己的观点不一致，自己不能获得他人的认同而苦恼焦虑。此类人总是将自我束缚在一个狭小的交往范围之内，对他人的一些个性特点往往看不惯，因而懒得与其交往。

有人际交往障碍的人在与人交往的过程中，常因一些在旁人看来微不足道的小事而挑起争端。更严重者，当意见发生冲突时，有人际交往障碍的人容易将事情引向极端，做出对人对己都十分不利的事。

二、心理问题的判断维度

根据心理健康灰色理论，我们知道心理健康没有一个严格、标准的界限划分，个体身上出现了部分负面情绪不代表其心理出现了严重问题。心理问题的判断是一个综合的过程，评判者需要横向对比个体与他人的心理状况，同时纵向对比个体在不同阶段、不同时期的心理状况，才能进行比较客观的评判。通常来说，评判者可以从体验、操作、发展3个维度来判断个体的心理问题。所谓体验，是指对个体的主观体验和内心世界的状况进行评估，主要包括是否有良好的心境和恰当的自我评价；操作即通过观察、实验和测验等方法考察个体心理活动的过程和效应；发展即评估个体在不同发展阶段的心理健康水平。

此外，大学生也可以从症状表现、持续时间与频率、社会功能影响、现实检验能力与自知力、专业评估与诊断等维度来初步判断自己的心理健康状态。

1. 症状表现

评判者通过观察个体的情绪反应、行为变化、认知功能等症状表现来判断其心理健康状态。

● **情绪反应**。观察个体是否出现持续的负面情绪，如焦虑、抑郁、恐惧、愤怒等，且这些情绪反应是否能被理智控制。

● **行为变化**。观察个体的行为是否出现异常，如社交退缩、过度依赖、攻击性行为、自我伤害等。

● **认知功能**。评估个体的认知能力，包括记忆力、注意力、思维清晰度等是否受到影响。

2. 持续时间与频率

评判者通过观察个体症状表现的持续时间、频率来判断其心理健康状态。

● **持续时间**。心理问题的持续时间是一个重要的判断因素。例如，一般心理问题可能持续 1 ~ 2 月不等，而严重心理问题或心理障碍可能会持续更长时间。

● **频率**。观察症状出现的频率，症状是否频繁发生且难以自行缓解。

3. 社会功能影响

评判者通过评价个体的生活能力、学习与工作状态、人际交往状态等来判断其心理健康状态。

● **生活能力**。评估心理问题是否影响了个体的日常生活自理能力，如饮食、睡眠、个人卫生等。

● **学习与工作状态**。观察个体在学习、工作中的表现是否受到心理问题的干扰，如效率下降、注意力不集中等。

● **人际交往状态**。评估个体的社交能力是否受损，如是否出现人际冲突、孤独感增加等。

4. 现实检验能力与自知力

通过评估个体的现实检验能力和自知力来判断其心理健康状态。

● **现实检验能力**。判断个体的想法是否与现实相符，是否存在幻觉、妄想等与现实严重脱节的现象。

● **自知力**。评估个体是否对自己的心理问题有清醒的认识，是否愿意寻求帮助并接受治疗。

5. 专业评估与诊断

通过心理测验、临床诊断等专业方式来判断个体的心理健康状态。

● **心理测验**。通过专业的心理测验工具对个体进行评估，以获取更客观的数据支持。

● **临床诊断**。由专业的心理医生或精神科医生根据个体的症状表现、持续时间与频率、社会功能影响等多方面因素进行综合诊断。

课堂活动　　　　**90项症状自评量表（SCL-90）**

下列问题皆出自90项症状自评量表（SCL-90），该表能够帮助大学生了解自己的心理健康状况。请你根据自己最近一周的状况，如实地回答以下问题。（需要注意的是，答案并没有正误之分，请你尽快地选出最符合自己当前状况的答案。其中，"从无"计1分，"轻度"计2分，"中度"计3分，"偏重"计4分，"严重"计5分。）

1. 头痛。　　　　　　　　　　　　　　　　　　　1　2　3　4　5
2. 神经过敏，心中不踏实。　　　　　　　　　　　1　2　3　4　5

3. 头脑中有不必要的想法或字句盘旋。	1　2　3　4　5
4. 头晕或晕倒。	1　2　3　4　5
5. 对异性的兴趣减退。	1　2　3　4　5
6. 对旁人求全责备。	1　2　3　4　5
7. 感到别人能控制自己的思想。	1　2　3　4　5
8. 责怪别人制造麻烦。	1　2　3　4　5
9. 忘性大。	1　2　3　4　5
10. 担心自己的衣饰不够整齐及仪态不够端正。	1　2　3　4　5
11. 容易烦恼和激动。	1　2　3　4　5
12. 胸痛。	1　2　3　4　5
13. 害怕空旷的场所或街道。	1　2　3　4　5
14. 感到自己的精力下降，活动减慢。	1　2　3　4　5
15. 想结束自己的生命。	1　2　3　4　5
16. 听到别人听不到的声音。	1　2　3　4　5
17. 发抖。	1　2　3　4　5
18. 感到大多数人都不可信任。	1　2　3　4　5
19. 胃口不好。	1　2　3　4　5
20. 容易哭泣。	1　2　3　4　5
21. 同异性相处时感到害羞、不自在。	1　2　3　4　5
22. 感到受骗、中了圈套或有人想抓住自己。	1　2　3　4　5
23. 突然无缘无故地感到害怕。	1　2　3　4　5
24. 自己不受控制地大发脾气。	1　2　3　4　5
25. 怕单独出门。	1　2　3　4　5
26. 经常责怪自己。	1　2　3　4　5
27. 腰痛。	1　2　3　4　5
28. 感到难以完成任务。	1　2　3　4　5
29. 感到孤独。	1　2　3　4　5
30. 感到苦闷。	1　2　3　4　5
31. 过分担忧。	1　2　3　4　5
32. 对事物不感兴趣。	1　2　3　4　5
33. 感到害怕。	1　2　3　4　5
34. 自己的感情容易受到伤害。	1　2　3　4　5
35. 感到别人能知道自己私下的想法。	1　2　3　4　5
36. 感到别人不理解自己、不同情自己。	1　2　3　4　5
37. 感到别人对自己不友好、不喜欢自己。	1　2　3　4　5

38.	做事必须做得很慢以保证做得正确。	1	2	3	4	5
39.	心跳得很厉害。	1	2	3	4	5
40.	恶心或胃部不舒服。	1	2	3	4	5
41.	感到自己比不上他人。	1	2	3	4	5
42.	肌肉酸痛。	1	2	3	4	5
43.	感到有人在监视自己、谈论自己。	1	2	3	4	5
44.	难以入睡。	1	2	3	4	5
45.	做事必须反复检查。	1	2	3	4	5
46.	难以做出决定。	1	2	3	4	5
47.	害怕乘电车、公共汽车、地铁或火车。	1	2	3	4	5
48.	呼吸困难。	1	2	3	4	5
49.	一阵阵发冷或发热。	1	2	3	4	5
50.	因为感到害怕而避开某些东西、场合或活动。	1	2	3	4	5
51.	感觉脑子变空了。	1	2	3	4	5
52.	身体发麻或刺痛。	1	2	3	4	5
53.	喉咙有梗塞感。	1	2	3	4	5
54.	感到前途没有希望。	1	2	3	4	5
55.	不能集中注意力。	1	2	3	4	5
56.	感到身体的某一部分软弱无力。	1	2	3	4	5
57.	感到紧张或容易紧张。	1	2	3	4	5
58.	感到手或脚发重。	1	2	3	4	5
59.	想到死亡的事。	1	2	3	4	5
60.	吃得太多。	1	2	3	4	5
61.	当别人看着自己或谈论自己时感到不自在。	1	2	3	4	5
62.	有一些不属于自己的想法。	1	2	3	4	5
63.	有想打人或伤害他人的冲动。	1	2	3	4	5
64.	醒得太早。	1	2	3	4	5
65.	必须反复洗手、点数。	1	2	3	4	5
66.	睡得不稳、不深。	1	2	3	4	5
67.	有想摔坏或破坏东西的想法。	1	2	3	4	5
68.	有一些别人没有的想法。	1	2	3	4	5
69.	感到对别人神经过敏。	1	2	3	4	5
70.	在商店或电影院等人多的地方感到不自在。	1	2	3	4	5
71.	感到做任何事情都很困难。	1	2	3	4	5
72.	一阵阵恐惧或惊恐。	1	2	3	4	5
73.	感到在公共场合吃东西很不舒服。	1	2	3	4	5

74.	经常与人争论。	1	2	3	4	5
75.	单独一个人时神经很紧张。	1	2	3	4	5
76.	感觉别人对自己的成绩没有做出恰当的评价。	1	2	3	4	5
77.	即使和别人在一起也感到孤单。	1	2	3	4	5
78.	感到坐立不安、心神不宁。	1	2	3	4	5
79.	感到自己没有什么价值。	1	2	3	4	5
80.	感到熟悉的东西变得陌生或不像是真的。	1	2	3	4	5
81.	大叫或摔东西。	1	2	3	4	5
82.	害怕自己会在公共场合晕倒。	1	2	3	4	5
83.	感到别人想占自己的便宜。	1	2	3	4	5
84.	为一些有关性的想法而苦恼。	1	2	3	4	5
85.	认为自己应该为自己的过错而受到惩罚。	1	2	3	4	5
86.	感到应很快把事情做完。	1	2	3	4	5
87.	感到自己的身体有严重的问题。	1	2	3	4	5
88.	从未感到和其他人很亲近。	1	2	3	4	5
89.	感到自己有罪。	1	2	3	4	5
90.	感到自己的脑子有毛病。	1	2	3	4	5

这90道题主要用于检测躯体化、强迫症状、人际关系敏感、抑郁、焦虑、敌对、恐怖、偏执、精神病性和其他10个因子，用于评定个体在感觉、情绪、思维、行为乃至生活习惯、人际关系、饮食睡眠等方面的心理健康症状。

评分方式

该表的统计指标分为总分和因子分两项。

1. 总分

总分为90个项目单项分相加之和，能反映测量者的心理健康程度。

总均分（总症状指数）=总分/90，表示测量者整体自我感觉处于1～5分的哪一分值程度上。

阳性项目数是指单项分为2～5分的项目数，表示测量者在哪些项目上有"病症"。

阴性项目数指单项分等于1的项目数，表示测量者在哪些项目上无"病症"。

阳性症状均分=（总分-阴性项目得分）/阳性项目数，表示测量者在"有病症"项目中的平均得分，反映测量者自我感觉不佳的严重程度。

2. 因子分

因子分=组成某一因子的各项目总分/组成某一因子的项目个数，因子分可展示测量者的症状分布特点。下面介绍不同因子的测量分布情况。

（1）躯体化：包括1、4、12、27、40、42、48、49、52、53、56和58，共12项，主要反映主观的身体不适感。

（2）强迫症状：包括3、9、10、28、38、45、46、51、55和65，共10项，反映临床上的强迫症状群。

（3）人际关系敏感：包括6、21、34、36、37、41、61、69和73，共9项，主要指某些人际关系中的不自在感和自卑感，尤其是在与其他人相比较时更突出。

（4）抑郁：包括5、14、15、20、22、26、29、30、31、32、54、71和79，共13项，反映与临床上的抑郁症状群相联系的广泛的概念。

（5）焦虑：包括2、17、23、33、39、57、72、78、80和86，共10项，指在临床上明显与焦虑症状群相联系的精神症状及体验。

（6）敌对：包括11、24、63、67、74和81，共6项，主要从思维、情感及行为3个方面来反映敌对表现。

（7）恐怖：包括13、25、47、50、70、75和82，共7项，主要涉及广场恐怖和社交恐怖等，前者表现为害怕空旷场所，后者则表现为害怕与人交往，不愿去人群密集的场所。

（8）偏执：包括8、18、43、68、76和83，共6项，主要是指猜疑和关系妄想等。

（9）精神病性：包括7、16、35、62、77、84、85、87、88和90，共10项，其中幻听、思维播散、被洞悉感等反映精神分裂样症状项目。

（10）其他：19、44、59、60、64、66和89，共7项，主要反映睡眠及饮食情况，并未归入上述因子，可将之归为第10类因子，以便使各因子分之和等于总分。

评分标准

（1）总分超过160分或提示阳性项目数超过43项（43项为2分及以上）的，提示可能有心理问题。

（2）因子分≥2分的，2～2.9分为轻度，3～3.8分为中度，3.9分及以上为重度；一般超过3分的，需重视自己的心理健康，并适当寻求专业的心理帮助。

该问卷仅作为大学生了解自己的心理健康状况的参考，若有任何疑问，请咨询专业人员。

三、心理问题自我调适

如果大学生发现自己或他人出现了一定程度的心理问题，却放任不管，则很容易使心理状况恶化。大学生应当重视自己的心理问题，主动溯源，积极寻找调适心理问题或进行心理保健的方法，改善自己的心理健康状况。如果无法自我调适，大学生就需要寻求心理咨询。

1. 树立科学的健康观

为了身体健康，大学生要锻炼身体，预防疾病；为了心理健康，大学生应当关心自我，锻炼自我的心理承受能力，提高心理免疫力。

● **正确认识自我**。大学生应该正确认识自我，培养悦纳自我的态度，扬长避短，这样才能保持健康心态。

● **直面挫折**。正确应对挫折，不断增强挫折承受能力，能减少负面情绪的产生，而挫折承受能力与个体的思想境界、对挫折的主观判断、挫折体验等有关。想要增强挫折承受能力，大学生应努力提高自身的思想境界，建立对挫折的正确认识，理性看待挫折。此外，大学生要采取理智的应对方法，尽力化消极因素为积极因素。

● **养成科学的生活方式**。生活方式会对心理健康产生影响已被科学研究所证明。健康的生活方式指生活有规律、劳逸结合、科学用脑、坚持体育锻炼、少饮酒、不吸烟、讲卫生等。大学生的学习负担较重、心理压力较大，为了长期保持较高的学习效率，大学生必须科学地安排每天的学习、锻炼与休息时间，使生活有规律。

2. 积极参加业余活动和发展社会交往

丰富多彩的业余活动可以丰富大学生的生活，同时为大学生提供更多的社会交往机会。大学生应培养多种兴趣，发展业余爱好，通过参加各种业余活动发挥潜能，振奋精神，缓解紧张，维护身心健康。大学生通过社会交往才能实现思想交流和信息资源共享。发展社会交往可以不断地丰富和激活大学生的内心世界，有利于大学生心理保健。

3. 掌握自我调节的秘诀

自我调节的核心内容包括调整认知结构、情绪状态，磨炼意志品质，改善适应能力，等等。大学生要正视现实，学会自我调节，保持与现实的良好接触。

自我调节的秘诀包括以下几个方面。

● 保持浓厚的学习兴趣和求知欲望，愿意主动学习与心理健康相关的知识与技能。

● 保持乐观的情绪和良好的心境，学会利用倾诉、运动等合理途径宣泄情绪或转化负面情绪。

● 保持和谐的人际关系，通过发展社会交往锻炼自己的意志、品质，促进人格完善。

● 保持良好的环境适应能力，逐步调节自己因不适应而产生的心理问题。

4. 主动寻求专业心理咨询人员的帮助

专业心理咨询人员具备较深厚的理论功底和丰富的实践经验，针对大学生所面临的心理问题具备良好的解答方式和处理技巧。大学生在必要时应求助于经验丰富的心理咨询医生或长期从事心理咨询工作的专业人员等。

课堂活动　　　　　　　　**焦虑心理的调适**

　　某同学考入大学后，发现大学生活并不如自己想象的那样。他不能一心一意地研究某一个学科，而是要学习很多不喜欢的课程。即便是在专业学科上，他也对很多内容不感兴趣，因而逐渐出现焦虑、失眠等情况，学习成绩也持续下降，甚至出现心慌气短、食欲不振等问题。

① 如果你是该同学，你会如何调适自己的焦虑心理？

② 如果该同学是你的朋友，你会如何帮助他摆脱焦虑？

_____

_____

四、心理咨询

　　心理咨询是指由专业的心理咨询师运用心理学相关知识，通过各种技术与方法，对心理适应方面出现问题并企求解决问题的来访者提供心理援助的过程。心理咨询着重处理人们的正常需要和问题，所面对的对象主要是心理健康人群和心理健康状况欠佳但没有精神障碍的人。病态人群，如精神分裂症患者等则需要精神科医生的帮助。

　　心理咨询是大学生在遭遇心理问题时可选择的有效解决方式，可以帮助有心理问题的大学生提高心理素质，得到更好的发展。心理咨询兼具心理预防和心理治疗的功能，专业的心理咨询可以为大学生创设良好的社会心理环境和条件，提高大学生的精神生活质量和心理效能水平，以实现帮助大学生减少心理障碍、预防精神疾病、保障心理健康的目的。

　　如果大学生遇到了自己难以排解、调适的心理问题，或需要保持长期健康的心理状态，可以寻求专业心理咨询人员的帮助。通常来说，按心理咨询的性质，心理咨询可被划分为个人发展心理咨询、健康心理咨询和障碍心理咨询，大学生可以根据自己的实际情况和需求进行合理选择。

　　● **个人发展心理咨询**。个人发展心理咨询指个体在成长的各阶段，为适应新的生存环境、改善人际关系、选择合适的职业、突破个人弱点等方面的困扰而进行的心理咨询。问题集中在新生入学适应、学业、情绪、恋爱、职业发展等方面。

　　● **健康心理咨询**。健康心理咨询指个体发现自己的心理健康遭到破坏时所进行的心理咨询，如觉得自己心理不够健康，并且明确体验到躯体、情绪上的困扰。问题涉及许多方面，只要来访者感到痛苦或有不适体验，就属于健康心理咨询范畴。

　　● **障碍心理咨询**。障碍心理咨询指个体在日常生活、学习中因各种烦恼导致较严重的障碍问题，且已出现某些疾病症状，影响到正常的学习、生活等，急需求助。例如，进食障碍、社交恐怖症、强迫症、人格障碍、性心理障碍等。

第三节　维护心理健康

慕课视频

　　当代大学生代表着新一代年轻人的精神风貌，承载着家庭、社会的期望，与国家未来的发展息息相关。大学生接受着高等教育，具备更为开阔的视野和积极的思维，在学习知识、追逐梦想之余，一定要重视并维护自己的心理健康状态，不要让心理问题或心理疾病阻碍自己的成长，影响自己的未来。

一、情绪管理

情绪一直与人相伴，它可以帮助人们适应环境，应对挑战，调整自己的行为和态度。大学生正处于心理变化较大、情绪易起伏波动、容易陷入情绪困扰的阶段。正确认知情绪，学会调适、消除不良情绪，对促进大学生的心理健康发展意义重大。

1. 情绪的概念

情绪是指人们在内心活动过程中所产生的心理体验，是人们对客观事物是否符合主观需要而产生的态度体验及相应的行为反应，即人们对外界刺激所引起的生理和心理变化的一种主观体验。例如，某大学生发现自己的手机忘在了食堂，这时他会因为手机可能丢失而担心、紧张；如果该大学生返回食堂之后，发现手机还在原处，这时他会因为找回手机而感到喜悦、庆幸，这些都是情绪的表现。

情绪主要包括3种成分，即主观体验、表情和生理唤醒，这3种成分共同作用，构成一个完整的情绪体验过程。

● 主观体验。主观体验是人的一种主观感受，人对他人、对事情的看法会使其形成一定的态度和认知，而其对产生情绪之处境的解释往往决定了其持有怎样的认知。通常意义上说，个体对某个事件的认知会极大地影响他对该事件的看法和态度，由此决定了他会有怎样的情绪与行为。一般情绪的产生就是因为个体产生了某种主观体验，如喜欢或不喜欢、开心或痛苦。

● 表情。表情指情绪产生时，会有一定的外部行为表现，包括语言行为和非语言行为。语言行为主要是口语表达，诸如"我很生气"；但人们并不总是通过语言表达自己的情绪，很多时候，一些非语言行为，诸如面部表情、姿态等，反而在情绪的表达中占主导地位，如开心时大笑、难过时皱眉、激动时手舞足蹈、懊恼时捶胸顿足等。表情这种行为表现是人们判断和推测情绪的主要外部指标，同时也是人们传递信息以及表现与理解情绪、思想的重要手段。大学生可以通过观察他人的表情去判断他人的情绪状态，而对他人情绪的准确识别将有利于大学生的人际交往，以及日常的生活、学习和工作。

● 生理唤醒。当人产生情绪反应时，会伴随一定的生理反应，不同的情绪会带有相应的生理唤醒，如有些人紧张的时候会涨红了脸或者脖子、耳朵泛红，这些生理的变化也使人们能对情绪变化产生明确的察觉。同时，这也进一步证明了情绪与健康具有联系，强烈或持续的情绪反应会耗费个体的精力，从而削弱其对疾病的抵抗力。

2. 情绪的类型

关于情绪的分类，有各种不同的说法。综合当代大多数学者的观点，情绪的分类有两种标准：一种是按情绪的内容分类，另一种是按情绪的状态分类。

（1）按情绪的内容分类

按情绪的内容分类，有基本情绪和复合情绪两种。

● **基本情绪**。当前，大多数学者认为最基本、最原始的情绪是快乐、愤怒、悲哀、恐惧，即喜、怒、惧、哀，这是先天的、本能的情绪，是人和部分动物所共有的。

● **复合情绪**。复合情绪是由基本情绪的不同组合派生出来的情绪，如喜怒交加、焦虑、紧张、敌意等。

（2）按情绪的状态分类

按情绪的状态分类，有心境、激情和应激三种情绪。

● **心境**。心境也叫心情，是一种微弱、平静、持久且渲染性的情绪状态，没有特定的指向性，不指向某一特定对象，而是指人们的整个生活都染上某种情绪色彩。例如，"感时花溅泪"描述的就是这种状态。

● **激情**。激情是一种强烈的、爆发式的、短暂的情绪状态，通常是由对个体有重大意义的事件引起的，往往带有特定的指向性，伴随着生理变化和明显的外部行为表现。例如，某大学生知道自己拿到一等奖学金之后开怀大笑。激情会给人带来积极或消极的影响，积极的影响往往会激发个人的潜力或使人完全投入当前活动中，消极的影响有较大的危害性，如激情犯罪等。

● **应激**。应激是出乎意料的紧迫情况所引起的急速而高度紧张的情绪状态。应激状态下个体的反应也分为积极和消极两面，积极的应激表现为急中生智，消极的应激表现为惊慌失措。

3. 情绪健康的特点

情绪健康是心理健康的标准之一。一般而言，情绪健康的标志是情绪稳定和心情愉快。大学生正处于富有朝气的年龄阶段，对情绪的认知和管控还不甚成熟，因此更要意识到情绪健康的重要性。大多数研究者认为情绪健康应当符合以下标准。

● **情绪反应适当**。情绪反应适当即情绪反应是由适当原因引起的，既不会反应过度，也不会持续太久。根据心理学的研究，情绪的反应都有其原因或对象，如悲伤是由不幸的事引起的，愤怒是由让人不快的事引起的。毫无原因的情绪反应不是健康的情绪反应。情绪反应随情境变化而转移，当引起情绪反应的因素消失后，情绪反应也会逐渐消失。若反复出现某种情绪反应或发生情绪反应"固着"，那就不是健康的情绪反应。

● **情绪稳定**。情绪健康的人往往对自己的情绪有较强的控制能力，既有适度的情绪表现，又不为情绪所左右。情绪稳定表明个体的中枢神经系统活动处于相对平衡的状态，反映了中枢神经系统活动的协调。如果一个人情绪变化莫测，那就是情绪不健康的表现。

● **主导性心境愉悦**。主导性心境愉悦即经常处于愉快的情绪之中。情绪健康的人不但能体验到喜怒哀乐，而且能恰当地调控自己的情绪，心胸开阔，积极乐观。若长期处于某种消极情绪而无法自拔，则是情绪不健康的表现。

对大学生来说，情绪健康需要大学生表现出与环境协调一致的情绪反应，其反应既要符合当时的情景，也要符合大学生的年龄、身份。且大学生应有正常的情绪反应，情绪总基调要积极、乐观、愉快、稳定，对负面情绪要具有自我调控能力，同时理智感、道德感、美感等社会情感能得到良好的发展。具体地说，一个情绪健康的大学生应该具有以下表现。

- 开朗、豁达，遇事不斤斤计较。
- 及时、准确、适当地表达自己的主观感受。
- 情绪正常、稳定，能承受欢乐与痛苦的考验。
- 充满爱心和同情心，乐于助人。
- 能正确地认识自己和他人，人际关系良好。
- 对前途充满信心，富有朝气，勇于进取，坚忍不拔。
- 善于寻找快乐、创造快乐。
- 能面对现实、承认现实和接受现实，善于把个人需要与社会需求协调起来。

课堂活动　　　　　　　　　　**情绪稳定性测试**

以下为测试情绪稳定性的题目，每道题有3个不同的答案可供选择，请你从中选出与自己实际情况最相近的答案。

1. 上床以后，你是否经常再起来一次，看看门窗是否关好等？
   A. 经常如此　　　　　　B. 从不如此　　　　　　C. 偶尔如此

2. 你对与你关系最密切的人是否满意？
   A. 不满意　　　　　　　B. 非常满意　　　　　　C. 基本满意

3. 看到自己最近一次拍摄的照片，你有何想法？
   A. 觉得不称心　　　　　B. 觉得很好　　　　　　C. 觉得还可以

4. 你是否想到若干年后会有什么使自己极为不安的事？
   A. 经常想到　　　　　　B. 从来没想过　　　　　C. 偶尔想到

5. 你是否被朋友、同事、同学起过绰号或挖苦过？
   A. 这是常有的事　　　　B. 从来没有　　　　　　C. 偶尔有过

6. 你在半夜的时候，是否经常想到令你感到害怕的事？
   A. 经常　　　　　　　　B. 从来没有　　　　　　C. 极少

7. 你是否经常因梦见什么可怕的事而惊醒？
   A. 经常　　　　　　　　B. 没有　　　　　　　　C. 极少

8. 你是否曾经多次做同一个梦？
   A. 有　　　　　　　　　B. 没有　　　　　　　　C. 记不清

9. 有没有一种食物使你吃后呕吐？
   A. 有　　　　　　　　　B. 没有　　　　　　　　C. 记不清

10. 除去看见的世界外，你心里有没有另外一种世界？
    A. 有　　　　　　　　　B. 没有　　　　　　　　C. 记不清

11. 你是否常常觉得你的家人对你不好，但是你又确知他们对你好？
    A. 是　　　　　　　　　B. 否　　　　　　　　　C. 偶尔是

12. 你是否曾经觉得有一个人爱你或尊重你?

A. 是　　　　　　　　　　　B. 否　　　　　　　　　C. 说不清

13. 你心里是否时常觉得你不是现在的父母所生?

A. 时常　　　　　　　　　　B. 没有　　　　　　　　C. 偶尔有

14. 你是否觉得没有人十分了解你?

A. 是　　　　　　　　　　　B. 否　　　　　　　　　C. 说不清

15. 你在早晨起来的时候最常有的感觉是什么?

A. 秋雨霏霏或枯叶遍地　　　B. 秋高气爽或艳阳天　　C. 不清楚

16. 你在高处的时候,是否觉得站不稳?

A. 是　　　　　　　　　　　B. 否　　　　　　　　　C. 有时是这样

17. 你平时是否觉得自己很强健?

A. 否　　　　　　　　　　　B. 是　　　　　　　　　C. 不清楚

18. 你是否一回家就立刻把房门关上?

A. 是　　　　　　　　　　　B. 否　　　　　　　　　C. 不清楚

19. 你坐在小房间里把门关上后,是否觉得心里不安?

A. 是　　　　　　　　　　　B. 否　　　　　　　　　C. 偶尔是

20. 当一件事需要你做决定时,你是否觉得很难?

A. 是　　　　　　　　　　　B. 否　　　　　　　　　C. 偶尔是

21. 你是否常常用抛硬币、玩纸牌、抽签之类的游戏来测吉凶?

A. 是　　　　　　　　　　　B. 否　　　　　　　　　C. 偶尔

22. 你是否常常因为碰到东西而跌倒?

A. 是　　　　　　　　　　　B. 否　　　　　　　　　C. 偶尔

23. 你是否需用一个多小时才能入睡,或醒得比你希望的早一个小时?

A. 经常这样　　　　　　　　B. 从不这样　　　　　　C. 偶尔这样

24. 你是否曾看到、听到或感觉到别人觉察不到的东西?

A. 经常这样　　　　　　　　B. 从不这样　　　　　　C. 偶尔这样

25. 你是否觉得自己有超越常人的能力?

A. 是　　　　　　　　　　　B. 否　　　　　　　　　C. 不清楚

26. 你是否曾经因有人跟着你走而心神不安?

A. 是　　　　　　　　　　　B. 否　　　　　　　　　C. 不清楚

27. 你是否觉得有人在注意你的言行?

A. 是　　　　　　　　　　　B. 否　　　　　　　　　C. 不清楚

28. 当你一个人走夜路时,是否觉得前面潜藏着危险?

A. 是　　　　　　　　　　　B. 否　　　　　　　　　C. 偶尔

29. 你对别人自杀有什么想法?

A. 可以理解　　　　　　　　B. 不可思议　　　　　　C. 不清楚

4. 不良情绪的调节

大学生总会受各种因素的影响产生各种不同的情绪。喜悦、感激、宁静、自豪等积极情绪可以打开人的心灵和头脑，让人从中受益；孤独、焦虑、郁闷、愤怒、嫉妒、冷漠等不良情绪则会给人的身心健康带来不利影响。

如何使自己的情绪保持平衡，不做情绪的奴隶，这是大学生在情绪管理中需要关注的话题。有效的情绪管理不仅是大学生建立良好人际关系的润滑剂，还是促进大学生身心健康的良药。大学生可以掌握一些情绪调节的方法，理性接纳并调节自己的情绪，如ABC理论情绪调节法、合理宣泄法、自我放松法、语言暗示法等。

（1）ABC理论情绪调节法

心理学家阿尔伯特·埃利斯认为，情绪产生的过程包括诱发情绪的事件（Activating Events），人们对诱发事件的信念、态度和解释（Beliefs）和由此引发的人们的情绪和行为结果（Consequences）。人的情绪和行为障碍不是由某一事件直接引起的，而是由经受这一事件的个体对它不正确的认知和评价所引起的信念所致，这使人最后在特定情景下产生了不一样的情绪和行为结果，这就是著名的ABC理论。

通俗地说，就是在事件（A）的情境下，不同的人产生不同的信念（B1）或信念（B2），就会导致不同的情绪和行为结果（C1）或（C2），如图5-2所示。

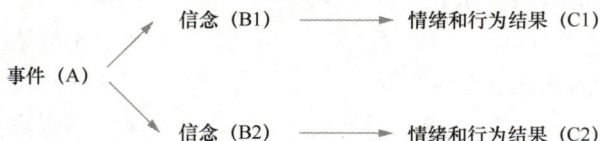

图5-2　ABC理论概念图

例如，两个人都没通过英语考试，一个人很平静，而另一个人却非常伤心。因为前者认为，这次考试就是一次尝试，自己可以从失败中总结经验，下次再考；后者则认为，自己精心准备了很久却没通过英语考试，怀疑自己的能力不足。这意味着，大学生可以通过改变信念调节情绪，避免长时间、高频率地受到不良情绪的困扰。

（2）合理宣泄法

合理宣泄法是指通过恰当的方法和途径将压抑的情绪释放出来，使情绪恢复平静。一般在产生不良情绪后，大学生可以借助合理的情绪宣泄来释放能量，保持清醒与自主，做到良好的情绪管理。下面提供一些情绪宣泄的方法。

● **倾诉**。倾诉的对象有很多，大学生既可以向朋友、家人倾诉，以得到对方的开导和安慰；也可以在无人的地方自言自语或把自己的情绪记录在日记本上，将自己的不满发泄出来。

● **哭泣**。哭泣也是宣泄不良情绪的一种外在表现方式，许多不良情绪都会随着眼泪被释放出来。当然，这并不代表大学生在有情绪时要整日以泪洗面。

● **喊叫**。大学生可以到空旷的地方去大喊或者高歌几句，或是大声朗诵富有激情的文章、诗歌等，将心里压抑的不满随着喊叫宣泄出去。

● **运动**。通常运动量较大的体育活动有助于释放能量，消除压抑和烦恼，如打球、跑步等。

● **听音乐**。音乐可以有效带动人们的情绪，引起人们的情感共鸣，因此音乐具有舒缓情绪的功能。现在的音乐疗法就是以心理治疗的理论、方法为基础，使患者通过专门的音乐体验消除其心理障碍，促进其身心健康。

（3）自我放松法

自我放松法是指在比较安静的环境中，通过一些反复的动作练习来有意识地控制自己的心理、生理活动，从而增强自身对事物的适应能力，调整不良情绪的一种方法。从心理学的角度讲，它可以帮助大学生摒弃杂念，静下心来，忘却之前的一些困扰和忧虑，让自己身心放松，感受轻松与舒适。诸如意念放松、肌肉放松、呼吸放松等都是大学生可以参考借鉴的方法。

● **意念放松**。意念放松的原理是通过想象轻松、愉快的情境（如大海、瀑布、蓝天、白云、湖水、雨滴等）达到身心放松、情绪舒畅的目的。一般想象越清晰、生动、逼真，放松的效果就越明显。

● **肌肉放松**。肌肉放松主要是通过放松肌肉，使整个有机体的活动水平下降，由此达到心理上的松弛平衡。通常的做法是选择一个安静且舒适的环境，始终关注你的肌肉，拉伸肌肉组群，让肌肉紧张或放松。例如，大学生可以在选择合适的环境和姿势后，减少自己的意识活动，将注意力从一块肌肉转移到另一块肌肉，自然而然地放松，体会肌肉紧张再松弛的感觉。大学生可以每天练习1~2次，每次20分钟，让每块肌肉收缩5~8秒，然后放松20~30秒。

● **呼吸放松**。呼吸放松有助于大学生解除精神紧张、压抑、焦虑和疲劳，这种方法简便易行，不受场所、时间等限制，行、坐、站、卧时都能进行。在进行呼吸放松时，呼吸应尽可能慢而深，首先用鼻子慢慢地吸气，直至腹部丹田处充盈膨胀，然后缓慢地用口腔呼气。呼吸时全身放松，体会腹部的上下起伏，注意力集中在呼吸时的气息以及通过的身体部位上。在进行呼吸放松时，大学生还可以听一些专门针对呼吸放松的纯音乐或指导语，帮助自己进入状态。

（4）语言暗示法

当大学生遇到可能引发自己不良情绪的事情时，可利用语言去引起或抑制自己的心理和行为。尤其是在有愤怒、痛苦、忧愁、焦虑的情绪或遇到困难挫折时，大学生就可以通过语言暗示，为自己的不良情绪寻找一个疏导的出口，舒缓心情，还可以用于自我激励。例如，"塞翁失马，焉知非福""我行，我可以""一切都会过去的"等，这种语言暗示能达到自我安慰和开解的作用，帮助大学生释放不良情绪，恢复自信与快乐。

二、心理危机预防

人生中的压力、挫折和磨难可以锤炼大学生的意志，然而当大学生的能力并不足以应对这些问题的时候，其就可能陷入心理危机，甚至有时还会丧失斗志。因此，大学生应当重视心理危机预防，学会识别和应对心理危机。

1. 心理危机的诱因

一般当个体遭遇严重灾难、重大生活事件或精神压力，生活状况发生明显变化时，尤其是出现以现有的生活条件和经验难以克服的困难时，个体常陷入痛苦、不安的心理失衡危机状态，常伴有绝望、麻木不仁、焦虑、自主神经紊乱和行为障碍，这种现象就是心理危机。

大学生正处于心理发展的转变时期，很可能会由于自己无力应对各种困难而无法恢复正常心理状态。一般来讲，诱发大学生心理危机的因素有以下 5 种。

● **外部事件刺激**。来自外部事件的刺激有多种，这些刺激都可能刺激大学生产生心理危机，如就业压力；学业困难，成绩下降；情感纠纷或恋爱挫折；人际矛盾；突然患病；家庭出现变故；等等。由于大学生的自控力和自我调整能力还有待提升，因此大学生面对此类问题时很可能情绪不稳，甚至产生极端心理。

● **缺乏社会支持**。人是社会性动物，社会支持是人获取帮助、应对压力的重要心理支持，大学生可以从亲人、朋友、同学、老师和其他各种组织处汲取能量或获取帮助。因此，一旦大学生缺乏社会支持，在面对压力时将变得无比脆弱，容易心理失衡，以致产生心理危机。

● **个体认知消极**。个体认知方式会影响个体看待问题的方式。如果个体消极地看待问题，则很容易被困难和挫折打倒，陷入危机状况；但如果个体对事件的认知是客观的、合乎逻辑的，则解决问题的可能性会大大提高。

● **缺乏恰当有效的应对机制**。应对机制亦称应对策略。人们在日常生活中通过各种手段应对焦虑和减少紧张，其中行之有效的那部分会被人们纳入生活模式，当作解决压力时的有效应对机制。如果个体缺乏恰当有效的应对机制，其压力或紧张就会持续存在，很容易因心理压力产生心理危机。

● **个体人格特征缺陷**。危机人格理论认为，心理危机受个体的人格特征影响。有些大学生采取极端行为去应对问题就是因为其人格特征表现出某些不良倾向，如妒忌、暴躁、易怒、做事冲动、争强好胜、情绪化、易受暗示等。

2. 心理危机的识别

为了提升生命质量，预防自杀事件、抑郁症或其他心理障碍的产生，大学生可以通过了解心理危机的易感人群与心理危机的症状表现来识别心理危机。

（1）心理危机的易感人群

心理危机的易感人群其实与容易诱发心理危机的应激源息息相关，一般来说，心理危机比较容易在以下群体中产生。

● 有情感问题的人，如陷入失恋以及情感纠纷或受到情感伤害的人。

● 人际关系紧张的人，如被孤立、与人有矛盾、孤僻且缺乏人际交往的人。

● 有成绩不理想、考试不及格（或挂科）、英语等级考试不通过、论文不能通过等学业问题的人。

● 受到校纪校规处分且影响毕业、就业、择业的人。

● 有精神障碍或精神疾病的人，如有抑郁症、焦虑症等的人。

● 有就业困扰的人，如就业压力大、无明确的职业生涯规划、求职屡屡受挫的人。

● 过度使用网络，甚至网络成瘾，严重影响学习和生活的人。

● 有家庭问题困扰的人，如遭遇家庭经济困难，家庭条件突然转变，父母离异或关系不融洽，父母失业、病重或去世等的人。

● 遗传或有重大身体缺陷和疾病、受到重大打击和意外刺激的人。

● 自身心理承受能力较差，比较自卑、敏感的人。

（2）心理危机的症状表现

通常情况下，当个体出现心理危机时，总会有症状表现，有些甚至比较明显，因此，大学生要能够掌握个体出现心理危机后的一些症状表现。

大学生陷入困境时，如果出现以下情况就需要引起重视：一是出现失眠、过度疲劳、易惊吓、肠胃不适、饮食或体重明显增加、体质或个人卫生状况下降等生理反应；二是出现注意力不集中、健忘、无法做决定、缺乏自信等认知问题；三是出现情绪持续低落、常常流泪、烦躁不安、易发脾气、过分敏感、表现为无望或无价值等情绪反应；四是出现社交退缩、逃避、无故生气和与人敌对、不易信任他人、自责，甚至自伤或自杀等行为。

有的大学生会在语言方面表现出其心理危机，如"我希望我已经死了""我不想活了"，或间接表示"我所有的问题马上就要结束了""现在没人能帮得了我""没有我，别人会生活得更好""活着好累""我的生活一点意义也没有"等。

当身边的朋友出现这些行为时，大学生也需要有警惕心理：个性发生明显变化；出现不符合逻辑的言行；谈论与自杀有关的事；学习成绩无原因地急剧下降；生活习惯和生活规律突然改变；饮食和睡眠习惯发生变化；突然与亲友告别；将自己珍贵的东西送人；等等。准确识别心理危机的症状表现是大学生心理危机意识提升的标志之一。大学生应当了解心理危机的症状表现，及时采取积极的干预措施，维护自己和身边好友的心理健康。

📝 **课堂活动**　　　　　　　　　　**心理危机诊断**

　　钱某和同学尤其是和同宿舍同学的关系较差。近期因怀疑前男友是受到室友挑拨才与自己分手的，钱某便对室友指桑骂槐，致使同学关系进一步恶化。

　　钱某愤恨不已，在日记中写道："我总觉得她们5个在合伙孤立我。有一次，她们几个在宿舍，我在外面听到她们交谈得很热闹，但我一进门，她们马上就停止了。她们肯定是在议论我，她们干什么都不叫上我。还有我们班的同学也不喜欢我，都不主动找我说话。他们为什么都和我作对？感觉生活好没有意思，我好像不属于这里。"

　　你觉得钱某是否出现了心理危机，她应该如何摆脱苦恼？

3. 心理危机的应对

　　如果大学生在面对危机事件时缺乏正确的引导或预防措施，同时又没有合理的应对方法，就很可能引发心理危机，甚至造成严重后果。如果大学生能够掌握预防和干预心理危机的方法，就可能化危机为机遇，在困境中成长。

　　（1）心理危机的预防

　　预防心理危机是大学生应对心理危机的根本。很多时候，心理危机的产生是由于大学生面对逆境不知该如何处理，难以承受挫折。因此大学生应当培养压弹力，提升应对危机的自主能力。

　　压弹本是一个物理学概念，指物体受到外力挤压时的回弹；而从心理学层面讲，压弹力主要指心理韧性和复原力，其概念在对压力应对和危机应对的研究中逐步发展。

　　压弹力包括承受力（耐挫折力）和反弹力（排挫折力）。通过培养压弹力，大学生可以更好地应对心理压力，增强危机适应能力。可供大学生参考的培养压弹力的方法如下。

　　● **提升主观幸福感**。主观幸福感的提升可以降低人们对不良情绪的体验强度。

　　● **转变认知**。对同一件事，个体使用不同的认知方式就会产生不同的结果。如果大学生能学会转变认知，那么陷入心理危机的可能性也会降低。

　　● **培养积极心态**。拥有积极心态的大学生往往能乐观地看待问题，处理危机事件时往往也会得到更加积极的结果。例如，同样是面对经济困难，消极的大学生可能觉得生活太不公平，自己已经输在了起点；但积极乐观的大学生会充满对未来的憧憬并为之努力奋斗，认为困难的日子总会结束。积极乐观的人更少出现心理危机，因为其有更强大的心灵。

　　● **进行幽默训练**。幽默可以让人变得快乐、开朗和豁达，这是一种应对问题的健康机制。

　　● **注意情绪的调节和管控**。心理危机的产生多源于不良情绪的积累，因此大学生要善于调节情绪，调整心态，以更好地应对压力。

● **掌握化解逆境的技巧**。将逆境看作锻炼机会，大学生在寻找办法化解逆境的过程中，克服困难的能力也会增强，那么压弹力势必会得到锻炼和提升。

除此之外，大学生要增强心理保健意识，关注自己的身心发展，对自我负责，进行自我教育、自我管理和自我监督，接受来自社会支持系统的教育和指导，必要时寻求专业心理咨询人士的帮助，保持健康积极的心态，也可以帮助大学生预防心理危机，减轻心理压力。

素养课堂

"12355"青少年服务台是共青团中央设立的青少年心理咨询和法律援助热线电话，由各级共青团组织建设和维护。拨打该热线电话可获得心理咨询师、法律工作者、社会工作者提供的心理咨询服务和法律咨询援助。通常，各省区市都开设有心理援助热线，一般可通过人民政府网站、精神卫生中心查询。

（2）心理危机的干预

心理危机的干预是指对处于心理危机状态的人及时给予适当的心理援助，以帮助其摆脱心理困境。心理危机的主体对象是自己或他人。针对不同的主体对象，大学生须采取不同的干预办法。

● **自己遭遇心理危机时**。当大学生自己遭遇心理危机时，会相应地表现出一系列症状，如失眠、持续性情绪低落等。因此，一般建议大学生在面对可能诱导其出现心理危机的事件，如遭受重大打击或遇到自然灾害时，可以充分利用老师、同学、家人、朋友等社会支持，寻求鼓励、安慰等帮助。如果大学生的心理危机趋于严重，则应求助于专业心理医生和精神科医生。

● **他人遭遇心理危机时**。大学生识别出他人的心理危机或接收到他人的求助信息后，可从对方的角度确定和理解对方出现的问题，使用积极倾听方法，如同情、理解、接纳、尊重对方等，以及使用开放式问题，对其施以援手。在倾听过程中，大学生既注意对方的语言信息，也要注意对方的非语言信息，识别造成对方心理危机的核心问题，让对方认识到你是能够给予他关心和帮助的人。同时，大学生不要评价对方的经历与感受，而是通过语言、声调和躯体语言向对方表达诚意，让对方相信"这里有一个人确实很关心我"。此外，大学生可以采用各种积极的应对方式，为对方提供更多解决问题的方法和途径，帮助对方走出情绪失衡的状态。一般来说，大学生可能无法很专业地干预心理危机，所以大学生也可在确定问题并保证求助者安全后，寻求老师、心理咨询师、精神科医生等的帮助。

三、树立正确的幸福观

幸福观即人们对幸福的认知和态度，如认为身体健康是幸福，认为事业有成是幸福，认为家庭和睦是幸福，等等。它是人生观在幸福问题上的特殊表现，是人生观的重要组成部分。树立正确的幸福观是每个大学生在成长和生活中的重要课题。健康、积极的幸福观可以帮助大学生保持积极的心态，更好地面对生活中的挑战，实现个人价值和追求。

1. 正确的幸福观

幸福是人类追求的永恒主题，然而，不同的人有不同的人生追求和目标，对幸福的定义和实现方式也存在差异。心理学研究表明，幸福感来源于自我实现、人际关系的质量和对于个人价值的认同。只有将物质需求和精神需求结合起来，人们才能真正地实现幸福。因而，幸福既包括个体的内在素质和社会互动的和谐，也包括物质和精神需求的满足。大学生应树立理性、健康、积极的幸福观，明确幸福与个体、物质、家庭、社会、目标的关系。

● **幸福是主观的感受**。幸福是一种内心的感受，每个人的幸福感都是独特的。不要过分关注他人的幸福标准，而应该关注自己的内心需求和期望。

● **摆正物质享受与幸福的关系**。在现代社会，幸福观与物质生活的关系以及物质在幸福体验中的重要地位是难以否认的，但如果片面追求物质享受，将金钱与幸福画等号，人容易走上物质至上的道路，迷失在追求金钱和物质的道路上，跌落进腐败和犯罪的深渊，从而与追求幸福背道而驰。既有富足的物质生活，又有充实愉悦的精神体现，这才是人们追求幸福的精髓所在。

● **坚持个人幸福与家庭幸福的和谐统一**。家庭幸福对个人幸福具有重大影响。家庭生活的美满与和谐，能使人充分体验到人生的幸福与快乐。家庭的美满是大学生强有力的精神支持。在家人的关怀、支持和指导下，大学生能够更加健康地成长成才。

● **坚持个人幸福与社会幸福的和谐统一**。关爱他人，为他人提供力所能及的帮助，维护社会的稳定与和谐是大学生获得幸福感的又一途径。大学生在大学里接受的是高等教育，一般都具有较高的思想道德素质，具有爱祖国、爱他人的高尚情操，因此，大学生可以将个人幸福与社会幸福统一起来。

● **坚持将幸福的目标与手段统一**。大学生要用劳动去创造幸福，要靠自己的奋斗去获取幸福，这样才能给人带来健康心态下的真正的幸福与享受。

2. 追求幸福的原则

格式塔疗法是自己对自己疾病的觉察、体会和醒悟，是一种修身养性的自我治疗方法。这套心理疗法包含不少人生的哲理，它可以帮助大学生更好地认识生活、放松心情，对于大学生追求幸福也同样适用。

● **生活在现在**。既不为明天而忧愁，也不为昨日而悔恨，关注现在，过好当下。

● **生活在这里**。不为远方发生的事而烦忧。

● **停止猜想，面向实际**。很多心理上的困扰、烦恼，可能来源于无端的猜测，这是没有意义的。

● **暂停思考，多去感受**。想得太多，往往会让人忽视身边的美景，因此，比起思考，有时候感受更重要，感受也能丰富思考。

● **接受不愉快的情感**。愉快与不愉快是可以相互转化的，因此，大学生要做好接受不愉快的思想准备，这能让自己的胸襟更加开阔，而不会一有失意就耿耿于怀。

● **不要随意地判断**。这能减少摩擦，避免不必要的纠纷和苦闷。

● **不要盲目崇拜偶像与权威**。无条件地屈从他人会让人丧失独立思考的能力，这样人自然难以真正达到精神上的自我成就与愉悦。

● **我就是我，我对自己负责**。从自己做起，充分发挥自己的潜能，做好自己想做的事。

● **正确地评价自我**。把自己放到正确的位置，可以得到他人的认可；反之，偏离社会规范和正确的幸福观，就容易招致他人的反对。

3. 追求幸福的攻略

追求幸福是社会进步与发展的强大动力，也有利于大学生以积极健康的态度面对生活。幸福来自哪里，如何追求幸福？众说纷纭。但其实只要人自己觉得幸福，那么他就是幸福的。大学生也可以通过以下方法与途径保持自己的幸福感。

（1）正确看待自己的优点和缺点

正确看待自己的优点和缺点，这可以避免大学生陷入自我期望与现实不符的拉扯中。正所谓人无完人，大学生应从自己的优点中汲取自信和力量，并在适当的场合展示优点，赢得他人的认可，成就自我的价值，感受成就与幸福；同时，接受自己的不足，接受每个人都有的不完美，激励自己积极寻求改进的方法，寻找成长的契机。

（2）从小事中体验幸福

幸福其实很简单，留意日常生活，大学生可以发现，有很多时候自己都是快乐的：装饰生活环境、培养一株植物、吃一顿大餐、看一场喜欢的演唱会、买一本好书、考进前三名、参与期望的项目、学会一项技能、策划一次旅行等，这些事都能为大学生带来满足感与充实感。有些人可能会在生活中被挫折"刁难"，在失败中饱受"折磨"，此时不妨细细体会小事带来的快乐，改变自己的心境，提升自己的幸福指数。

（3）与他人分享喜悦

与他人分享喜悦是一种十分美好的情感交流方式。与他人分享喜悦可以让快乐不仅停留于个人心间，而是扩散开来，使幸福的广度与深度倍增。无论是个人成就，还是生活中的美好瞬间，这些都值得被分享，都可以促进情感的共鸣与深化。庆祝聚会、户外郊游，每一次集体活动都是人们分享快乐的舞台；即使不参加集体活动，大学生也可以与朋友分享喜悦、在社交平台分享喜悦等。

（4）确定目标，收获成果

人生是一段不断奋斗的旅程，确立目标并为之不懈努力，然后收获奋斗的成果和喜悦，也是一件幸福的事。人生总是苦乐交加，有欢笑，也会有泪水，虽然前进的路上有风险，有挫折，但"不经历风雨，怎能见彩虹"。在追求理想目标的过程中，凭着坚持不懈、乐观、幽默，通过与挫折的抗争，大学生总会迎来成功，体会快乐和幸福。

（5）保持开放的心态

对新的事物保持开放的心态，可以帮助大学生跳出自己熟悉的领域，以一种积极好奇的姿态去探索未知，去拥抱变化。在大学这个汇聚了五湖四海学子、融合了多元文化和先进思想的殿堂里，保持开放心态可以让大学生与更多志同道合者碰撞出思想的火花，从而拓宽视野，激发创新，获得认同感和幸福感。

（6）参与公益活动

参与公益活动是一种富有意义的社会实践，是大学生实现自我价值、深化自我认知的宝贵途径。参与公益活动是一个双向滋养的过程。大学生通过参与公益活动，运用自己的所学所长为需要帮助的人带去温暖与希望，为社会贡献一份力量；同时，在帮助他人的过程中，大学生也可实现自我价值的提升，体验社会责任感，感受爱与温暖。特别是看到自己的努力能够转化为实实在在的帮助，或带动更多人为公益事业付出努力时，成就感、幸福感便会油然而生，参与公益活动会成为大学生人生旅途中一段宝贵的记忆。

课堂活动

幸福传递卡

准备一些小卡片，在每张小卡片上写一句关于幸福、鼓励或积极正面的话。全班同学围成一个大圈（也可分为 2～3 组开展活动）。音乐开始时，大家传递一张卡片。音乐停止时，手中持有卡片的学生大声读出卡片上的内容，并分享自己对此的感受，或者分享一个自己的幸福时刻；然后，选择自己左边或右边的同学，通过握手或拥抱的方式，将自己的幸福传递给对方。

• 本章小结

本章分别介绍了大学生心理健康标准、心理问题的识别与诊断及心理健康的维护等知识，列举了识别与诊断心理问题的具体标准和方法，以及情绪管理、心理危机的识别和应对，提倡大学生树立正确的幸福观，持续关注自己的心理安全，促进个人的全面健康发展。大学生的心理健康关乎个人的学业发展、身体健康和人际交往关系，关乎大学生的生活状态和未来规划，因此大学生一定要增强自我保护意识、提升心理韧性、建立社会支持系统，并积极寻求帮助，以更好地应对生活中的各种挑战，确保身心健康，为个人发展奠定坚实的基础。

• 课后思考

1. 安全问题的自我审视

（1）最近一周内，你有没有遇到让自己情绪波动较大的事件？你是如何处理和应对的？

情绪事件：＿＿＿＿＿＿＿＿＿＿＿＿＿＿＿＿＿＿＿＿＿＿＿＿＿＿＿＿

处理方法：＿＿＿＿＿＿＿＿＿＿＿＿＿＿＿＿＿＿＿＿＿＿＿＿＿＿＿＿

（2）你目前面临的主要压力源是什么？你通常采取哪些方法来缓解压力？这些方法是否有效？你是否有其他更健康的应对策略？

压力：_____

缓解方法：_____

其他应对策略：_____

（3）你目前在人际关系中的状态如何？你是否能够与他人建立良好的沟通和信任关系？如果遇到人际冲突，你常用的处理方法是什么？

人际关系状态：_____

人际冲突处理方法：_____

2. 维护安全的实践行动

（1）情绪健康是心理健康的基础。请你连续一周记录自己每天的情绪变化，包括触发情绪的事件、情绪的类型和强度，以及自己的应对方式。分析这一周情绪变化的规律，探索更有效的情绪调节策略。

_____

_____

（2）请你每天写下3件让自己感到满足、感激、幸福的事情，无论是小事还是大事都可。通过该方法培养积极的心态，提升自己的满足感和幸福感。

_____

_____

3. 个体责任与反思

近年来，大学生因心理问题引发的安全事件时有发生，除了抑郁、焦虑等心理问题，严重者甚至产生心理障碍，引发自杀、伤害他人等危害严重的事件。大学生心理健康是一个复杂而重要的议题，通过反思，我们可以更好地认识稳定情绪、健康心理的重要性。请你思考，面对大学生心理问题，个人还需要做出哪些努力，以加强自己和他人的心理健康建设。

_____

_____

_____

第六章

网络与信息安全

学习导语

2024年8月29日，中国互联网络信息中心（CNNIC）发布第54次《中国互联网络发展状况统计报告》（以下简称《报告》）。《报告》显示，截至2024年6月，我国网民规模近11亿人（10.9967亿人），互联网普及率达78.0%。现如今，网络在人们的生活中几乎无处不在。网络作为人们学习、工作、娱乐、交流、展示自我的重要平台，在为人们提供丰富信息资源的同时，也容易被一些不法分子利用，从事违法犯罪活动。大学生是网络的主要使用群体之一，接触网络、计算机、各种智能设备的频率高、时间长，稍有不慎，就会面临网络与信息安全的威胁，遭遇计算机被攻击、数据被破坏或泄露、个人信息被泄露等情况。

本章将围绕网络与信息安全的相关问题，探讨大学生维护网络安全与信息安全的必要性。通过本章的学习，大学生可以深入理解网络与信息安全的作用与意义，掌握维护网络与信息安全的方法，养成健康的网络使用习惯，保护个人的信息安全，同时也为维护网络安全、构建和谐文明的网络时代发挥积极作用。

学习目标

1. 了解什么是网络安全，认识常见的大学生网络安全问题，掌握维护网络安全的主要方法。

2. 了解什么是信息安全，认清个人信息被泄露的危害，树立起保护个人信息安全、维护他人信息安全的意识。

引导案例　　　　个人信息遭盗用，征信记录出问题

周某在大学毕业后，顺利加入了一家广告公司。勤勉工作半年后，他萌生了通过分期付款购买一辆汽车的念头。然而，在签订购车贷款合同时，销售人员却发现他的信用记录存在异常，因此他的贷款申请被拒。深入调查后，周某震惊地发现，自己名下竟不知何时多出了一家成立于2021年的贸易公司，而那一年他尚是在校学生，完全不知情，也未参与过该公司的注册。

周某回想2021年，发现这一年他做过几个"奇怪"的兼职。他在一个兼职交流群中偶然看到了一则招聘信息，工作内容是参与小程序认证"充场"，流程简单，报酬丰厚。出于好奇与赚取外快的想法，周某接下了这份工作，并与称作张姐的联系人见面。在张姐的指导下，周某使用自己的支付宝进行了人脸识别验证，并交出了身份证，由张姐代为完成后续的一系列操作。整个过程结束后，他轻松赚取了100元的报酬。此后，他还陆续接受了"激活程序""注册公众号"等类似兼职，每次都需要提供身份证及进行人脸识别。

意识到自己的个人信息可能已被不法分子利用，周某立刻向暂住地的公安机关报了案，但要解决这一问题，周某还需要面对各种复杂的撤销流程，甚至可能需要以正式立案或提起行政诉讼的方式来撤销这起非法的公司注册。

在信息社会，个人信息保护是每个人都应该重视的问题。身份证、银行卡、手机号、人脸识别等个人信息是极其重要的，一旦泄露，很可能被不法分子利用，从事各种非法活动。因此，大学生在日常生活中一定要增强自我保护意识，不轻易向他人透露自己的个人信息，保护个人的信息安全。

第一节　维护网络安全

慕课视频

在数字化时代，网络安全的重要性不容忽视。对个人来说，网络安全能够保护个人隐私不被非法获取、滥用或泄露。对企业来说，网络安全直接关系其商业机密、客户数据、知识产权等重要资产的安全。对国家来说，网络安全是国家安全的重要组成部分，是国家之间竞争和对抗的新领域。网络攻击可能破坏国家关键基础设施、窃取敏感信息等，对国家安全和稳定构成严重威胁。因此，无论是个人还是集体，都应该高度重视网络安全问题，加强网络安全意识和技术防护能力建设，共同构建安全、可信、有序的网络空间。

一、什么是网络安全

所谓网络安全，即网络系统的硬件、软件及其系统中的数据受到保护，不被偶然或者恶意破坏、更改、泄露，确保系统能够连续、可靠、正常地运行，网络服务不中断。网络安全的目标是保障网络、应用程序、机密或敏感数据以及网络用户免受各种网络攻击。防止未经授权的访问、使用、泄露、中断、修改或毁坏。

具体来说，网络安全主要包括以下几个方面。

● 网络硬件安全。网络硬件安全是整个网络安全的基石，主要是指保护网络设备（如服务器、路由器、交换机等）免受物理损坏、盗窃、电磁干扰等威胁。

● 网络软件安全。确保操作系统、应用软件、数据库等软件的漏洞得到及时修复，防止恶意软件（如病毒、木马等）的入侵和破坏。

● 网络数据安全。保护网络中的数据不被非法获取、篡改、泄露或破坏，通常需要采取一些专门的数据保护措施，如加密敏感数据、实施访问控制、定期备份数据等。

● 网络通信安全。保护网络通信过程中的数据不被截获或篡改。

● 网络安全管理。通过制定和执行网络安全策略、标准和流程，对网络进行监控、审计和应急响应等，确保网络系统的安全稳定运行。

网络安全问题涉及各个行业、领域的个人或组织，一旦发生网络安全问题，就可能造成各种难以预料的后果。网络安全最常见的威胁就是网络攻击，网络攻击是一种不良行为，其目的是窃取、损害、改动或破坏数据及其底层系统；一旦得手，就可能对个人或组织造成多方面的损害，如财务损失、系统中断、敏感数据泄露和系统瘫痪等。常见的网络攻击形式如下。

● 恶意软件攻击。使用病毒、木马和其他恶意软件等攻击计算机，损害或破坏计算机系统、窃取敏感信息，或对网络进行未经授权的访问。

● **勒索软件攻击**。通过控制用户的信息或阻止用户使用系统来要挟用户支付资金。例如，侵入用户系统对某些文件类型加密，然后强迫用户支付赎金以获得解密密钥。

● **网络"钓鱼"**。通过电子邮件、短信、电话或社交媒体等渠道，诱骗用户分享敏感信息，如银行卡号、身份证号等信息，然后利用这些信息从事非法活动。

● **内部威胁**。内部威胁是一种内部攻击行为，即拥有组织的网络或系统权限的个人或团体，利用这种访问权限来获取组织的信息，损害组织的利益。

● **高级持续性威胁（APT）**。一些犯罪群体通过协同配合实行持续、隐蔽的网络攻击，以窃取特定组织或个人的敏感信息。

● **物联网信息漏洞**。将物联网设备作为访问组织网络和敏感数据的途径，依次实施网络攻击或窃取信息。

● **分布式拒绝服务（DDoS）攻击**。利用多台计算机联合起来作为攻击平台，利用恶意程序对一个或多个目标发起攻击，耗尽目标服务器性能或网络带宽等资源，从而造成目标服务器无法正常地提供服务。

总的来说，网络安全维护是一项复杂且多层次的工作，维护网络安全通常需要综合考虑技术、管理和法律等多个方面的因素，如需要采取多种技术和管理措施来维护网络安全；同时，国家相关部门需要加强网络安全法律法规的制定和执行，加大对网络违法行为的打击力度，形成全社会共同维护网络安全的良好氛围。

素养课堂

在信息时代，数字技术的进步推动了工作形式的创新，个人或企业可以在各个地方利用密码连接互联网，访问基于云的基础设施和本地基础设施上的各种应用、数据等，然而这背后也隐藏着一些威胁。一些技术、设施很可能存在"窗口"或"后门"，被不法分子利用后，就会对网络安全造成巨大的威胁。因而，无论是医疗卫生业、制造业、金融业、交通运输业还是其他行业，都需要加强网络安全的维护，避免病人、客户等的私人信息被泄露，避免包括知识产权在内的任何数据被非法获取和利用，避免攻击者控制整个系统、中断组织或企业的正常运转，等等。

二、常见的大学生网络安全问题

网络安全关乎个人、组织乃至国家的安全与稳定，大学生作为网络的重要使用群体，也时刻面临着网络安全的威胁。例如，大学生在使用网络的过程中，其个人信息、设备、数据及网络环境等均可能遭受攻击。为了降低这种风险，大学生就需要警惕自己在网络空间中的各种活动和交互，包括学习、社交、娱乐、购物等，树立网络安全意识，拒绝不安全的网络行为，尽量避免个人信息泄露、网络诈骗、恶意攻击等网络安全风险。

此外，从网络行为看，大学生常将网络作为主要的社交媒介，还可能面临网络成瘾、网络暴力、网络不良信息侵害等安全威胁，因此，大学生必须树立网络安全意识，抵制不良网络行为，养成文明上网的良好习惯，共同构建安全、和谐、健康的网络空间。

总的来说，常见的大学生网络安全问题主要包括如下类型。

● **个人信息保护不足**。大学生在使用网络时，往往容易忽视个人信息的保护。例如，在社交媒体上随意分享个人照片、住址、联系方式等信息，或在非官方网站上填写个人信息进行注册。这些行为都可能导致个人信息泄露，进而引发一系列安全问题，如电话骚扰、身份盗用等。

● **恶意软件的威胁**。大学生在下载软件、浏览网页或接收邮件时，可能会遇到恶意软件的攻击。这些恶意软件会破坏计算机系统、窃取个人信息或进行其他非法活动，对大学生的网络安全造成威胁。

● **硬件、软件设施问题**。一些大学生的计算机或手机等网络性能不稳定、安全性差、存在漏洞等，可能导致数据信息遭到破坏、丢失，从而危害个人信息安全。

● **网络行为失范**。大学生在使用网络的过程中可能会出现失范行为，如发布不当言论、参与网络暴力、利用网络资源作假等，从而影响网络环境的健康和谐。

🔅 知识拓展　　　　**新时代青少年网络文明公约**

> 强国使命心头记，时代新人笃于行。向上向善共营造，上网用网要文明。
> 善恶美丑知明辨，诚信友好永传承。传播中国好故事，抒写青春爱国情。
> 个人信息防泄露，谣言蜚语莫轻听。适度上网防沉迷，饭圈乱象请绕行。
> 远离污秽不炫富，谨防诈骗常提醒。与人为善拒网暴，守好底线不欺凌。
> 线上新知勤学习，数字素养常提升。网络安全靠你我，共筑清朗好环境。

三、维护网络安全的主要方法

网络安全的维护需要每个人都参与，大学生作为社会的一员，有责任维护网络安全，一方面保护自己的信息安全不受侵害，另一方面也为网络健康秩序的构建贡献力量，促进网络空间的清朗。总的来说，大学生可以从以下几个方面来维护网络安全。

1. 树立网络安全意识

大学生必须认识到网络安全的重要性，了解网络中存在的各种风险，并且积极参加网络安全教育和培训，树立自身的安全意识，增强防护能力。例如，大学生要注意保护个人隐私，不透露个人敏感信息，增强识别网络诈骗的能力，对于网络上的各种诱惑保持高度警惕。

2. 掌握网络安全防护方法

大学生可以学习和运用各种网络安全防护技术，保护自己的数据和信息，降低其丢失、泄露等风险。例如，大学生要为各种网络账号设置复杂的密码，定期更新操作系统、应用程序、防火墙，安装正版的防病毒软件，等等。

3. 保持良好的网络使用习惯

大学生在使用网络时，要注意提防网络中暗藏的各种陷阱，保持良好的网络使用习惯，规避各种网络风险。例如，不连接未知的Wi-Fi，不在公共Wi-Fi环境下进行敏感操作，不访问非法和可疑的网站，不点击来源不明的链接，不接收、下载和安装来源不明的软件或文件等。

4. 规范网络行为

网络是信息交流与学习的重要平台，网络使用者的网络行为将直接对整个网络生态环境产生影响。大学生作为重要的网络使用群体，有责任端正上网态度，规范网络行为，展示良好素质，维护网络空间的清朗和秩序。大学生要在网络上遵守礼仪、避免发布不良信息，不发起、不参与网络暴力和谣言传播，不浏览色情、暴力等违法网站，不参与网络欺诈、黑客攻击等违法行为，自觉遵守网络行为规范，共同营造一个健康、积极、和谐的网络环境。

5. 遵守法律法规

网络安全关系到国家的信息安全和社会稳定，维护网络安全是所有公民应尽的义务，大学生也应当遵守法律法规，履行社会责任。大学生可以主动学习《中华人民共和国网络安全法》《中华人民共和国个人信息保护法》《关键信息基础设施安全保护条例》等关于网络安全的法律法规，了解自己的合法权益与责任义务，积极参与网络文明建设，共同维护网络健康秩序。

知识拓展　　网络安全"四要"与"四不要"原则

随着互联网科技发展日新月异，网络在推动社会经济发展、为人民生活带来便利的同时，也引发了信息泄露、隐私侵犯等诸多社会问题，给人们的人身和财产安全埋下了隐患。为了提升网络安全意识和技能，所有人都应该行动起来，携手共筑网络安全防线；在日常生活中，我们要遵循守护网络安全的"四要"与"四不要"原则，防范化解风险隐患。

1. "四要"

（1）设备密码要更换。设置密码是保护数据和信息的常用操作，但在提高密码强度之外，更重要的是定期更换密码，以降低密码长期不变而引发的泄露或被破解风险。

（2）杀毒软件要更新。杀毒软件是抵御木马、病毒侵袭的重要武器，但木马、病毒形态在不断演变，及时更新杀毒软件可以确保其精准识别并清除最新威胁。

（3）智能家居要警惕。智能家居的普及虽带来便利，但也伴随着安全隐患。联网设备一旦存在漏洞，便可能成为不法分子窥探隐私的窗口。因此，我们要选择信誉良好的品牌，定期升级硬件与软件，并设置复杂密码。

（4）AI诈骗要当心。随着AI技术的进步，利用"换脸""拟声"等技术的诈骗手段层出不穷。因此，我们要增强身份验证意识，对不明来源的信息保持高度警惕，同时提升对个人生物信息（如人脸、声纹）的保护意识，拒绝非必要及非正规渠道的生物信息采集请求。

2. "四不要"

（1）陌生Wi-Fi不要连。公共场所的免费Wi-Fi可能是不法分子设置的陷阱。一旦连接，不法分子即可通过后台监控用户传输的数据，窃取支付密码等个人隐私信息。

（2）"钓鱼"链接不要点。警惕以银行、学校等官方机构的名义发送的"通知""账户验证"等含链接邮件或短信，这些可能是"钓鱼"邮件或短信，用户点击后，手机、计算机系统可能会被植入病毒，导致文件资料或个人信息被窃取。

（3）不明二维码不要扫。二维码虽便捷，但也可能成为病毒传播的媒介。一旦扫描未知或可疑的二维码，手机后台就可能遭到非法入侵，造成个人信息泄露或设备被非法控制。

（4）个人信息不要晒。在社交媒体上分享生活时，不要随意展示机票信息、证件号码、联系方式及家庭住址等，这很容易造成个人信息泄露，给人身安全及财产安全带来风险。

课堂活动　　"钓鱼"邮件如何判断

某日，你的个人邮箱收到如下一封邮件。

2025年第一季度个人劳动补贴申领通知

根据××部、××总局、××管理总局联合下发的《2025年第一季度个人劳动补贴》，现开展2025年第一季度个人劳动补贴申领工作。申领补贴项目包括工资补贴、社保补贴、助学补贴、毕业补贴、专业等级考试补贴、实训实习补贴、交通补贴、医疗保险补贴、失业保险补贴、生育保险补贴等。申请成功后，登记银行卡将自动转入补贴金，不纳入工资和奖金。收到通知请立即使用手机扫描以下二维码认证领取。

该通知已经送达各单位，未完成领取的请抓紧领取，逾期视为放弃申领！

手机扫一扫，按照提示操作领取。

（二维码）

（1）你会扫描这封邮件中的二维码吗？为什么？

（2）假设你扫描该二维码后，进入了一个看似非常正规的网站，其中包含"新闻""机构""服务"等多个板块，与官方网站非常类似，你如何判断该网站的性质？

第二节　保护信息安全

慕课视频

在现代信息社会，人们生活、学习和工作的各个领域都被信息和网络所覆盖，经济的发展高度依赖于信息和网络，信息的传播和使用关系着社会的稳定，信息的保护和安全关系着个人的人身财产安全、企业的商业机密保护和知识产权等，信息安全的重要性不言而喻。信息安全是网络安全的核心，很多网络安全问题最终都表现为信息安全问题，大学生应该关注信息安全，增强信息安全意识，并积极保护个人和他人的信息安全。

一、什么是信息安全

信息安全是指保护信息系统（包括硬件、软件、数据、网络、通信等）中的信息免受未经授权的访问、使用、泄露、修改或销毁，让信息在处理、传输和存储过程中得到维护，防止信息被非法获取、篡改或滥用，确保信息的安全性。通常来说，实现信息安全需要满足以下5个方面的条件。

● **机密性**。机密性也叫保密性，是指信息在传输或存储时不被他人窃取。用户可通过密码技术对传的信息进行加密处理。

● **完整性**。完整性主要包括两个方面：一是保证信息在传输、使用和存储等过程中不被篡改、不会丢失和不会缺损；二是保证信息处理方法正确，不因不当操作导致内容丢失。

● **可用性**。可用性是指可被授权实体访问并按需求使用的特性，即当用户需要时能够存取信息。网络环境下拒绝服务、破坏网络和破坏有关系统的正常运行等都属于对可用性的攻击。

● **可控性**。可控性是指对信息的传播及内容的控制能力，如能够阻止未授权的访问。

● **不可否认性**。不可否认性也叫不可抵赖性，是指用户不能否认自己的行为与参与活动的内容。在传统方式下，用户可以通过在交易合同、契约或贸易单据等书面文件上手写签名或使用印章来进行鉴别。在网络环境中，用户一般通过数字证书机制的时间签名来进行验证。

二、个人信息泄露的危害

近年来，个人信息泄露事件时有发生，如某组织倒卖业主信息、某员工泄露公司用户信息等，此类事件说明个人信息安全存在着许多隐患。

● **垃圾短信源源不断**。垃圾短信是指未经用户同意向用户发送的、用户不愿意接收的短信，内容多为商业广告、欺诈信息或其他违规内容等。个人信息泄露是导致垃圾短信产生的重要原因。不法分子通过购买用户信息、倒卖他人信息等手段获取用户手机号码，并向用户发送各种垃圾短信。

● **骚扰电话接二连三**。骚扰电话是指通过拨打电话的方式对他人进行骚扰，其内容以广告、诈骗为主，如推销保险、推销贷款、电信网络诈骗等。通常来说，不法分子在获取用户的个人信息后，可以有针对性地拨打骚扰电话。

● **冒名办卡透支欠款**。不法分子利用当事人泄露的个人信息伪造身份证，在银行办理各种各样的信用卡，恶意透支消费。

● **账户钱款不翼而飞**。不法分子利用当事人泄露的个人信息伪造身份证，挂失当事人的银行卡，然后重新补办银行卡，取走银行卡里面的钱款；或在购物网站进行交易，购买机票、黄金、名牌箱包等易变现商品转手套现。

● **案件事故从天而降**。不法分子利用当事人泄露的个人信息伪造身份进行违法犯罪活动或引发事故，相关部门可能会依据身份信息找到当事人，严重危害其正常工作和生活。

● **不法分子趁机诈骗**。不法分子利用窃取的个人信息，冒充当事人的亲戚、朋友或同学，对当事人实施诈骗。

● **个人名誉无端受毁**。不法分子利用当事人泄露的个人信息，做出损害当事人个人名誉的事情，如假借当事人的名义在网络上散布谣言，发表不当言论。

信息泄露对个人造成的影响很大，对公司和国家造成的影响更加广泛，且危害巨大。例如，不法分子通过各种途径收集某公司的重要信息，将其兜售给竞争对手，使该公司损失惨重。又如，某黑客组织攻击某国家存放国民身份信息的信息库，并将导出的数千万国民信息泄露到公网上，这将对该国家的安全造成严重威胁。

📝 **课堂活动**　　　　　　**查看手机中的骚扰电话和垃圾短信**

打开你的手机，查看短信记录和通话记录，看一看其中有哪些是垃圾短信和骚扰电话，总结一下这些垃圾短信和骚扰电话有何特点。和同学讨论，有没有什么好的方法可以有效地屏蔽、拒绝这些垃圾短信和骚扰电话，并试着设置一下。

三、保护个人信息安全

信息安全面对的威胁主要来自网络攻击，因此大学生要主动采取措施，掌握防范网络攻击的方法，积极保护个人信息安全。

1. 增强网络账户安全性

在信息化社会中，几乎每个人都有多种网络账户，如学习工具账户、网络通信账户、购物账户、存款账户、支付账户等。设置安全性较强的密码是增强网络账户安全性的有效保障，安全性较强的密码不容易被人识别或被黑客攻破，可以显著降低个人信息泄露的风险。

（1）认识密码

密码是一种用于混淆的技术，可以将正常的、可识别的信息转变为无法识别的信息。但严格来讲，网络账户的登录密码应该仅被称作"口令"，因为它不仅是传统意义上的加密代码，而且是可以称为秘密的号码。根据密码内容的不同，密码可简单分为弱密码和强密码两类。

● **弱密码**。弱密码是指短密码、常见密码和默认密码等，以及能被穷举法（穷举法的基本思想是根据部分条件确定答案的大致范围，并在此范围内对所有可能的情况逐一验证，直到全部情况验证完毕，这种方法是黑客暴力破解登录密码的有效方法之一）通过排列组合破解的密码，这些密码因为过于简单和常见，很容易被快速破译。常见的弱密码如图6-1所示。

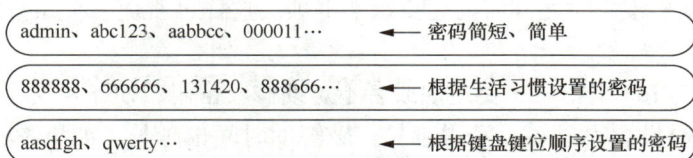

```
admin、abc123、aabbcc、000011…   ← 密码简短、简单
888888、666666、131420、888666…   ← 根据生活习惯设置的密码
aasdfgh、qwerty…   ← 根据键盘键位顺序设置的密码
```

图6-1　常见的弱密码

● **强密码**。强密码足够长，由大小写字母、数字和特殊符号随机排列组成，不容易被穷举法等破解算法破译。常见的强密码如图6-2所示。

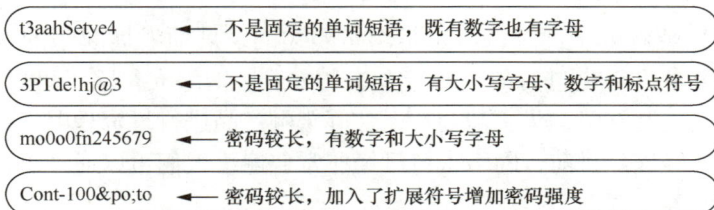

```
t3aahSetye4   ← 不是固定的单词短语，既有数字也有字母
3PTde!hj@3   ← 不是固定的单词短语，有大小写字母、数字和标点符号
mo0o0fn245679   ← 密码较长，有数字和大小写字母
Cont-100&po;to   ← 密码较长，加入了扩展符号增加密码强度
```

图6-2　常见的强密码

📝 **课堂活动**　　　　　　　　　**修改账户密码**

　　某天，你登录某个平台的账户时，系统提示你密码强度太低，要求你修改密码，请你设计一个既便于自己记忆，又具有一定强度的密码。

（2）密码设置技巧

　　密码设置的原则一是要安全，二是要容易记忆。具体而言，大学生可首先选取一个基础密码，然后根据不同的应用场合，再按照自己设置的简单规则叠加组合一些其他元素。大学生可参考以下两种密码设置技巧。

● 基础密码+网站名称的前两个辅音字母+网站名称的前两个元音字母。如基础密码是"Mobile"，那么登录新浪网站的密码就是"MobileXLIA"，登录腾讯网站的密码就是"MobileTXEU"。

● 自己喜欢的单词＋喜欢的数字排列＋网站名称的前3个字母或者后3个字母，如淘宝登录密码可以是"Elephant5582TAO"或"Box6396BAO"。

（3）密码设置注意事项

大学生在设置登录密码时，注意不要按以下方法设置，否则容易被黑客破解。

● 不要将密码设置为带有生日、电话号码、QQ号或邮箱等与个人信息有明显联系的字符，也不要直接使用常见单词或短语，这些都属于弱密码。

● 不要在多个场合使用同一个密码，为不同应用场合设置不同密码，在设置有关财务的网银及网购账户密码时尤其需要注意以上事项。这样可避免一个账户密码被盗后，其他账户密码也被轻易破解。

● 不要长期使用固定密码，要定期或者不定期修改密码，使账户安全更有保障。

● 不要将密码设置得过短：密码越长，破解的时间也越长。如果不想让黑客在24小时内就破解你的密码，则密码长度应超过14个字符。

● 不要将密码和登录账户名称设置得完全一致。

● 不要将密码设置为连续数字或字母，也不要将密码设置为按简单规律排列的字母或数字。

2. 增强网络支付安全性

网络支付是伴随着电子商务，特别是网络购物的发展而发展起来的一种新兴支付方式，是用户通过互联网渠道进行的在线资金支付方式。网络支付除了可以进行网络购物，还可以缴纳水、电、燃气费，买卖基金、保险等金融产品进行投资理财，以及在线下实体店进行日常消费，等等。目前，网络支付已经非常普遍，人们可以通过手机随时随地享受到各种网络支付服务。

但随着网络支付的快速发展，以及网络支付用户群体的不断扩大，针对网络支付的犯罪活动日益增多，网络支付安全面临着严峻的挑战。用户一旦遇到网络支付安全问题，其资金损失的风险极高。因此，用户要增强安全支付意识，实施必要的安全防范措施。

（1）认识网络支付风险

由于网络支付是在开放的网络环境中进行的，同时涉及资金转移，因此，网络支付容易成为不法分子觊觎的对象。一般而言，用户面临网络支付风险的原因有以下两点。

① 由于用户的安全支付意识淡薄或疏忽大意，使支付账户、密码、手机验证码等信息被他人非法获得。例如，支付密码设置得过于简单（如"000000"、出生日期，以及身份证的前、后几位数字），不法分子非法获得用户的银行卡号和身份证号码后，轻易地破解或猜中用户的密码，盗用用户的支付账户，在网上恶意消费或转账。又如用户受虚假网站中虚假的低价商品信息的诱惑，在虚假支付页面中输入银行卡号、密码等，导致银行账户信息被不法分子获取。

② 由于不法分子恶意攻击，个人信息被窃取。例如，不法分子把木马（或其他网络技术手段）捆绑在小游戏、实用软件上，发布到网上供人下载，在某些用户下载并安装了带有木马的软件并登录网上银行时，利用木马获取键盘记录，盗取用户的网上银行账号和密码。

（2）网络支付安全注意事项

我国网络支付环境总体较为安全，用户如果能够养成良好的使用习惯，进行科学合理的操作，就不会给不法分子可乘之机，就能有效保障个人财产安全。

● **妥善保管个人重要信息**。在涉及身份证号码、银行卡号等个人敏感信息时要慎重，如非必要，在任何情况下都不要轻易提供这些信息给他人，包括自称工作人员或客服的人员。不轻易在页面简陋或不知名的网站上预留身份证号码、银行卡号等信息。发现银行卡被盗刷后，应立即与银行联系，冻结银行账户，并及时报警。

● **选择可靠的网络支付业务服务**。用户要选择商业银行与获得人民银行许可的支付机构开通网络支付业务，因为这些机构的资质和信用较好，安全防范的措施相对完备。对于那些没有相关资质或来路不明的机构提供的网络支付业务，则要多方验证，谨慎选择。

● **充分使用银行或支付机构提供的各类安全产品**。银行或者支付机构提供的各类安全产品针对性强，有安全保障。用户在使用网络支付时，应充分使用这些安全产品，如申请数字证书、开通手机动态口令或短信提醒等服务，以增强账户及交易的安全性。同时，用户应妥善保管动态口令卡、U盾等安全工具，不要轻易将其交给他人，使用完毕后也应及时收回，若遗失，则应尽快办理挂失及补办手续。

● **培养良好的安全支付习惯**。在登录手机银行或者支付机构网站时，用户不要直接使用浏览器，而应用银行或第三方支付机构提供的专用应用程序；尽量不在酒店、网吧等场所使用公用计算机进行网络支付，确需使用时，应在使用前查杀病毒和木马，并开启防火墙保护功能，完成支付后清除信息痕迹；不要随意连接免费Wi-Fi进行网络支付；进行网络支付时，若不停地被提示输入密码，应立即停止支付，避免被套资料的潜在风险；交易完成后不论系统提示成功与否，都要查询账户余额和交易明细，防止误付、错付，如发现交易异常或账务差错，应立即与银行或者支付机构联系，避免损失。

课堂活动 　　　　　**银行卡被盗刷怎么办**

小吴有"蹭网"的习惯，到了任何地方，他都要查看有没有免费Wi-Fi可以连接。一天晚上，小吴忽然收到银行发来的数条取款信息，信息显示其银行账户被转走3万余元。小吴十分诧异，立刻报警。后得知，他在外面用餐期间，曾使用免费Wi-Fi登录了手机银行查看余额，其操作被不法分子复制并破解，银行卡因此被盗刷。

你是否有连接陌生Wi-Fi的习惯？

如果遇到以上事件，你会怎么应对和处理？

_____

_____

3. 安全使用信息设备与网络

安全使用信息设备与网络是保护信息安全的两个重点。

（1）安全使用信息设备

安全使用信息设备是保护个人隐私、数据安全的重要方面。大学生在使用计算机和手机等常用信息设备时，应注意以下事项。

● 应安装合适的安全防护软件，阻挡来自外界的威胁。

● 及时安装操作系统与应用软件的补丁程序，修复操作系统与应用软件的漏洞。

● 从官方网站或其他正规渠道下载应用软件。

● 不随便使用来源不明的U盘、移动硬盘等存储介质，确需使用时应先对其进行病毒和木马查杀。

（2）安全使用网络

网络是信息传输的媒介，大学生在使用计算机和手机接入网络时，应注意以下事项。

● 慎用"蹭网"软件，避免连接恶意Wi-Fi。

● 平时应关闭手机的Wi-Fi自动连接功能，不要随意连接免费Wi-Fi。

● 不要轻易点击网页或手机短信中的未知链接、异常链接。

● 对于收到的陌生文件，不要出于好奇心理随意接收和打开。

4. 掌握信息安全的常用防范技术

从技术、法律等层面来说，信息安全问题是信息设备生产商、应用软件服务提供商、支付机构和相关监管部门等更加关注的问题。但事实上，确保信息安全需要所有使用者共同参与。大学生也应了解一些信息安全相关技术，掌握一些保障信息安全的操作技能。

（1）身份认证

身份认证是一种用于鉴别和确认用户身份的技术。信息系统可以通过对用户的身份进行认证，判断用户是否具有对某种资源的访问和使用权限，以保证自身的正常运行，防止受到非法用户的攻击。身份认证是信息安全的第一道关口，其认证方法主要包括以下3种。

● 根据所知道的信息认证。这种认证方法一般以静态密码（登录密码）和动态口令等方式进行身份认证，但密码和口令容易泄露，安全性不强。

● 根据所拥有的信息认证。这种认证方法通过用户自身拥有的信息，如通过网络身份证、网络护照、密钥盘、智能卡等进行身份认证，认证的安全性较强，但认证系统较为复杂。

● 根据所具有的特征认证。这种认证方法通过用户的生物特征，如声音、虹膜、指纹和人脸等进行身份认证，其安全性最强，但实现技术更加复杂。

（2）防火墙

防火墙是一种将内部网和外部网分开，以避免外部网的潜在危险随意进入内部网的一种隔离技术，其功能主要在于及时发现并处理计算机网络运行时可能存在的安全风险、数据传输问题等，如隔离危险信息、保护重要信息等，同时防火墙还可对计算机网络安全中的各项操作进行记录与检测，以确保计算机网络运行的安全性，并保障用户信息的完整性。具体来说，防火墙的功能主要有以下4种。

● 建立网络安全屏障。防火墙可以禁止不安全的网络文件系统协议进出受保护的网络，这样外部的攻击者就不可能利用这些协议发起攻击。

● 强化安全策略。防火墙可以强化网络安全策略，即用户通过以防火墙为中心的安全配置方案将所有安全软件（如口令、加密、身份认证、审计等）配置在防火墙上，增强安全防范能力。

● **监控审计**。如果所有的访问都经过防火墙，那么防火墙可以记录下这些访问情况并进行日志记录，也能提供网络使用情况的统计数据。一旦发现可疑行为，防火墙能马上报警，并提供网络是否受到监测和攻击的详细信息，方便管理员及时进行有效处理。

● **防止信息外泄**。使用防火墙可以隐蔽那些透露内部细节的服务，如Finger服务可以显示主机所有用户的注册名、真名、最后登录的时间等，如果隐蔽这个服务，攻击者就无法知道系统被使用的频繁程度、系统中是否有用户正在连线上网、系统在受到攻击时是否会引起注意等。任何透露内部细节的服务在攻击者手中都会成为有价值的信息，因此通过防火墙隐蔽这些服务，有助于防止信息外泄。

（3）数据加密

数据加密是保护信息安全较可靠的办法之一，它通过加密算法和加密密钥将明文转变为密文，使用户想要使用数据时，必须通过解密算法和解密密钥将密文恢复为明文。在计算机中，用户可以对磁盘分区进行整体加密，也可以只针对重要的数据文件或文件夹进行加密。

（4）数据备份

数据备份是指将重要数据从应用主机的硬盘中复制到其他存储介质中的过程，目的是防止发生系统操作失误或遭受恶意攻击致使数据丢失的情况。数据备份的常见形式包括备份到移动存储设备、备份到其他计算机、备份到云盘等。

（5）查杀木马和病毒

木马和病毒是影响信息安全的重要因素，为了避免信息设备感染木马和病毒，以及信息资源受到安全威胁，大学生不仅要安全上网，还要在计算机上安装专门查杀木马和病毒的软件，对木马和病毒进行查杀。安装专门的杀毒软件可以查杀木马和病毒，保证信息系统处于安全状态，如安装360杀毒、瑞星杀毒、金山毒霸等软件。

（6）修复系统漏洞

系统漏洞是指操作系统在逻辑设计上存在的缺陷或错误，这种缺陷或错误容易被不法分子利用，不法分子通过植入木马、病毒等方式来攻击计算机，窃取其中的重要信息，甚至破坏系统。因此，修复系统漏洞可以使操作系统更加安全可靠。360安全卫士等安全管理软件通常具备系统漏洞修复功能，可以搜索系统的漏洞情况，并下载官方提供的补丁完成漏洞的修复。

四、维护他人信息安全

个人信息往往涉及较多敏感内容，如果这些信息被滥用或泄露，往往会对个人的名誉、财产、安全等造成严重影响。维护他人信息安全关乎他人隐私权的保护，也体现了对他人的尊重和对法律的遵守。因此无论是从道德层面还是法律层面，我们都要尊重他人隐私权，不违规获取、使用和传播他人信息，并积极采取行动来维护他人的信息安全。

● **增强信息安全意识**。我们应该加深对信息安全的理解和认识，提高警惕，保持对潜在信息泄露风险的警觉，不泄露、传播他人信息。

● **谨慎处理他人信息**。我们在收集他人信息时，应注意规范信息的使用权限与范围，定期审查存储的个人信息，及时删除、销毁不再需要的信息。

● **加强技术防护措施**。我们要使用安全可靠的存储方式保存他人信息，并对存储设备进行妥善管理。我们要为存储他人信息的系统或账户设置强密码，并定期更换。我们要在传输涉及他人信息的文件时，使用加密技术确保信息在传输过程中的安全性。我们要在存储和处理他人信息的设备上安装正规的安全软件，如防病毒软件、防火墙等，并定期更新以应对各种安全威胁。

● **遵守法律法规**。熟悉并遵守与他人信息保护相关的法律法规，在收集、使用、存储、传输他人信息时，我们要确保遵循法律法规的要求，取得对方同意并明确告知对方使用信息的目的、方式、范围等。

● **积极应对信息安全事件**。制定他人信息泄露等信息安全事件的应急预案，一旦发现他人信息泄露或其他信息安全事件，我们应立即向相关部门报告，并积极采取措施防止事态扩大。

● **提升公众认识和重视程度**。我们要通过宣传教育等方式提升公众对他人信息保护的认识和重视程度，形成全社会共同关注信息安全的良好氛围。

• 本章小结

本章深入探讨了网络与信息安全的基本概念、重要性、面临的威胁以及防护措施等内容，旨在帮助大学生理解网络与信息安全的核心在于保护信息不受未经授权的访问、使用、泄露、中断、修改或销毁，认识到网络"钓鱼"、恶意软件、数据泄露等常见威胁的严峻性，增强大学生的网络与信息安全意识，帮助大学生构建起网络与信息安全防护体系。作为新时代的青年，大学生不仅是网络技术的使用者，更是未来网络空间的建设者和守护者，因此一定要增强网络与信息安全意识，学习网络与信息安全知识，倡导网络与信息安全文化，了解并遵守国家关于网络与信息安全的法律法规，携手并进，共同守护好网络空间的安全与清朗，为构建网络强国贡献力量。

• 课后思考

1. 安全问题的自我审视

（1）你目前使用了多少个不同的密码？它们是否足够复杂且难以猜测？你认为应该如何设计一个既安全又容易记忆的密码？

_____

_____

（2）你经常在餐厅或咖啡馆等公共场所使用免费 Wi-Fi 吗？你认为在使用公共场所的免费 Wi-Fi 时，应如何确保自己的设备和数据安全？

_____

_____

（3）回顾一次你差点上当的网络"钓鱼"或诈骗经历，分析它是如何吸引你的注意力并试图欺骗你的。思考如何提高自己的警惕性，以识别并避免未来的网络"钓鱼"和诈骗。

_____

_____

2.　维护网络与信息安全的实践行动

（1）对你的社交媒体账户、电子邮件账户、在线购物账户等进行一次全面的信息安全审计，检查并调整其中的隐私设置，确保自己的个人信息得到妥善保护。

_____

_____

（2）了解现在常见的网络支付方式，分析哪些是你喜欢且常用的支付方式，哪些是你不喜欢且不常用的支付方式，并说明原因。

二维码支付：_____

指纹支付：_____

人脸识别支付：_____

密码支付：_____

免密支付：_____

其他：_____

3.　个体责任与安全反思

随着信息技术的飞速发展，互联网已成为我们生活中不可或缺的一部分，它不仅极大地丰富了我们的知识获取途径，拓宽了我们的社交边界，还深刻改变了我们的学习方式、工作模式乃至思维方式。然而，这个与我们不可分割的信息网络中，却潜藏着诸多安全威胁与挑战。我们每个人都是网络空间的一分子，请你思考，作为个人，你应该以怎样的行动来维护网络空间的和谐与秩序，做网络与信息安全的守护者。

_____

_____

_____

_____

第七章

交通安全

　　交通安全即人们按照交通法规的规定安全地在道路上进行活动，避免发生人员伤亡或财产损失。交通安全是人们在日常出行中不可忽视的生命之盾。在快节奏的现代生活中，城市化发展加快，交通工具数量增加，交通安全的重要性愈发凸显，它不仅关乎个人安危，更直接影响家庭幸福和社会稳定。大学生是具有新知识、高素质的青年群体，不仅要在学业上追求卓越，更要在日常生活中树立安全意识、遵守交通法规，在保护自身安全与健康的同时，以个人行动影响和带动他人，共同营造一个安全、有序、和谐的交通环境。

　　本章将针对交通安全的相关问题进行探讨。通过对本章的学习，大学生可以增强交通安全意识，掌握交通安全常识与交通事故应急处理办法，培养良好的交通安全习惯，在保障自身安全的同时，也能成为校园、社区交通安全的宣传者和守护者。

学习目标

　　1. 认识交通事故的危害性，识别交通标志，学习交通规则。

　　2. 掌握安全出行的方法，掌握交通安全常识。

　　3. 培养交通事故应急处理能力，能够在紧急情况下迅速做出正确反应，减少人员伤亡和财产损失。

👁 **引导案例**　　　　　　　　**共享电动车下坡失控致重伤**

　　一天下午，小刘扫码解锁了一辆共享电动车，搭载着同学小王返回宿舍，当时二人都没戴头盔。在骑行至一处下坡路段时，由于路上没有行人，小刘不等骑行到人行横道，就直接快速穿过马路，谁料转角处突然出现一辆右转车辆。为了躲避该车辆，小刘紧急握住了刹车闸，但电动车并未如预期般迅速停下，而是继续保持一定速度前行，两人与车辆一同失控摔倒。事故中，小刘的手部和腿部擦伤，而小王则因头部直接撞击地面，伤势极为严重，被救护车送往医院抢救。

　　交通事故是危害人们人身财产安全的主要事故之一，每一起交通事故的发生都是对生命的严重损害，对家庭和社会的沉重打击。然而在这样的威胁下，仍有一些人因交通安全意识淡薄而面临着交通事故的严重威胁。在平时的生活中，大学生一定要重视交通安全，学习和积累交通安全常识，自觉遵守交通规则，无论在校园内还是校园外出行，都要做到"眼观六路，耳听八方"，时刻注意来往车辆和行人，及时避让来往车辆，学会保护自己和他人的人身安全。

第一节　增强交通安全意识

慕课视频

随着社会经济的发展，交通网络日益完善与发达。诚然，交通的便捷性极大地丰富了人们的生活体验，然而，车辆数量的急剧增长也加重了交通管理的负担，使得人们在享受出行便利之时，不得不面对日益凸显的交通安全隐患。因此，提升人们的交通安全意识成为预防交通事故、筑牢交通安全防线的关键举措。

一、认识交通事故的危害性

交通事故是指车辆（包括机动车和非机动车）在道路上行驶的途中因过错或者意外造成的人员伤亡或者财产损失的事件。可以说，交通事故频繁发生所带来的人员伤亡和财产损失不亚于地震、洪水、火灾等灾难带来的损失。具体而言，交通事故的危害体现在以下几方面。

1. 对肇事者的危害

驾驶人因违反道路交通安全法律法规而造成交通事故，将面临三大责任：行政责任、民事责任、刑事责任。

● **行政责任**。驾驶人违反道路交通安全规定，将面临警告、罚款、拘留等行政处罚。

● **民事责任**。驾驶人造成交通事故，其违法行为与事故的发生构成因果关系的，对于损害后果要承担相应的民事赔偿责任。

● **刑事责任**。《中华人民共和国刑法》第一百三十三条规定：违反交通运输管理法规，因而发生重大事故，致人重伤、死亡或者使公私财产遭受重大损失的，处三年以下有期徒刑或者拘役；交通运输肇事后逃逸或者有其他特别恶劣情节的，处三年以上七年以下有期徒刑；因逃逸致人死亡的，处七年以上有期徒刑。

2. 对受害者的危害

交通事故有可能使人受伤、残疾，甚至死亡，无论哪一种危害结果，对受害人及其家庭来说都是一种沉重的打击。

● **对致伤人员及其家庭的危害**。交通事故使人受伤后，可能会打乱伤者正常的生活秩序，使其在医治过程中，丧失学习、工作的机会，或延误升学、就业、升职等，可能还会分散伤者家人的精力和时间。最终赔偿也只是对伤者直接损失的补偿，无法弥补其他方面的间接危害，如心理上的伤害等。

● **对致残人员及其家庭的危害**。交通事故致人残疾后，身体上的伤害使其丧失生活、工作能力，个人的职业生涯、美好前景受阻；精神上的伤害使其承受巨大的精神压力，变得郁郁寡欢，甚至可能患上严重的抑郁症。同时，交通事故也给致残人员的家人带来打击与痛苦，使其家庭医疗费用支出增加、家庭日常开支增加，甚至失去劳动力或经济收入来源等。

● **对死亡人员及其家庭的危害。**交通事故致人死亡后，受害人的家庭变得残缺不全，甚至可能失去劳动力或经济收入来源等。而且，交通事故会带给死亡人员的家人无法估量的痛苦、难以愈合的创伤、难以走出的阴影，这有可能影响或改变他们的未来。

3. 对社会的危害

交通事故的发生会破坏交通秩序，导致交通拥堵和通行不畅，这不仅影响了人们的出行效率，还可能引发更多的交通事故。特别是在一些交通繁忙的路段和时段，一起交通事故就可能引发连锁反应，造成更严重的后果。

交通事故往往会导致道路、车辆以及其他公共设施的损坏，如道路、桥梁、交通标志等基础设施的破坏。这些损坏不仅会给当事人带来直接的经济损失，还增加了公共设施维修和重建的成本，对公共交通造成不便。

此外，交通事故的处理需要消耗大量的社会资源。警方、医疗机构、消防部门等需要投入人力、物力进行救援和处理。事故调查、医疗救治、法律诉讼等后续工作也会消耗大量的时间和金钱，造成社会资源的浪费。

总之，交通事故无论是造成人员伤亡还是财产损失，都会对社会资源造成浪费。如果没有发生交通事故，这些在事故中伤亡的人员和损失的财产就可以继续为社会发挥效益。

素养课堂

交通事故是威胁大学生生命安全的隐形杀手，其危害是巨大的。如今，高校与社会之间的联系越来越密切，校园中常有车辆出入，大学生也常在校园内骑自行车、电动车等，校园内人流量和车流量增加，上下课期间容易出现人车混杂、人车争道的现象。这无疑给大学校园的交通管理带来更大压力，因此，大学生更应该自觉遵守交通规则，养成良好的交通安全习惯，做"文明交通，安全出行"的参与者和提倡者等。

二、识别交通标志

交通标志又称道路标志、道路交通标志，是用文字、符号或图形向机动车、非机动车及行人传递引导、限制、警告或指示信息的道路设施。设置交通标志是实施交通管理、保证道路交通安全与顺畅的重要措施。大学生只有学会识别交通标志，才能更好地遵守交通规则，避免违规或发生意外，保证出行安全。交通标志主要有指示标志、警告标志、禁令标志和指路标志等。

1. 指示标志

指示标志通常为圆形或矩形的蓝底白色图案，用于指示车辆和行人按规定方向、地点行驶。图7-1所示为部分常见的指示标志及其说明。

直行	向左转弯	向右转弯	直行和向左转弯
直行和向右转弯	向左和向右转弯	允许掉头	靠左侧道路行驶
靠右侧道路行驶	立交直行和左转弯行驶	立交直行和右转弯行驶	环岛行驶
单行路（直行）	单行路（向右）	非机动车行驶	机动车行驶
人行横道	步行	最低限速	鸣喇叭
路口优先通行	会车先行	直行车道	左转车道
右转车道	直行和左转合用车道	直行和右转合用车道	掉头车道

图7-1　部分常见的指示标志及其说明

课堂活动　　　　　　　　**发现常见的指示标志**

你经常在什么地方看到指示标志？你认为指示标志有哪些作用？在道路上观察指示标志，辨识其作用，并观察车辆是否按照指示标志通行。

2. 警告标志

警告标志通常为等边三角形的黄底黑边黑色图案，用于警告车辆驾驶人、行人前方有危险。图 7-2 所示为部分常见的警告标志及其说明。

反向弯路1	反向弯路2	连续弯路	上陡坡
下陡坡	连续下坡	左侧变窄	右侧变窄
两侧变窄	窄桥	易滑	注意保持车距
双向交通	注意潮汐车道	注意行人	注意儿童
注意残疾人	注意牲畜	注意野生动物	注意信号灯
注意横风	村庄	右边注意落石	左边注意落石

图7-2　部分常见的警告标志及其说明

📝 | 课堂活动　　　　　　　　　　**发现常见的警告标志**

　　观察学校、社区、高速公路、城市道路中的警告标志，分辨其分别代表什么意思。在有警告标志出现的地方，你会产生警惕心理吗?

3. 禁令标志

禁令标志通常为圆形、等边三角形或八角形的白底红边或红斜杠黑色图案，是根据街道、公路和交通情况对车辆加以禁止或限制的标志。图7-3所示为部分常见的禁令标志及其说明。

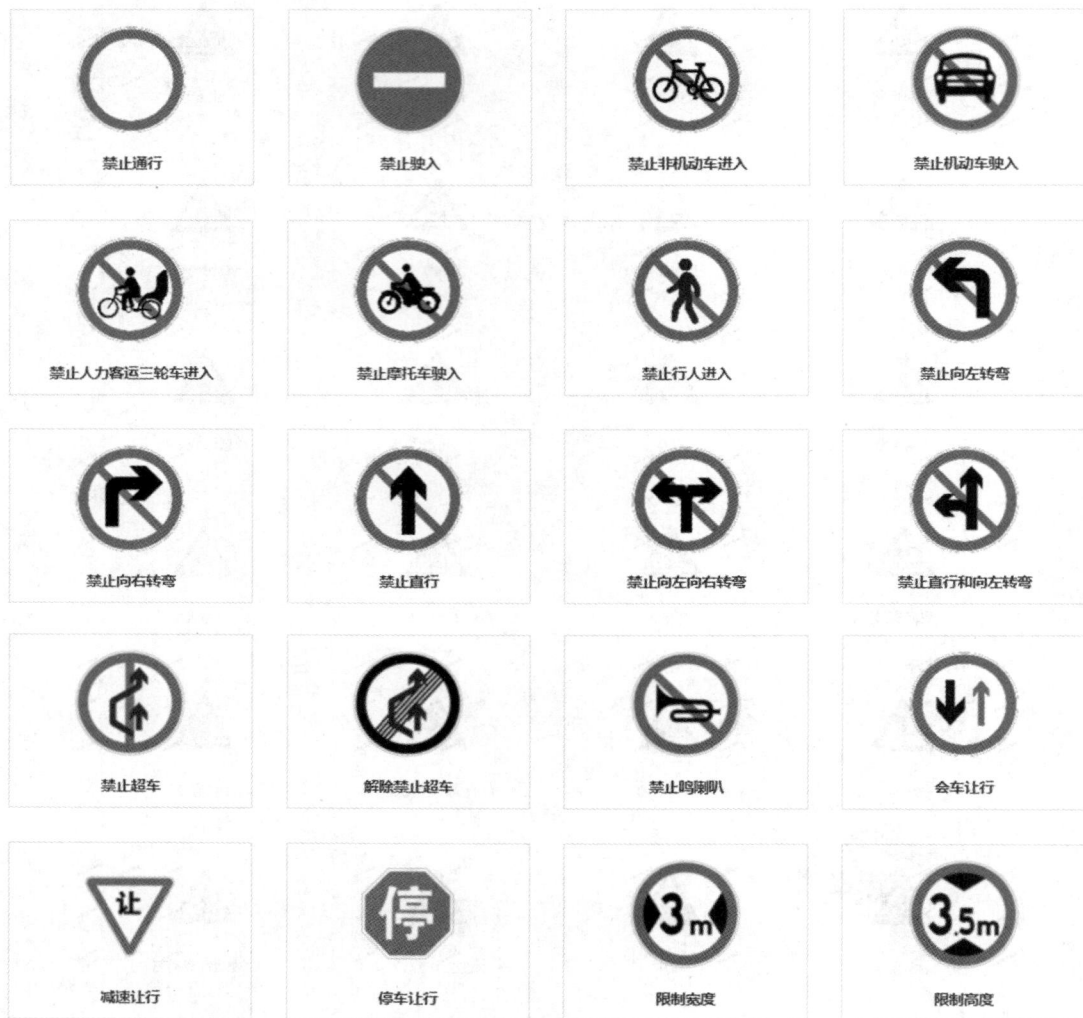

禁止通行	禁止驶入	禁止非机动车进入	禁止机动车驶入
禁止人力客运三轮车进入	禁止摩托车驶入	禁止行人进入	禁止向左转弯
禁止向右转弯	禁止直行	禁止向左向右转弯	禁止直行和向左转弯
禁止超车	解除禁止超车	禁止鸣喇叭	会车让行
减速让行	停车让行	限制宽度	限制高度

图7-3   部分常见的禁令标志及其说明

4. 指路标志

指路标志通常为矩形的蓝（绿）底白字和白色图案，用于指示市镇村的境界，目的地的方向、距离，以及高速公路的出入口、服务区和著名地点所在等，并沿途进行各种导向。图7-4所示为部分常见的指路标志及其说明。

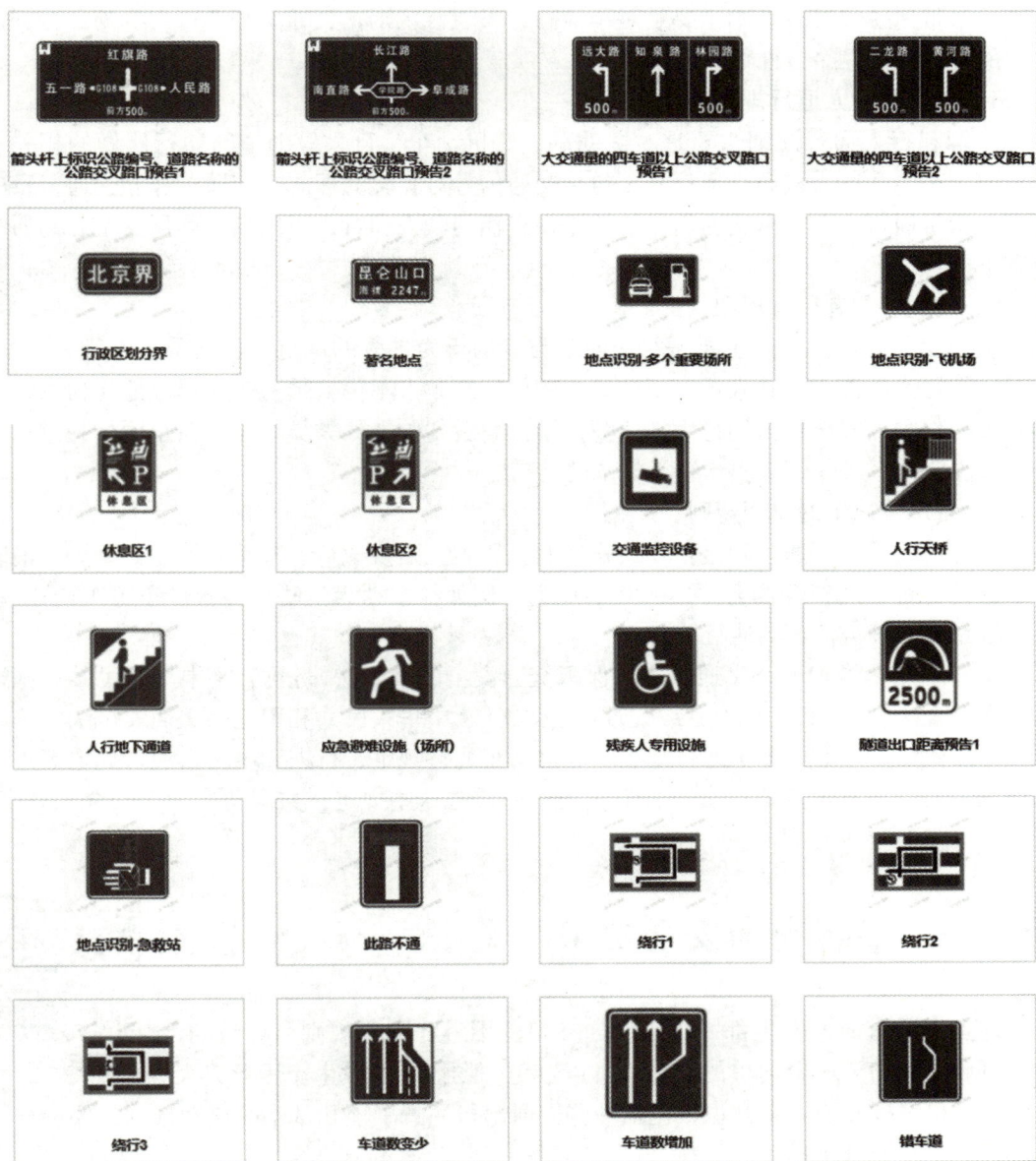

图7-4　部分常见的指路标志及其说明

三、遵守交通规则

交通规则是为了维护道路交通秩序，保障道路交通安全和畅通，保护公民、法人和其他组织的合法权益而制定的规则。交通规则详细规定了道路交通参与者（包括车辆驾驶人、行人、乘车人以及与道路交通活动有关的单位和个人）在道路交通中应当遵循的行为准则。通常来说，交通规则主要是对车辆和行人通行规则、交通参与者行为规则、特殊情况下的交通规则几个方面做出的规定。

1. 车辆和行人通行规则

车辆和行人通行规则主要是对机动车、非机动车、行人等的道路通行所做的相关规定，要求车辆和行人按照交通信号（包括交通信号灯、交通标志、交通标线和交通警察的指挥）指示通行。在没有交通信号的道路，车辆驾驶人和行人也应当在确保安全、畅通的原则下通行。

2. 交通参与者行为规则

交通参与者行为规则主要是对交通参与者的行为进行的规范，包括乘车人行为规范、行人过街行为规范、驾驶人行为规范等。例如，乘车人不得携带易燃易爆等危险物品、不得有影响驾驶人安全驾驶的行为，驾驶人不得酒后驾驶，驾驶员及乘客在车辆行驶过程中应系好安全带，等等，都属于行为规范的范畴。

3. 特殊情况下的交通规则

特殊情况下的交通规则是指在铁路口通行、施工路段通行、特殊车辆（如警车、消防车、救护车等）通行等场合下应遵守的规则。例如，主动为消防车、救护车等车辆让道，不可故意阻碍该类车辆的通行。

交通规则是维护道路交通秩序、保障交通安全的重要法律依据，《中华人民共和国道路交通安全法》（以下简称《道路交通安全法》）、《中华人民共和国道路交通安全法实施条例》等法律法规中对机动车通行规定、非机动车通行规定、行人和乘车人通行规定等进行了详细说明。所有道路交通参与者都应当严格遵守这些规定，共同营造一个安全、有序、高效的道路交通环境。

第二节　掌握交通安全常识

许多交通事故的发生都是由于交通参与者不遵守交通规则所导致的，很多时候，只需要一个简单的行为就可以避免一场惨剧的发生。因此，大学生一定要掌握交通安全常识，包括一些交通出行注意事项和基本的交通规则，保护自己与他人的出行安全。

慕课视频

一、步行出行安全

步行是人们基本的出行方式，大学生从住所到教室，从校内到校外，都要重视步行出行安全，注意周围存在的风险因素，及时规避风险。

1. 步行安全常识

大学生应掌握步行出行的安全知识，养成良好的步行出行习惯。

● 步行时要走人行道，在没有人行道的地方要靠右侧行走，避免靠近路中央，不要在车行道上行走或停留。

● 步行时要集中注意力，不要嬉戏打闹，不要东张西望，切记不能在车流量大的地方一边走路一边看书、看报、听音乐、玩手机等；也不要为了方便而翻越路边的护栏或其他隔离设施；更不能实施扒车、拦车、追车、抛物击车等妨碍道路交通安全的行为。

● 横过马路时，要走地下通道、过街天桥或人行横道。在不设地下通道、过街天桥或人行横道的区域（没有交通信号灯），要"一慢二看三通过"：一是要慢下来，注意倾听有无车辆驶近的声音；二是观察近处是否有车辆驶来，若有车辆驶来，要注意辨别来车的速度和方向，如果车速很快，即使相隔较远距离，也宁可让来车先过；三是要快速直行横过，不能斜穿道路或者猛跑，也不能在道路上随意慢行，更不能停下来做系鞋带、捡东西之类的举动。

● 横过马路时，若走设有交通信号灯的人行横道，在绿灯亮时方可通行，红灯亮时禁止通行；若走没有交通信号灯的人行横道，则要注意行驶中的车辆，不要在车辆临近时抢行，要确认安全后再通过，切不能打闹、猛跑。

● 横过马路时，当马路对面有熟人呼唤，或者自己要乘坐的交通工具已经进站时，不能不顾左右来车贸然猛跑，以免发生意外。

● 在道路上不得使用滑板、旱冰鞋、暴走鞋与飞轮鞋等滑行工具。

● 在雨雪天和雾霾天，要放慢行走速度，以便更好地观察周围的交通情况，可以穿着色彩鲜艳的衣服，以便司机尽早发现。路面有雪或结冰时，步幅要放小，防止滑倒后摔伤。

● 夜间走路时要格外小心，一要观察路面情况，防止跌倒至路旁的沟里或施工处的土坑里等；二要观察周围有无车辆往来。

● 结伴出行时，不能在道路上追逐打闹，应注意观察周围的交通情况；集体出行时，应有秩序地列队行走，防止发生意外。

?｜ 课堂活动　　　　　　　　**关于不安全的交通行为的反思**

　　某大学学生丁某，双休日与几个同学逛街。街上车辆川流不息，行人熙熙攘攘，不一会儿丁某就掉了队。正当他着急四处张望时，同学在马路对面大声叫丁某的名字，他就朝马路对面跑过去，此时一辆汽车飞驰而来，将其撞倒。
　　（1）在上述案例中，你认为丁某和丁某的同学存在哪些不安全的交通行为。
　　（2）反思自己是否做出过不安全的交通行为，记录下来并改正。

2. 避免不良心理

多数大学生都有良好的步行出行习惯，能够遵守交通规则，少数大学生在步行时会因为侥幸心理、从众心理和盲目信任等不良心理而做出不安全的行为。如果大学生出现这些不良心理，必须引起重视，并努力克服。

● **侥幸心理**。一些大学生因实施闯红灯、随意横穿道路等违规行为而未发生事故就心存侥幸，不顾交通规则和安全风险，这样做存在极大的隐患，因为交通事故的发生往往就在一瞬间，所以大学生不能存有侥幸心理。

● **从众心理**。一些大学生存在从众心理，若看到周围有人在过街时抄近路穿行或闯红灯未受到约束和发生事故，就跟着一起做违反交通规则的行为，这样极易造成交通秩序的混乱，影响道路交通安全。

● **盲目信任**。《道路交通安全法》中有"礼让行人"的规定。因此，一些大学生在横过没有交通信号灯的人行横道时，认为自己作为交通参与者中的弱势者，车辆必须对其进行避让，在面对疾驰而来的车辆时选择视而不见。这样的行为存在较大的安全隐患，因为如果司机在这个路段放松警惕、未注意行车环境，或行车操作失误，就可能导致交通事故的发生。

二、非机动车出行安全

非机动车是指以人力或者畜力驱动，上道路行驶的交通工具，以及虽有动力装置驱动但设计最高时速、空车质量、外形尺寸符合有关国家标准的残疾人机动轮椅车、电动自行车等交通工具。目前大学生所使用的非机动车主要是自行车和电动自行车，大学生在使用这类非机动车出行时要注意出行安全。

1. 自行车骑行安全

自行车是大学生学习和生活中的重要代步工具，大学生应掌握一定的自行车骑行的安全常识，以保证自己和他人的安全。

● 要随时查看刹车、车铃、车胎、链条是否完好。

● 要在非机动车道上靠右行驶，不逆行，不闯红灯；要听从交警指挥，服从管理。

● 要在转弯处提前减速，看清四周情况，伸手示意后再转弯。

● 要在交叉路口减速慢行，注意来往的行人和车辆。

● 超越前车时，不要靠得太近，也不能妨碍被超车辆的行驶。

● 横过机动车道时，须下车推行。有人行横道时，应当从人行横道通过；没有人行横道或其他过街设施时，要在确认安全后径直通过。

● 刹车失效时，要下车推行，不要突然停车；下车前须伸手上下摆动示意，不得妨碍后面车辆的行驶。

● 不得在禁行道路、人行道或机动车道内骑车。

● 不得在骑车时戴耳机听音乐，要集中精力、专心骑车。

● 不得在骑车时手中持物、双手离开车把，或多人并骑、互相攀扶、互相追逐打闹。

● 不得在骑车时牵引车辆或被其他车辆牵引。

● 不得酒后骑车，不得擅自加装动力装置。

● 雨雪天骑车时，更要集中精力，减慢骑行速度，不要猛捏刹车，不要急转弯，应与前面的行人、车辆保持较远距离；要穿雨衣、雨披，不能一手持伞、一手扶着车把骑行。

📝 **课堂活动**　　　　　　　　　　**骑"飞车"的安全隐患**

　　某校学生张某因熬夜晚起，一觉醒来已快到上课时间，他洗漱后匆匆下楼，骑上自行车飞快地朝教室冲去。当他骑到一个下坡且需向右转弯的路段时，仍旧没有降低车速。自行车在较快的速度下右转，瞬间失去了平衡，张某连人带车摔倒，右胳膊骨折。

　　（1）你是否也因赶时间有过不安全的交通行为？

　　（2）因为赶时间而出现不安全交通行为的现象在社会上也十分普遍，你如何看待这种现象？你如何规避这种风险？

2. 电动自行车骑行安全

　　根据2019年4月15日实施的国家标准《电动自行车安全技术规范》（GB 17761—2018），电动自行车是指以车载蓄电池作为辅助能源，具有脚踏骑行能力，能实现电助动或/和电驱动功能的两轮自行车。电动自行车应当符合下列要求：具有脚踏骑行能力；具有电驱动或/和电助动功能；电驱动行驶时，最高设计车速不超过25km/h；电助动行驶时，车速超过25km/h，电动机不得提供动力输出；装配完整的电动自行车的整车质量小于或等于55 kg；蓄电池标称电压小于或等于48V；电动机额定连续输出功率小于或等于400W。大学生要购买和使用正规出厂的电动自行车，驾驶电动自行车需要登记上牌，上牌标准可能根据不同地区的规定而有所差异，具体以当地相关部门的公告为准。

　　大学生在驾驶电动自行车出行时，应注意以下安全事项。

　　● **佩戴安全头盔**。电动自行车的防护措施少，且稳定性差。一旦发生交通事故，人会直接接触地面，而往往最先着地的便是头部。头部是人体最为脆弱的部位，只要受到碰撞，很容易造成颅脑损伤，而骑车时佩戴安全头盔能在发生交通事故时最大限度地保护驾驶人，将伤害降到最低。

　　● **不违规载人**。因非机动车自身的平衡系数较低，若是超员超载、违反规定载人，更易出现制动不良、车身失衡等现象，很容易发生交通事故。一旦发生交通事故，就会增加死伤的概率。

　　● **不抢占机动车道**。电动自行车应在非机动车道内行驶；在没有非机动车道的道路上，应当靠车行道的右侧行驶。切记不能抢占机动车道，在机动车道上行驶是非常危险的行为。

　　● **不分心驾驶**。驾驶电动自行车时要时刻保持精力集中，驾驶时不得操作移动电话等各种手持电子设备。

　　● **按交通信号灯通行**。驾驶电动自行车时要严格按照交通信号灯通行，听从交通警察的指示。

　　● **不逆行**。驾驶电动自行车时不要逆行，逆行容易给正常通行的车辆和行人以及自己带来安全隐患。

　　● **横过机动车道时下车推行**。驾驶电动自行车在路段上横过机动车道时应当下车推行，因为绿灯亮时，斑马线上的行人和电动自行车、自行车等是一起通行的，如果不下车推行，容易在拥挤的人流、车流中增加事故风险。

● **远离路口大货车**。驾驶电动自行车在道路上行驶时，应和大货车保持足够的安全距离，不要与转弯的大货车同时进入路口。因为大货车的驾驶员有视野盲区，与大货车并行存在极大的安全隐患。

● **不加装违规设备**。驾驶电动自行车不加装超标蓄电池和遮阳棚（伞）等违规设备。蓄电池质量不合格、加装不合规极易引发火灾事故；遮阳棚（伞）虽然能为骑车人遮阳避雨，但也会遮挡骑车人的视线，不利于观察路况，易与行人或其他车辆发生剐蹭，并且一旦遇到大风或其他恶劣天气，受遮阳棚（伞）的影响，电动自行车易失去平衡而发生侧翻。

三、机动车出行安全

机动车是指以动力装置驱动或者牵引，上道路行驶的供人员乘用或者用于运送物品以及进行工程专项作业的轮式车辆。大学生所使用的机动车主要是电动摩托车、摩托车和小汽车。大学生在驾驶电动摩托车、摩托车、小汽车出行时要注意出行安全。

1. 电动摩托车、摩托车驾驶安全

与电动自行车相比，电动摩托车和摩托车可以达到更快的速度。电动摩托车和摩托车都属于机动车，不仅需要悬挂机动车号牌，驾驶人还需要考取相关的驾驶证，并定期参加机动车年审，购买保险后才能上路行驶；否则就是无证驾驶机动车，若发生交通事故就要承担全部或主要责任。

与驾驶电动自行车一样，大学生在驾驶电动摩托车或摩托车出行时应佩戴头盔、不违规载人、按信号灯通行、不分心驾驶、不逆行、远离大货车、不加装遮阳棚（伞）等违规设备，此外，还要重点注意以下安全事项。

● **严禁超速行驶，不随意变更车道**。驾驶电动摩托车或摩托车在道路上行驶，不得超过限速标志标明的最高速度；不要在车流中来回穿插变道。机动车、非机动车、行人实行分道通行，没有划分机动车道、非机动车道和人行道的，机动车在道路中间通行，非机动车和行人在道路两侧通行。另外，《道路交通安全法》第六十七条规定，行人、非机动车、拖拉机、轮式专用机械车、铰接式客车、全挂拖斗车以及其他设计最高时速低于七十公里的机动车，不得进入高速公路。是否可进入高速公路，须依据电动摩托车或摩托车的最高时速判断。

● **严禁酒后驾驶**。《道路交通安全法》明确规定饮酒不得驾驶机动车。酒后驾驶机动车存在触觉能力降低、判断能力降低、操作能力降低、视觉障碍和驾驶心理变化等一系列影响安全驾驶的问题，风险极高，很容易引发交通事故。

● **不疲劳驾驶**。疲劳是由于体力和脑力劳动使人生理机能和心理机能失调而引起的。驾驶员出现疲劳后，注意力容易分散，甚至打瞌睡，无法接收、处理外界信息，可能出现操作失误或完全失去驾驶能力等问题。根据《中华人民共和国道路交通安全法实施条例》的规定，不得连续驾驶机动车超过4小时未停车休息或者停车休息时间少于20分钟。

酒后驾驶处罚规定

　　《道路交通安全法》第九十一条规定："饮酒后驾驶机动车的，处暂扣六个月机动车驾驶证，并处一千元以上二千元以下罚款。因饮酒后驾驶机动车被处罚，再次饮酒后驾驶机动车的，处十日以下拘留，并处一千元以上二千元以下罚款，吊销机动车驾驶证。醉酒驾驶机动车的，由公安机关交通管理部门约束至酒醒，吊销机动车驾驶证，依法追究刑事责任；五年内不得重新取得机动车驾驶证。饮酒后驾驶营运机动车的，处十五日拘留，并处五千元罚款，吊销机动车驾驶证，五年内不得重新取得机动车驾驶证。醉酒驾驶营运机动车的，由公安机关交通管理部门约束至酒醒，吊销机动车驾驶证，依法追究刑事责任；十年内不得重新取得机动车驾驶证，重新取得机动车驾驶证后，不得驾驶营运机动车。饮酒或者醉酒驾驶机动车发生重大交通事故，构成犯罪的，依法追究刑事责任，并由公安机关交通管理部门吊销机动车驾驶证，终生不得重新取得机动车驾驶证。"

● 不"斗气"驾驶。不"斗气"驾驶主要是指不带着愤怒情绪驾驶电动摩托车或摩托车。带着愤怒情绪驾驶电动摩托车或摩托车，容易使人失去理智，做出不安全的、违规的行为，如闯红灯、强行变更车道、强行超车、违法抢行、不按规定让行等，这些行为极易引致交通事故。

● 不急躁驾驶。不急躁驾驶是指在驾驶电动摩托车或摩托车时，保持情绪的稳定和平和，即使在等红灯或者路况拥堵的时候，也不要因不耐烦做出不安全、违规的行为，如闯红灯、强行变更车道、强行超车、违法抢行、不按规定让行等，以免引致交通事故。

交通责任讨论与反思

　　某校学生周某骑电动自行车，沿309国道机动车道由东向西行驶至某交叉路口时，与沿309国道由东向西行驶至该交叉路口左转弯的宁某驾驶的小汽车相撞，造成周某、宁某受伤，两车受损。经判定，当事人周某违反了《道路交通安全法》第五十七条"驾驶非机动车在道路上行驶应当遵守有关交通安全的规定。非机动车应当在非机动车道内行驶；在没有非机动车道的道路上，应当靠车行道的右侧行驶。"的规定；当事人宁某违反了《道路交通安全法》第二十二条第一款"机动车驾驶人应当遵守道路交通安全法律、法规的规定，按照操作规范安全驾驶、文明驾驶。"的规定。当事人周某承担此次事故的主要责任；当事人宁某承担此次事故的次要责任。

　　案例中，小汽车驾驶员宁某因未"安全驾驶、文明驾驶"而承担此次事故的次要责任。你认为什么是"安全驾驶""文明驾驶"，这对交通安全环境的营造有何意义？

● **礼让行人**。《道路交通安全法》第四十七条规定："机动车行经人行横道时，应当减速行驶；遇行人正在通过人行横道，应当停车让行。机动车行经没有交通信号的道路时，遇行人横过道路，应当避让。"

● **特殊路段谨慎行驶**。行至下坡，弯多、弯急的山区道路，泥泞路，隧道等特殊路段需谨慎，应减速慢行防事故。

2. 小汽车驾驶安全

许多大学生在校期间已经考取了小汽车的驾驶执照，能够驾驶小汽车。大学生驾驶小汽车在道路上行驶时，应注意以下安全事项。

● 遵守交通规则和有关规定，驾驶小汽车时必须证照齐全。

● 随时检查小汽车的各种仪表、转向机构、制动器、灯光等是否灵敏有效。

● 要在启动小汽车前确认周围无障碍物或行人。行经人行横道时，应当减速行驶；遇行人正在通过人行横道时，应当停车让行。

● 严格区分车道的职能，分车道行驶，保证车流畅通。不要在主线车道上倒车、掉头、横穿。超车时，应估计好距离和双方车速。情况正常时，应鸣笛并打开左转向灯，从超车道超越前车。

● 严禁酒后开车、超速开车、在道路口或交叉路口上停车。

● 不分心开车、疲劳开车、急躁开车、"斗气"开车，不开有机械故障的车。

● 不要妨碍执行任务的消防、急救、公安、抢险等车辆的通行。

四、公共交通工具出行安全

大学生离校、返校、外出旅游、进行社会实践、寻找工作时，都可能乘坐长途或短途的公共交通工具。全国各地高校大学生因乘坐公共交通工具发生交通事故的情况时有发生，大学生必须掌握乘坐各种公共交通工具的安全常识，以保障生命财产安全。

1. 乘坐汽车的安全常识

大学生应掌握以下乘坐小汽车、公共汽车、长途客车等的安全常识。

● 不乘坐非法车辆，不乘坐超载车辆。

● 严禁携带易燃、易爆、有毒等危险品乘车。

● 不要在车行道上招停出租车、网约车。

● 车停稳后，先下后上，不要争抢。

● 乘车时，严禁妨碍驾驶员正常驾驶操作。

● 乘车时，不得将身体任何部位伸出窗外，以免被过往车辆剐伤；也不要向车外投掷杂物，以免伤及他人。

● 乘车时要坐稳扶好。没有座位时，应握紧扶手，稳定站立，以免车辆急刹时摔倒受伤。

知识拓展 **十大易引发道路交通事故行为**

不安全的交通行为是我国道路交通事故的重要诱因。无论是车辆驾驶员还是行人，都应该摒弃交通陋习，安全文明出行，维护自身与他人的人身财产安全。

（1）路口违反交通信号灯通行。机动车、非机动车以及行人闯红灯；机动车、非机动车闯黄灯；遇绿灯闪烁即将变灯时机动车加速抢行。

（2）在右转弯机动车盲区通行。机动车在右转弯过程中容易产生视觉盲区，特别是中大型机动车，其盲区较大，进入盲区的车辆（含非机动车）和行人易与之发生碰撞。

（3）机动车变更车道未让行。机动车在变更车道时，存在左后、右后视线盲区，不易观察到车道内正常行驶的车辆，不让行车辆容易与之发生碰撞。

（4）超速行驶。超速行驶会影响驾驶人对周围环境的判断能力和反应能力，影响车辆的操作稳定性，容易发生交通事故，且行驶速度越快，事故后果往往越严重。

（5）饮酒后驾驶、醉酒驾驶。饮酒后或者醉酒驾驶车辆（含非机动车），严重影响驾驶员的判断能力、协调能力、反应能力以及对车辆的操控能力，致其无法正确应对道路上出现的突发情况，极易引发交通事故。饮酒后或醉酒驾驶非机动车极易导致自翻或碰撞路边设施、物体而造成驾乘人员伤亡。

（6）高速公路低速行驶、匝道口突然减速变道行驶。在高速公路上特别是在夜间低速行驶时，会给后方车辆驾驶员造成视觉差距和误判，使后方车辆驾驶员无法正确判断安全行车距离，极易引发追尾事故；高速匝道口突然减速变道行驶，使高速行驶的后车驾驶员缺少采取紧急避让的时间和距离，容易导致事故发生。

（7）高速公路二次事故。发生交通事故时，人员逗留在行车道上，极易引发后来车辆二次碰撞而造成更严重的人员伤亡。

（8）疲劳驾驶、分心驾驶。疲劳驾驶易使驾驶员产生身体机能、心理机能的失调，出现驾驶技能下降、迟滞等问题；常见的分心驾驶行为有看风景、吃东西、打电话、看手机、操作导航、捡东西等情形，容易引发险情，导致事故。

（9）行人横过机动车道通行。在无道路中心隔离的道路上（含城市道路和公路），行人随意横穿道路；在有道路中心隔离的道路上，特别是快速环道等城市快速道路上，行人翻越隔离设施横穿道路。

（10）普通国、省道与县、乡村道路交叉路口未让行。在普通国、省道与县、乡村道路交叉路口，普通国、省道直行的车辆与从县、乡村道路驶出或转弯欲驶入县、乡村道路的二轮、三轮车辆以及横穿公路的行人之间互不让行，易导致事故。

2. 乘坐地铁的安全常识

地铁作为一种快捷的交通工具，给人们带来了很多便利。许多城市为了适应城市道路交通发展的需要，建立了地铁系统，以缓解地面交通拥堵的压力。地铁四通八达，运行速度快，运行平稳，已成为许多大学生生活中频繁乘坐的交通工具。因此，大学生有必要掌握乘坐地铁的安全常识。

● 严禁携带易燃、易爆等危险品进地铁站。

● 进出地铁站，乘坐自动扶梯时，不要拥挤，不要上下行走，要站稳扶牢；切勿将手提包或随身携带的重物放在扶手带上；如果穿着宽松的衣裙，则应当保证衣裙的边角、飘带远离梯级和扶梯侧挡板；踏上梯级和离开梯级时应注意安全。

● 地铁到站后，按箭头指示方向先下后上，注意地铁与站台之间的空隙，不要拥挤；切勿在屏蔽门灯和车门灯闪烁、关闭屏蔽门和车门的警铃鸣响时上下车；若有物品掉落至轨道，切勿自行捡取，可向地铁站工作人员寻求帮助。

● 地铁行驶中，要紧握扶手，不要凭空站立；提示到站时，不要倚靠车门；若要下地铁，则应提前行至靠近车门的位置，切勿在车门关闭时强行下车。

● 发生紧急情况时，要保持镇静，听从地铁站工作人员的指挥，同时要留意广播，迅速行动，快速离开地铁站。

3. 乘坐火车的安全常识

大学生因离校、返校或外出旅行等需要乘坐火车时，应掌握乘坐火车的安全常识。

● 严禁携带易燃、易爆等危险品上车。

● 要在站台一侧的安全线内候车，来车后须等车停稳再上车，先下后上；严禁通过攀爬车窗上下车；严禁在站台上打闹和跨越铁轨线路。

● 要在候车时及乘车途中时刻保持警醒，看管好自己的物品。

● 不要在车厢里来回穿行，也不要在车厢连接处逗留，以免在上下车或紧急刹车时被夹伤、挤伤。

● 不要在列车行进中把身体部位伸出车窗外，以免被沿线的信号设备等刮伤。

● 不要随意与陌生人搭话攀谈，要提防不怀好意的人，更不要食用陌生人的食物。

● 不能乱动车厢内的紧急制动阀和各种仪表，以免导致事故发生。

● 火车有时会紧急刹车，当有所察觉时，应充分利用有限时间，使自己身体处于较为安全的姿势，或抓住牢固的物体以防碰撞。

● 如果在路途中突发疾病或丢失财物等，应及时向乘务员或乘警反映，以免贻误时机。

● 如果处于危险环境，可用逃生锤或通过其他方式打破玻璃逃离车厢。

4. 乘船的安全常识

大学生因离校、返校或外出旅行等需要乘船时，应掌握乘船的安全常识。

● 不乘坐无证船只，不乘坐超载船只。

● 如遇浓雾、大风、大浪等恶劣天气，应尽量避免乘船。

● 严禁携带违禁品或易燃、易爆等危险物品上船。

● 严禁随意开关、挪动、搬用船上的广播系统、应急装置、消防救生等设备。

● 严格遵守船上的规章制度，绝不参观乘客止步区；严禁携带火种到处走动，须到指定的吸烟点吸烟；不在船头、甲板等地追逐打闹，以防落水。

● 妥善保管自己的物品，提高警惕，以防物品丢失、被盗。当发现作案分子或可疑人员时，应及时向乘警或乘务员报告、检举。

● 上下船时不得拥挤、争抢，要排队按次序上下船，以免造成挤伤、落水等事故。

● 发生紧急情况时，要保持镇静，听从船上工作人员的指挥，迅速行动。

5. 乘坐飞机的安全常识

大学生因离校、返校或外出旅行等需要乘坐飞机时，应掌握乘坐飞机的安全常识。

● 登机前携带本人有效证件及机票办理登机手续，接受安全检查，以确保所携带的物品符合规定，消除事故隐患。

● 登机后了解安全须知，了解飞机上和安全有关的设备及其注意事项。

● 登机后，从关舱门后到打开舱门前都禁止使用手机，以免影响导航系统，威胁飞行安全。

● 登机后，如果坐在出口座位，千万不要拉动紧急窗口；紧急撤离时如果窗外没有危险，则要迅速打开紧急窗口，协助其他乘客撤离。

● 登机后，在飞机起飞和着陆前根据提示系好安全带。

● 飞机在飞行过程中常受气流影响而产生颠簸，有些人可能会出现晕机现象，在登机前可服用防晕药，同时注意在飞机上减少活动。

● 飞机起飞和下降时要打开遮光板：一是为了观察窗外有无异常，若有异常可及时通知乘务员；二是发生紧急迫降后如果没能及时离机，可得到救援人员的及时救助。

● 飞机上禁止吸烟，否则容易引发火灾等重大事故。在飞机上吸烟的人违反了民用航空法，将受到罚款和拘留处理。

● 注意收听客舱广播：一是为了了解此次航班的航程和时间，以及途经的地区和山脉、河流等；二是为了接收安全提示，包括正常的安全检查，以及特殊情况和突发事件的应对。

第三节　交通事故应急处理

慕课视频

交通安全以预防交通事故为主，但若自己或同伴已发生交通事故，也不要慌张，尽量保持冷静，控制好情绪，避免发生激烈争执，同时在行动上应该根据现场情况灵活处理。

一、及时报案

发生交通事故时，如果发生死亡事故、伤人事故，或者发生财产损失事故且有下列情形之一，当事人应当保护现场并立即报警。

● 驾驶人无有效机动车驾驶证或者驾驶的机动车与驾驶证载明的准驾车型不符。

● 驾驶人有饮酒、服用国家管制的精神药品或者麻醉药品嫌疑。

● 驾驶人有从事校车业务或者旅客运输而严重超过额定乘员载客或者严重超过规定时速行驶嫌疑。

● 机动车无号牌或者使用伪造、变造的号牌。

● 当事人不能自行移动车辆。

- 一方当事人离开现场。
- 有证据证明事故由一方当事人故意造成。

发生交通事故后及时报案，不仅有利于交通事故的公正处理，而且可以避免与肇事者私了时造成的不必要伤害。同时，大学生由于社会阅历尚浅，除了及时拨打"122"交通事故报警电话报案，还应与学校及时取得联系，由学校出面协助处理相关事宜。

需要注意的是，发生交通事故后当事人未报警，事后又报警请求公安机关交通管理部门处理的，公安机关交通管理部门会予以报案记录，并在3日内做出是否接受案件的决定。经核查交通事故事实存在的，公安机关交通管理部门应当受理；但经核查无法证明道路交通事故事实存在的，或者不属于公安机关交通管理部门管辖的，不予受理。

二、保护现场

事故现场的勘查结论是相关部门划分事故责任的依据之一。对于未造成人员伤亡的财产损失事故，当事人在现场拍照或者标划事故车辆位置后，可先撤离现场再协商处理，以提高轻微事故现场撤离效率，防范由此导致的二次事故，当事人可以通过交管12123App等方式自行协商处理，节省事故处理和理赔时间；对于当事人报警的未造成人员伤亡的财产损失事故，交通警察、警务辅助人员可以通过电话、微信、短信等方式为当事人自行协商处理提供指导；对事实成因清楚、当事人无异议的伤人事故，按照平等自愿原则，经当事人各方申请可以快速处理，缩短事故处理的周期。

若属于其他情形，当事人应当从以下几个方面保护交通事故现场。

- 不移动现场的任何车辆、物品，并要劝阻围观群众进入现场。对于易消失的路面痕迹、散落物，可用塑料布等加以遮盖。
- 为抢救伤者而移动车辆时，应做好标记。
- 将伤者送到医院后，可以告知医务人员对伤者衣物上的各种痕迹，如轮胎花纹印痕、撕脱口等进行保护。
- 发生事故后，当事人要持续开启危险报警闪光灯，并在来车方向50米至100米处放置警示标志，高速公路应在150米以外放置警示标志，以免其他车辆再次撞上。
- 对于油箱破裂、燃油溢出的现象，当事人除及时告知警方及消防人员外，还要做好防范措施。需要注意的是，当燃油起火时，当事人不能用水灭火，而要用沙子覆盖的方式来灭火，否则极易造成火势扩散。

三、控制肇事者

为防止肇事者设法逃脱责任，当事人要做好控制肇事者的准备。如果肇事者想逃脱，一定要加以制止，自己不能制止的可以发动周围的人帮忙。如果实在无法制止肇事者逃脱，当事人应记住肇事车辆的车牌号码、车型、颜色等主要特征，以及肇事者的个人特征。

四、及时救治伤员

发生交通事故，造成人员受伤的，当事人应当立即抢救受伤人员，及时拨打"120"请求救助，并迅速告知执勤的交通警察或者公安机关交通管理部门。因抢救受伤人员而变动现场的，应当标明位置。这时要特别注意对现场伤者的处置，防止造成其他损伤。大学生可掌握一些简单的伤员救治常识，以便在救护车到达前为伤者争取宝贵的救治时间。

- 优先救助重伤者。
- 对于昏迷伤者，迅速解开其衣领，将其头部后仰，保证其呼吸道畅通，防止其窒息。对于呼吸、心脏骤停的伤者，应立即清理其上呼吸道，并对其进行心肺复苏。
- 协助运送脊柱、脊髓损伤的伤员时，务必谨慎、得当，避免其脊柱弯曲或扭转。

五、交通事故赔偿

车、物损失或人员轻伤的轻微交通事故发生后，如果责任明确且双方当事人自愿，当事人可采取现场拍照等方式取证，将车辆移至不妨碍交通的地点后，协商处理赔偿事宜。当事人自行协商达成协议后未履行的，可以向人民调解委员会申请调解或者向人民法院提起民事诉讼。

当事人不能自行协商处理的交通事故要依据法律规定进行处理。报警后，当事人要协助交通警察收集各种现场证据，填好交通事故认定书，根据事故责任划分相应的赔偿比例，由公安机关交通管理部门召集双方当事人进行调解。如果当事人对交通事故赔偿有争议，可请求公安机关交通管理部门协商调解，如协调未果，可向人民法院提起民事诉讼。

• 本章小结 ···

本章主要强调了交通安全的重要性，分别从识别交通标志、遵守交通规则等方面增强大学生的交通安全意识，从步行出行、非机动车出行、机动车出行、公共交通工具出行等方面强化大学生的交通安全常识，同时介绍了交通事故应急处理流程与办法。交通安全是日常生活中最基本也是最重要的安全需求之一，无论是日常出行、旅游，还是实习、兼职等，大学生都不可避免地需要参与交通活动，因而大学生一定要掌握交通规则、安全出行等交通安全知识，提高自身在交通环境中的自我保护能力，同时认识到自己在交通环境中的角色和责任，增强遵守交通规则的意识，为营造安全、有序的交通环境贡献自己的力量。

● 课后思考 ∘∘∘∘∘∘∘∘∘∘∘∘∘∘∘∘∘∘∘∘∘∘∘∘∘∘∘∘∘∘∘∘∘∘∘∘∘∘

1. 安全问题的自我审视

（1）列举在日常生活中，大学生可能遇到的主要交通安全风险（如过马路闯红灯、骑电动车不佩戴头盔、乘坐非法营运车辆等）。

上下学途中安全风险：＿＿＿＿＿＿＿＿＿＿＿＿＿＿＿＿＿＿＿＿＿＿＿

外出旅行安全风险：＿＿＿＿＿＿＿＿＿＿＿＿＿＿＿＿＿＿＿＿＿＿＿＿＿

参加校园活动安全风险：＿＿＿＿＿＿＿＿＿＿＿＿＿＿＿＿＿＿＿＿＿＿

（2）假设遭遇紧急情况（如车辆故障等）或交通事故，你会做出哪些反应，请列出至少3项应对措施。

车辆故障：＿＿＿＿＿＿＿＿＿＿＿＿＿＿＿＿＿＿＿＿＿＿＿＿＿＿＿＿＿

遇到交通事故但无人受伤：＿＿＿＿＿＿＿＿＿＿＿＿＿＿＿＿＿＿＿＿＿

个人在交通事故中受伤：＿＿＿＿＿＿＿＿＿＿＿＿＿＿＿＿＿＿＿＿＿＿

他人在交通事故中受伤：＿＿＿＿＿＿＿＿＿＿＿＿＿＿＿＿＿＿＿＿＿＿

2. 维护安全的实践行动

（1）记录自己的一周出行情况，包括出行方式、时间、路线及是否采取了安全措施（如佩戴头盔等）等，填入表7-1中，审视自己每次出行是否都遵循交通安全规则。

表7-1　安全出行记录表

日期	出行方式	时间	路线	安全措施	安全情况
周一					
周二					
周三					
周四					
周五					
周六					
周日					

（2）对学校周边及自己常走的交通路线进行实地考察，记录并分析其存在的安全隐患（如缺少斑马线或红绿灯、人车争道、占道等），针对这些安全隐患，思考个人应该如何保护自己的安全，并提出安全建议。

＿＿＿＿＿＿＿＿＿＿＿＿＿＿＿＿＿＿＿＿＿＿＿＿＿＿＿＿＿＿＿＿＿＿＿

＿＿＿＿＿＿＿＿＿＿＿＿＿＿＿＿＿＿＿＿＿＿＿＿＿＿＿＿＿＿＿＿＿＿＿

＿＿＿＿＿＿＿＿＿＿＿＿＿＿＿＿＿＿＿＿＿＿＿＿＿＿＿＿＿＿＿＿＿＿＿

＿＿＿＿＿＿＿＿＿＿＿＿＿＿＿＿＿＿＿＿＿＿＿＿＿＿＿＿＿＿＿＿＿＿＿

3. 个体责任与安全反思

　　交通安全责任意识是一种社会性的责任意识，维护交通安全环境需要全社会的共同努力和参与，只有每个人都积极行动起来，从自身做起，从小事做起，才能共同构建一个安全、有序、文明的交通环境，从而更好地保护所有人的人身财产安全。请思考：大学生应该如何积极影响他人，帮助改善他人的不文明出行方式，共同营造安全的交通环境？

_____

_____

_____

_____

第八章

消防安全

消防安全是指通过采取一系列预防和管理措施，以防止火灾的发生，减少火灾对人员、财产、环境的危害。消防安全是社会公共安全的重要组成部分，对于保障人民生命财产安全具有重要意义。每个人都要培养足够的消防安全意识和技能，以便在火灾发生时能够迅速、有序地进行扑救、自救和疏散，减少人员伤亡和财产损失。

本章将针对消防安全知识进行系统学习。通过本章的学习，大学生可以正确认识火灾的危害，提升自我保护能力和应急处理能力，增强社会责任感，为自己和他人的安全保驾护航。

学习目标

1. 了解消防安全基础知识，认识火灾，认识消防设施、器材与安全标志。
2. 认识校园消防安全问题，增强消防安全意识，做好校园火灾的预防。
3. 正确应对校园消防问题，能够及时、正确地实施火灾报警与救援。

👁 **引导案例**　　　　　**充电宝短路引起宿舍火灾**

某校一宿舍出现明火并伴有浓烟，房门锁闭无法开启。学校保卫部门接到消息后，迅速赶赴现场疏散各楼层学生，破开起火宿舍的房门展开灭火救援，20分钟左右扑灭火势。经现场勘查，此次火灾烧毁了笔记本电脑、台式电脑、电风扇、床铺等物品，财产损失1.5万余元，无人员伤亡。经调查，火灾发生的当天下午，该宿舍学生罗某将充电宝插到插座后就离开了宿舍，充电宝出现短路故障后自燃，又引燃床上易燃物品，引发了此次火灾。

火患猛于虎，火灾的发生严重威胁人们的生命财产安全。近几年，大学校园火灾时有发生，事后调查，许多大学校园火灾的起因都是部分学生消防安全意识淡薄，他们缺乏基本的消防安全知识。大学校园人员密集，火灾隐患潜伏，一旦发生火灾，将对师生、职工的人身财产安全构成严重威胁，因此保障校园消防安全，掌握消防安全基础知识非常重要。

第一节　消防安全基础知识

慕课视频

消防安全是构建安全生活环境、维护社会稳定与和谐不可或缺的一环，其核心是防火减灾。大学生应该深入认识火灾的本质及其潜在的威胁，系统地学习消防安全基础知识，包括火灾的定义、分类、成因、发展等，同时认识消防设施、器材与安全标志，增强消防安全意识和应对能力，营造一个安全、和谐的学习与生活环境。

一、火灾的分类与等级

火灾是指在时间或空间上失去控制的燃烧所造成的灾害。在各种灾害中，火灾是威胁公众安全和社会发展的主要灾害之一。

1. 火灾的分类

火灾根据可燃物的类型和燃烧特性，可分为 A、B、C、D、E、F 六大类。

● **A类火灾**。即固体物质火灾，如木材、干草、煤炭、棉、毛、麻、纸张等火灾。这类火灾物质通常具有有机物质的性质，在燃烧后一般能产生灼热的余烬。

● **B类火灾**。即液体或可熔化的固体物质火灾，如煤油、柴油、原油、甲醇、乙醇、沥青、石蜡、塑料等火灾。

● **C类火灾**。即气体火灾，如煤气、天然气、甲烷、乙烷、丙烷、氢气等火灾。

● **D类火灾**。即金属火灾，如钾、钠、镁、钛、锆、锂、铝镁合金等火灾。

● **E类火灾**。即带电火灾，物体带电燃烧的火灾。

● **F类火灾**。即烹饪器具内的烹饪物（如动植物油脂）火灾。

2. 火灾的等级

火灾分为特别重大火灾、重大火灾、较大火灾和一般火灾4个等级，等级标准如下。

● **特别重大火灾**。特别重大火灾是指造成30人以上死亡，或者100人以上重伤，或者1亿元以上直接经济损失的火灾。

● **重大火灾**。重大火灾是指造成10人以上30人以下死亡，或者50人以上100人以下重伤，或者5000万元以上1亿元以下直接经济损失的火灾。

● **较大火灾**。较大火灾是指造成3人以上10人以下死亡，或者10人以上50人以下重伤，或者1000万元以上5000万元以下直接经济损失的火灾。

● **一般火灾**。一般火灾是指造成3人以下死亡，或者10人以下重伤，或者1000万元以下直接经济损失的火灾。

二、火灾成因与发展过程

火灾的成因有很多，有人为因素，也有自然因素。自然因素引起的火灾多由雷电、静电或物质在特定条件下自燃引起，如雷电击中树木等易燃物，就容易引发山火。

人为因素是引发火灾的主要因素，其成因也多种多样。

● **用火管理不当引起火灾**。生产用火（如焊接、铸造、锻造和热处理等工艺）或生活用火中（如吸烟、使用炉灶等），对火源管理不善，从而引发火灾。

● **电气设备故障引起火灾**。因电气设备绝缘不良、设备安装不符合规程要求、设备超负荷运行、短路、接触不良等引发火灾。

● **违反安全操作规程引起火灾**。使设备超压超温、随意丢弃没有充分熄灭的烟头、个人私拉乱接电线、电器安装使用不当等引起火灾。

● **人为玩火引起火灾**。缺乏消防安全意识的成人或儿童，因好奇、娱乐等心理玩火，未正确处置火源，引发火灾；此外，还有人为纵火的情况，恶意纵火行为恶劣，后果严重，触犯刑法，纵火者需承担刑事责任。

火灾多为突发性事件，但火灾的发展一般都要经过一个火势由小到大、由弱到强，逐步发展的过程。通常可将其发展过程分为4个阶段，即火灾初起阶段、火灾蔓延阶段、火灾猛烈燃烧阶段和火灾衰减熄灭阶段。

● **火灾初起阶段**。在火灾初起阶段，燃烧是局部的，在火灾局部燃烧形成之后，可能会出现下列3种情况：一是随着最初着火的可燃物燃尽而终止燃烧；二是通风不足，火灾可能自行熄灭，或受到通风供氧条件的影响，以缓慢的燃烧速度继续燃烧；三是存在足够的可燃物，而且具有良好的通风条件，火灾迅速发展。在火灾初起阶段，火势一般不够稳定，燃烧现场平均温度不高，持续时间可能在 5 ~ 20分钟，此时是扑灭火灾的有利时机。

● **火灾蔓延阶段**。在火灾蔓延阶段，燃烧强度增大，燃烧温度升高，燃烧速度加快，燃烧面积扩大，需要一定灭火力量才能有效控制火势发展和扑灭火灾。

● **火灾猛烈燃烧阶段**。在火灾猛烈燃烧阶段，燃烧温度最高，燃烧物质分解出大量的燃烧产物，周围所有可燃物都被卷入火灾。在这一阶段中，火势最盛，扑灭困难，延续时间取决于可燃物的数量、通风条件和灭火工作。

● **火灾衰减熄灭阶段**。随着可燃物燃烧殆尽、燃烧氧气不足或者灭火措施起作用，火势开始衰减。随后，可燃物烧完、燃烧场地氧气不足或者灭火工作起效，火势最终熄灭。

火灾的大小取决于火灾危险性、火灾蔓延速度、建筑构件耐火极限和建筑物耐火等级，并与气象条件、消防设施等因素密切相关。

三、消防设施与器材

火灾是一种发生频率很高且危害极大的灾害。火灾一旦发生，就会对生命、财产、环境等造成严重威胁，特别是建筑物起火，更易危害人们的生命财产安全。建筑物中使用的很多可燃材料，在起火燃烧时不仅会产生高温高热，还会释放有害烟气，致人休克、死亡。通常来说，火势越大，其危害就越大，因而，大学生需要认识和了解常见的消防设施与器材，以便在火灾发生之初，能够谨慎、冷静地使用消防设施与器材对火灾进行初期扑救或自救，控制火势范围，降低火灾损失。

消防设施与器材是预防、报警、灭火及救援的重要工具和设备，每一种设施与器材都有不同的功能和作用，常见的消防设施与器材如下。

● **灭火器**。干粉灭火器（如图8-1所示）是家庭和公共场所比较常见的灭火器材，体积小、易携带、易操作，主要用于扑救初起阶段的火灾，可迅速扑灭小型火源。

● **灭火毯**。灭火毯（如图8-2所示）可用于扑灭微小型火源，也可用于暂时隔绝火源。在火灾初起阶段，可以用灭火毯铺盖着火点，达到隔氧灭火的目的；也可以用灭火毯裹于全身，穿越火场逃生。

● **消火栓与消防水带**。消火栓（如图8-3所示）是固定的供水设施，消防水带则用于连接消火栓和灭火器，为灭火提供水源，两者通常结合使用。

● **防火门和防火卷帘门**。防火门（如图8-4所示）和防火卷帘门（如图8-5所示）是防火分隔设施。在火灾发生时，我们通过关闭防火门或降下防火卷帘门可以有效分隔火势，防止火势蔓延。

● **报警器**。报警器即火灾报警设备，分为自动报警器和手动报警器两种类型。自动报警器如感温、感烟探测器，可以自动检测火灾情况并发出警报，提醒人员疏散。手动报警器如手动火灾报警按钮（如图8-6所示），当火灾发生时，我们按下该按钮，即可报警。

● **防烟呼吸器**。防烟呼吸器（如图8-7所示）是一种用于火场逃生的器材。当发生火灾时，正确佩戴防烟呼吸器，可以避免吸入火场中由于各种材料燃烧而产生的有害气体和烟气，极大地提高安全逃离火场的概率。

此外，在商场、图书馆、工厂等地方，还会安装一些自动灭火设施、排烟设施等。自动灭火设施在检测到温度、烟雾浓度达到一定指标后，即会自动喷水、喷气体等，以扑灭火源，减少损失。排烟设施则可以在火灾发生时，通过送风系统提供新鲜空气，同时排除有害烟雾，为人员疏散和灭火创造有利条件。

图8-1　干粉灭火器　　　　图8-2　灭火毯　　　　图8-3　室外消火栓

图8-4　防火门　　图8-5　防火卷帘门　　图8-6　手动火灾报警按钮　　图8-7　防烟呼吸器

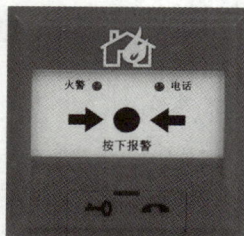

📝 课堂活动　　　　　　　　　　**分析生活中的常见火灾**

在生活中，你是否见过火灾的发生？请描述该火灾的成因、处理过程，并针对这类火灾提出预防策略。

火灾成因：如某住户在烤火炉上方烘烤毛巾，引发火灾。

火灾处理过程：如火灾处于蔓延阶段，由消防人员扑灭。

预防策略：如不在类似电器上烘烤易燃物或其他物品，人离开后即刻关闭电器。

四、消防安全标志

消防安全标志是用于表明消防设施特征的符号，一旦发生火灾，这些消防安全标志就成为人们在危急关头的救命符，可指示人们及时报警、找到消防设施扑救火灾和自救，有效地指示疏散途径，以减少生命与财产损失。大学生应能正确识别消防安全标志，以防患于未然。

消防安全标志由几何形状、安全色、图形符号构成，用以表达特定的消防安全信息。消防安全标志根据功能分为火灾报警装置标志、紧急疏散逃生标志、灭火设备标志、禁止和警告标志、方向辅助标志和文字辅助标志6类。

1. 火灾报警装置标志

火灾报警装置标志用于标示与火灾报警相关的设备、按钮的位置。火灾报警装置标志的几何形状是正方形，安全色为红色，图形符号的颜色为白色。火灾报警装置标志的名称和说明如表8-1所示。

表8-1　火灾报警装置标志的名称和说明

图形标志	名称	说明
	消防按钮	标示火灾报警按钮和消防设备启动按钮的位置
	发声警报器	标示发声警报器的位置
	火警电话	标示火警电话的位置和号码
	消防电话	标示火灾报警系统中消防电话及插孔的位置

2. 紧急疏散逃生标志

紧急疏散逃生标志用于提示疏散方向和位置，引导人员在火灾等紧急情况下采取正确的疏散逃生行动。紧急疏散逃生标志的几何形状是正方形，安全色为绿色，图形符号的颜色为白色。紧急疏散逃生标志的名称和说明如表8-2所示。

表8-2　紧急疏散逃生标志的名称和说明

图形标志	名称	说明
	安全出口	提示通往安全场所的疏散出口。根据出口所在的方向，可选用向左或向右的方向辅助标志
	滑动开门	提示滑动门的位置及方向
	推开	提示门的推开方向
	拉开	提示门的拉开方向
	击碎板面	提示须击碎板面才能取到钥匙、工具，操作应急设备或开启紧急逃生出口
	逃生梯	提示安装的固定逃生梯的位置

3. 灭火设备标志

灭火设备标志用于标示灭火器、消火栓等灭火设备的位置。灭火设备标志的几何形状是正方形，安全色为红色，图形符号的颜色为白色。灭火设备标志的名称和说明如表8-3所示。

表8-3　灭火设备标志的名称和说明

图形标志	名称	说明
	灭火设备	标示灭火设备集中摆放的位置

续表

图形标志	名称	说明
	手提式灭火器	标示手提式灭火器的位置
	推车式灭火器	标示推车式灭火器的位置
	消防炮	标示消防炮的位置
	消防软管卷盘	标示消防软管卷盘、消火栓箱、消防水带的位置
	地下消火栓	标示地下消火栓的位置
	地上消火栓	标示地上消火栓的位置
	消防水泵接合器	标示消防水泵接合器的位置

4. 禁止和警告标志

禁止和警告标志包含禁止标志和警告标志。禁止标志的含义是不准或制止人们的不安全行为，其几何形状是带斜杠的圆环，其中圆环与斜杠相连，安全色为红色，图形符号的颜色为黑色。警告标志的含义是提醒人们注意周围环境，避免可能发生的危险，其几何形状是黑色边框的正三角形，安全色为黄色，图形符号的颜色为黑色。禁止标志和警告标志的名称和说明如表8-4所示。

表8-4　禁止和警告标志的名称和说明

图形标志	名称	说明
	禁止吸烟	表示禁止吸烟

续表

图形标志	名称	说明
	禁止烟火	表示禁止吸烟和各种形式的明火
	禁止放易燃物	表示禁止存放易燃物
	禁止燃放鞭炮	表示禁止燃放鞭炮或焰火
	禁止用水灭火	表示禁止用水做灭火剂或用水灭火
	禁止阻塞	表示禁止阻塞的指定区域（如疏散通道）
	禁止锁闭	表示禁止锁闭的指定部位（如疏散通道和安全出口的门）
	当心易燃物	警示来自易燃物的危险
	当心氧化物	警示来自氧化物的危险
	当心爆炸物	警示来自爆炸物的危险，在爆炸物附近或处置爆炸物时应当心

5. 方向辅助标志

方向辅助标志用于指示方向。安全色为绿色的方向辅助标志用于指示安全出口的方向，安全色为红色的方向辅助标志用于指示火灾报警装置或灭火设备的方位，如表8-5所示。

表8-5 方向辅助标志的含义和说明

图形标志	含义	说明
	疏散方向	指示安全出口的方向。箭头的方向还可为上、下、左上、右上、右、右下等
	火灾报警装置或灭火设备的方位	指示火灾报警装置或灭火设备的方位。箭头的方向还可为上、下、左上、右上、右、右下等

6. 文字辅助标志

火灾报警装置标志、紧急疏散逃生标志、灭火设备标志、禁止和警告标志的具体名称可作为文字辅助标志使用，安全出口标志与文字辅助标志的结合示例如图8-8所示。

火灾报警装置标志、紧急疏散逃生标志、灭火设备标志、禁止和警告标志还可与方向辅助标志和文字辅助标志组合使用。图8-9指示消防按钮在左方，图8-10指示安全出口在右方。

图8-8 安全出口标志与文字辅助标志的结合示例

图8-9 消防按钮在左方

图8-10 安全出口在右方

第二节 认识校园消防安全问题

校园消防安全关乎师生、职工的生命安全和财产安全。校园人员密集，一旦发生火灾，后果不堪设想。因此大学生必须深刻认识校园消防安全问题，增强消防意识和自救能力，减少或避免火灾事故的发生。

慕课视频

一、常见的校园火灾类型与成因

从已发生的校园火灾来看，多数校园火灾的发生都是由主观的人为因素导致的，其主要表现为部分学生消防安全意识淡薄、违反学校安全管理规定，包括用火、用电不当，实验操作不当等。

1. 用火不当

从已发生的校园火灾数据进行分析，以下4个方面的用火不当行为极易引发校园火灾。

● **不文明吸烟**。大学生在宿舍床铺上吸烟时将未熄灭的烟灰或烟头不慎掉落到被褥、衣服等易燃物上，或者在宿舍内或校园其他场所内乱扔未熄灭的烟头，一旦其与可燃物接触就容易引起燃烧，甚至酿成火灾。

● **肆意焚烧杂物**。大学生在宿舍内或走廊上焚烧废旧纸张、书籍等废弃物，如果将焚烧物靠近衣服、被褥、蚊帐等可燃物，或在火未完全熄灭时离开，火星溅到这些可燃物上引起燃烧后，一旦失去控制极易转化为火灾。

● **随意点燃蚊香**。蚊香具有很强的引燃能力，点燃后没有火焰，但能长时间持续燃烧，中心温度高达700℃，超过了多数可燃物（如棉麻、纸张）的燃点，因此，未熄灭的蚊香足以引起固体可燃物和易燃液体、气体着火。有的大学生为了在宿舍驱蚊，经常点蚊香，若点燃的蚊香靠近可燃物品，则极易引起燃烧，甚至酿成火灾。

● **违规使用蜡烛**。蜡烛作为一种可以移动的火源，大学生稍不小心，蜡烛就可能烧融、流淌或者倒下，遇可燃物容易引起火灾。有的大学生在宿舍熄灯后点燃蜡烛进行其他活动，这就埋下了安全隐患。

2. 用电不当

不管是在居民住宅还是在大学校园发生的火灾中，用电不当引起的火灾都占有相当大的比重，其危害性非常大。大学生用电不当的行为主要体现在以下3个方面。

● **私拉乱接电线**。由于学校实行定时供电，且宿舍热水器、饮水机、计算机等电器日益增多，所以有的学生为了方便，就私拉乱接电线，增加了线路负荷，这极易损伤线路的绝缘层，从而引起线路短路和触电，引发火灾。

● **使用大功率电器**。教室、实验室、宿舍的供电线路、供电设备都是根据实际使用情况设计的，如果超出负荷，电线就会发热，加速线路的老化，极易引起火灾。尤其是在宿舍内，有的学生经常违规使用电磁炉、电饭锅、电热杯等大功率电器，这样容易导致电线超负荷而引起火灾。

● **使用电器不当**。使用电器不当也存在引发火灾的可能。例如，使用劣质电器，线路负荷超载时，线路容易燃烧；边玩手机边充电或长时间用衣服、被褥等捂着手机充电，散热不良引起火灾；未关闭电源开关且长时间使用电热器具，无人看管时自燃起火；等等。

3. 实验操作不当

实验操作不当，即大学生在实验室做实验时，不遵守实验室安全规则，不按照实验要求执行实验操作等，从而引发火灾。这方面的火灾事故往往后果严重，易造成人员伤亡，所以大学生必须严格遵守实验室安全规则，严格执行实验操作规程。

知识拓展

常见的实验室事故

实验室是进行教学、科研的重要场所。为了培养大学生的实验操作能力，很多学校每年都安排大量的实验课。然而，实验室中存放的易燃易爆物和腐蚀性的、有害的化学试剂等都具有一定的危险性。实验中，稍有不慎，危险就可能降临到实验人员身上，轻则影响教学、科研进度，重则毁坏实验设备、技术资料，使实验成果功亏一篑，甚至会危及师生的身体健康与生命安全。

（1）实验室火灾事故。很多实验室中都有一些易燃物品，如果实验人员在实验过程中违规操作或操作不当，使火源接触实验室内的易燃物品；在实验过程中忘记关闭电源或中途离开，使实验设备或其他用电设施通电时间过长，温度过高；对某些自燃物品缺乏认识或不重视，未及时排除危险因素，导致物品自燃等，均可能引发火灾。因此，实验人员一定要正确使用、处理易燃物品，严格遵守操作规程使用易燃物品，不随意丢弃易发生自燃的物品，以免产生新的火源，引起火灾。

（2）实验室爆炸事故。实验室爆炸事故多发生在有大量易爆物品和压力容器的实验室。通常来说，易爆物品泄漏时遇火花、易燃气体泄漏到一定浓度时遇明火、压力容器（如高压气瓶）遇高温或强烈碰撞、实验人员违规操作或操作不当等，都可能引发爆炸，因此实验人员一定要深入了解易爆物品和实验设备的性能，保持良好的实验环境和空气流通，严格按照学校制定的实验规则操作，提高警惕，及时排除潜在隐患，预防实验室爆炸事故的发生。

（3）实验室有害事故。实验室有害事故多发生在具有化学药品和有害物品的化学实验室，以及有害气体排放的实验室等。通常来说，实验设备存在故障或缺陷，造成有害物质泄漏或有害物质无法排放；实验人员将食物带进实验室，误食受污染的食物或用沾染有害物品的手拿食物；实验人员违规操作或操作不当，在化学药品配置、使用中引起爆炸或液体飞溅等，都可能引发有害事故。因此实验人员在使用有害物品前要在器皿上贴标签注明装有有害物质，穿戴防护用品，避免用手直接接触有害物品。实验人员在进行产生有害气体的实验时，必须在通风橱内进行；严格遵照实验步骤，及时除去溅落在桌面或地面的有害物品，并做好室内通风。实验人员一旦感觉身体不适，应立即引起警觉，开窗通风，必要时中断实验，撤离实验室，到医院接受诊断和治疗。

二、校园火灾的预防

用火管理不当、易燃物品管理不善、电气设备使用不当、不遵守操作规范等是引发火灾的主要原因，因此大学生必须认识生活中常见的易燃易爆物、正确使用电器、正确控制火源，才能有效预防火灾的发生。

1. 认识常见的易燃易爆物

在日常生活中，烟花爆竹、火柴、打火机、煤气罐、汽油桶、酒精、油漆、油墨、漆布、漆纸等都是大家熟知的易燃易爆物。除此之外，一些常用的但不被大家重视的物品也属于易燃易爆物，如花露水、香水、染发膏、指甲油、啫喱膏、驱蚊水、杀虫剂、空气清新剂等。其中，花露水较为危险，它的酒精含量一般在70% ~ 75%，燃点仅为24℃。在使用和存放易燃易爆物时，大学生应注意避开火源、热源，不得随意存放。尤其是在酷热的夏季，禁止将易燃易爆物直接置于阳光直射处。

课堂活动　　　处理易燃物使用不当而引起的火情

某大学一宿舍的几名同学"五一"假期到郊外河堤边烧烤，但在他们生火时，木炭却久点不燃。小刘建议去药店买酒精助燃，其他人觉得这个办法可行。买回酒精后，小刘将酒精洒在木炭上后点火，火立马烧起来了，但等到酒精慢慢烧完，火也越来越小了，小刘一时心急就直接把酒精朝已点燃的木炭上倒，火焰顺着酒精倒洒的方向蔓延，并发生轻微爆炸，溅起的酒精沾到小刘和其对面的同学小周身上，使他们的衣服着了火；沾到野餐垫上，野餐垫也开始燃烧，连带着装食物、饮料的袋子也开始燃烧。

分析以上案例，思考下面的问题。

（1）小刘和小周要如何扑灭自己身上的火焰？

（2）这几位同学要如何扑灭野餐垫上的火焰？

（3）这场郊外河堤边的火为什么会燃起来？

（4）该事件主要由易燃物处理不当引起，找一找自己身边有哪些易燃物，如果其不慎燃烧，你将如何快速应对和处理？

---

2. 正确使用电器

要有效避免因电器使用不当而引发的火灾，大学生除了要遵守学校的规章制度，不使用大功率电器，还要学会正确使用其他电器，如充电器、充电宝等。大学生在购买电器时，应购买国家认定生产的合格产品，不要购买三无产品。大学生在使用电器时，还应注意以下事项。

● 在使用电器时，应先插电源插头，后开电器开关。用完后，应先关掉电器开关，后拔电源插头。在插拔插头时，要用手握住插头绝缘体，不要拉住导线使劲插拔。

● 在使用电器时，不要用湿手接触电器开关和外壳，不要将湿手帕挂在电扇或电热器上。

● 不在宿舍使用电饭锅、微波炉、电冰箱、洗衣机等大功率电器，避免使用一个插排来连接多个大功率电器，防止线路过载引起火灾。

● 用完电器后应立即拔掉电源插头。电器运行一段时间后，当想了解其外壳是否发热时，不能用手掌去摸外壳，应用手背轻轻接触外壳，这样即使外壳漏电也可以迅速脱离电源。

● 夏季人体多汗，皮肤电阻变小，加之穿的衣服单薄，身体裸露部分较多，触电的概率增加。因此，我们不要用手去移动正在运转的电器；如要搬动，应先关上开关，并拔去插头。

● 当电器冒火，一时无法判明原因时，不得直接用手拔掉插头或拉开闸刀，应借助绝缘物拔开插头或拉开闸刀，切断电源再灭火。

● 在使用电器时，若发现插座温度过高、插头与插座接触不良、插头插入过松或过紧，应停止使用并维修或更换电器，以保安全。

3. **正确控制火源**

火源是引起燃烧和爆炸的直接原因，所以防止火灾应控制好火源，以下是常见的5种火源。

● 人们日常点燃的各种明火是常见的火源，在点火时必须控制好火源。

● 电气设备超负荷运行、短路、接触不良，以及自然界中的雷击、静电火花等，都能使可燃气体、可燃物质燃烧，因此我们必须注重对电气设备的安全防护。

● 靠近火炉或烟道的干柴、木材、木器，紧聚在高温蒸汽管道上的可燃粉尘、纤维，大功率灯泡旁的纸张、衣物等，若烘烤时间过长，都会引起燃烧，因此要避免将易燃物靠近这些区域或物品，对存在安全隐患的地方，我们要提高警惕。

● 在既无明火又无热源的条件下，麦草、棉花、油菜籽，沾有动、植物油的棉纱、手套、衣服、木屑、金属屑，以及擦拭过设备的油布等，堆积在一起时间过长，在条件具备时，也可能引起自燃，因此对于这类易燃物质，我们要及时处理，特别是在炎热干燥的天气，更要引起重视。

● 摩擦与撞击。例如，铁器与水泥地撞击后会产生火花，遇易燃物即可引起火灾。

🖉 **课堂活动**　　　　　　**校园火灾成因分析**

　　某大学一宿舍楼的某房间突然燃起大火，火势蔓延迅速，现场冒起滚滚浓烟。请你总结可能引发宿舍火灾的原因，列举在下方，并说一说应该如何做好校园火灾的预防。

　　违规使用大功率电器；将电器集中在一个插排使用，造成插排过热短路起火；电气线路故障……

第三节　应对校园消防安全问题

慕课视频

校园火灾危害极大，一旦发生火灾，我们应当及时、有效地进行处置、扑救。因此，大学生应加强对火灾自救与救援知识的学习，以便在火灾发生时能够采取正确的措施进行报警、灭火、逃生、救援等，最大限度地减少火灾造成的人员伤亡和财产损失。

一、火灾报警

《中华人民共和国消防法》第四十四条规定："任何人发现火灾都应当立即报警。任何单位、个人都应当无偿为报警提供便利，不得阻拦报警。严禁谎报火警。"所以一旦发现火灾，大学生要立即拨打"119"报警，报警越早，损失越小。大学生在报警时要牢记以下要点。

● 接通电话后要沉着冷静，向接警中心讲清失火单位的名称、地址、着火物品、火势大小以及着火范围；同时我们还要注意听清对方提出的问题，以便正确回答。

● 打完电话后，我们要立即到附近的交叉路口等待消防车的到来，以便引导消防车迅速赶到火灾现场。

● 如果有条件，我们要迅速组织人员疏通消防车道，清除障碍物，使消防车到火场后能立即进入最佳位置灭火救援。

● 如果着火地区发生了新变化，我们要及时报告消防队，使他们能及时改变灭火战术，取得最佳效果。

若校园内发生火灾，大学生在及时报警的同时，应迅速报告学校保卫部门，以便学校保卫部门及时组织人员扑救。

二、初期火灾处置

初期火灾指的是火灾初起阶段，一般指火灾发生3～5分钟内或者5～7分钟内的火灾。在这个阶段，火势相对较小，燃烧范围有限，火势发展比较缓慢，是灭火的最佳时机。如果大学生能在这个阶段及时采取有效措施扑灭火灾，就可以避免火灾的扩大和蔓延。

1. 选择扑灭方法

火势初起或火势很小时，大学生要选择合适的扑救方式，想办法灭火，防止火势蔓延。任何物质发生燃烧都必须具备3个条件：可燃物（如木材、服装、酒精）、助燃物（如氧气）和火源（如明火、电热能、光能）。缺少任何一个条件，燃烧都不能发生。根据物质燃烧原理，灭火方法主要包括冷却灭火、隔离灭火和窒息灭火，大学生可以根据现场实际情况选择合适的扑灭方法。

（1）冷却灭火

冷却灭火的要点是降低温度，可将灭火剂直接喷射到燃烧物上，将燃烧物的温度降到燃点之下，使其停止燃烧；也可将灭火剂喷射到火源附近的物质上，使其不因火焰热辐射作用而变成新的火点。冷却灭火是灭火的一种主要方法，常用水和二氧化碳作为灭火剂。

（2）隔离灭火

隔离灭火的要点是移去可燃物，即将正在燃烧的物质和周围未燃烧的物质隔离或移开，中断可燃物的供给，使燃烧因缺少可燃物而停止。

实施隔离灭火的具体方法如下。

- 把正在燃烧的物质附近的可燃物、助燃物都搬走。
- 把正在燃烧的物质移到空旷的地方。
- 关闭可燃气体、液体管道的阀门，以阻止可燃物进入燃烧区。
- 设法阻拦流散的易燃、可燃液体。

（3）窒息灭火

窒息灭火的要点是隔绝氧气，即阻止氧气流入燃烧区，或者用不燃物质降低空气中的氧气含量，使燃烧物因得不到足够的氧气而熄灭。

实施窒息灭火的具体方法如下。

- 将沙土、水泥、湿麻袋、湿棉被、湿棉毯等不燃或难燃物覆盖在燃烧物上。
- 在燃烧物上喷射雾状水、干粉、泡沫等灭火剂。
- 用水蒸气或氮气、二氧化碳等惰性气体灌注发生火灾的容器、设备。
- 把不燃气体或不燃液体（如二氧化碳、氮气等）喷射到燃烧物区域内或燃烧物上。

以上方法在实际应用中，往往是根据燃烧物、燃烧特点、火场具体情况及消防设备性能等单独使用或并用的，以达到迅速灭火的目的。

2. 使用消防器材灭火

消防器材是用于灭火、防火的器材，是火灾来临之时不可或缺的灭火设备。一般来说，消防器材主要包括灭火器、消火栓和消防破拆工具等。大学生有必要了解一些常见的消防器材，并掌握其使用方法，确保在发生火灾时，能够使用消防器材。

（1）使用灭火器

灭火器是一种可由人力移动的轻便灭火器具，它能在其内部压力的作用下，将所充装的灭火剂喷出，用来扑救火灾。灭火器的种类很多，按其移动方式可分为手提式和推车式灭火器，按其所充装的灭火剂可分为干粉、二氧化碳灭火器等。不同类型的灭火器的适用范围也有所不同，只有选择正确的灭火器的类型，才能有效地扑救不同种类的火灾，达到预期效果。

目前，日常生活中常见的灭火器主要是手提式干粉灭火器和手提式二氧化碳灭火器。在宾馆、饭店、影院、医院、学校等公众聚集场所使用的多数是磷酸铵盐干粉灭火器（俗称"ABC干粉灭火器"，A代表可燃固体、B代表可燃液体及可熔化固体、C代表可燃气体）和二氧化碳灭火器；在加油、加气站等场所使用的多数是碳酸氢钠干粉灭火器（俗称"BC干粉灭火器"）和二氧化碳灭火器。另外，二氧化碳灭火器还常用于实验室、计算机房、变配电所，以及对精密电子仪器、贵重设备或物品维护要求较高的场所。下面介绍手提式干粉灭火器和手提式二氧化碳灭火器的使用方法。

① 手提式干粉灭火器的使用方法。碳酸氢钠干粉灭火器适用于易燃、可燃液体、气体及带电设备的初起火灾；磷酸铵盐干粉灭火器除可用于上述火灾外，还可扑救固体类物质的初起火灾。但两者都不能扑救金属燃烧引起的火灾。操作者在使用手提式干粉灭火器灭火时，可手提或肩扛灭火器快速奔赴火场，在距燃烧处3～5米的位置放下灭火器，先拔下开启把上的保险销，然后一只手握住喷射软管前端的喷嘴，另一只手用力压下压把，使灭火器喷出干粉进行灭火。图8-11所示为手提式干粉灭火器的外观结构。

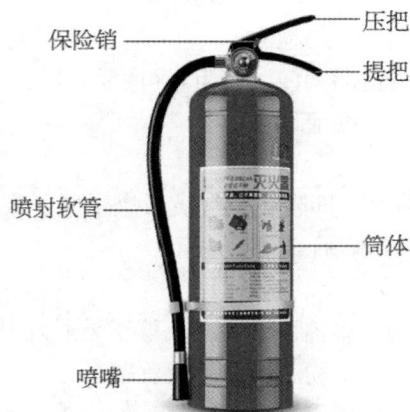

图8-11　手提式干粉灭火器的外观结构

使用手提式干粉灭火器扑救可燃、易燃液体火灾时，应对准火焰扫射，如果被扑救的液体呈流淌状燃烧，操作者应对准火焰根部由近及远进行左右扫射，直至把火焰全部扑灭。如果可燃液体在容器内燃烧，操作者应对准火焰根部左右晃动扫射，使喷射出的干粉流覆盖整个容器开口表面；当火焰被赶出容器时，操作者仍应继续喷射，直至将火焰全部扑灭。在扑救容器内可燃、易燃液体火灾时，操作者应注意不能将喷嘴直接对准液面喷射，防止喷流的冲击力使可燃、易燃液体溅出而扩大火势，造成灭火困难。如在室外，操作者应选择在上风方向喷射。使用磷酸铵盐干粉灭火器扑救固体可燃物火灾时，操作者应对准燃烧最猛烈处喷射，并上下、左右扫射；如条件许可，操作者可提着灭火器沿着燃烧物的四周边走边喷，使干粉灭火剂均匀地喷在燃烧物表面，直至将火焰全部扑灭。

② 手提式二氧化碳灭火器的使用方法。手提式二氧化碳灭火器适用于扑救易燃液体及气体的初起火灾，也可扑救带电设备的火灾。手提式二氧化碳灭火器与手提式干粉灭火器的使用方法相似，操作者先将手提式二氧化碳灭火器提到或扛到火场，在距燃烧物3～5米处放下灭火器，拔出保险销，一手握住喇叭筒根部的手柄，另一只手用力压下压把。对于没有喷射软管的手提式二氧化碳灭火器，应把喇叭筒往上扳70～90度。使用时，操作者不能直接用手抓住喇叭筒外壁或金属连线管，防止手被冻伤。灭火时，当易燃液体呈流淌状燃烧时，操作者可将二氧化碳灭火剂的喷流由近而远向火焰喷射。如果易燃液体

在容器内燃烧，操作者应将喇叭筒提起，从容器的一侧上部向燃烧的容器中喷射，但不能使二氧化碳射流直接冲击燃烧的液面，以防止将易燃液体冲出容器而扩大火势，造成灭火困难。

同时，二氧化碳虽然无毒，但是有窒息作用，使用时应尽量避免吸入。特别是在室内狭小空间中使用时，灭火后操作者应迅速离开，以防窒息。

课堂活动　　　　　　　　　**灭火器使用方法讨论**

小吴在宿舍看书时，突然听到附近的宿舍有人大喊"着火了"。小吴所在宿舍的旁边就有灭火器，他便提着灭火器往着火宿舍赶去。到着火宿舍时，小吴将灭火器安全销拔出，压下灭火器压把进行灭火，匆忙中手没有把稳喷嘴。由于压力作用，灭火器喷嘴四下摇摆，大量干粉喷到小吴嘴里、脸上，小吴一时喘不过气来，差点窒息。

（1）请分析小吴在使用灭火器时，哪个步骤操作失误了。

（2）假设你是小吴，你会如何进行扑灭火势这个过程？

（2）使用消火栓

消火栓包括室内消火栓、室外消火栓和泡沫消火栓。室内消火栓由消火栓箱、水枪、水带和消防管道等组成，主要用于扑救室内发生的火灾。室外消火栓用于扑救室外露天火灾和室内发生火灾的室外救援灭火，以及供消防车取水用，分为地上消火栓和地下消火栓两大类。泡沫消火栓主要用于特殊的、不宜直接用水扑灭的火灾，如机场、储油罐等火灾。

下面主要介绍室内消火栓的使用方法。首先打开或击碎消火栓箱门，取出消防水带；然后一人接好消防枪头和消防水带奔向起火点，另一人接好消防水带和消火栓接口，按下消防泵的启动按钮；最后逆时针打开水阀开关，将消防枪头对准火源根部喷射即可。需要注意的是，我们在使用室内消火栓扑灭电起火时，要先确定已切断电源。

（3）使用消防破拆工具

消防破拆工具用于快速破拆、清除防盗窗栏杆、窗户栏等障碍物，包括消防斧、切割工具等。日常生活中，我们熟知和常见的是消防斧，它的形状类似于普通斧头，使用方法也差不多，可用来清理着火材料或易燃材料，以切断火势蔓延的途径，或劈开被烧变形的门窗等，以解救被困的人。

素养课堂

消防器材是救火灭火的重要工具，日常必须严格管理和维护。管理消防器材有以下3点要求。一是定点摆放，不能随意挪动。二是定期对灭火器进行普查换药，定期巡查消防器材，保证其处于完好状态。三是定人管理，经常检查消防器材，发现丢失、损坏应立即上报领导，及时补充，做到消防器材管理责任到人。

三、火场逃生自救

当火灾发生、火势凶猛时，如果在当前条件下已无法对火灾进行扑救，我们就要迅速撤离。由于火场中的人可能烧伤、窒息、中毒，或受到爆炸危害、倒塌物砸埋和其他意外伤害，所以大学生应掌握火场避险的知识，提升生还概率。

● **保持镇静，明辨方向，迅速撤离。** 突遇火灾时，我们首先要保持镇静，迅速判断危险地点和安全地点，决定采用哪一种逃生的办法，尽快撤离险地。一般来说，在火势蔓延之前，我们应朝逆风方向快速离开火灾区域。当发生火灾的楼层在自己所处楼层之上时，我们应迅速向楼下逃生。逃生时我们要注意随手关闭通道上的门窗，以阻止和延缓烟雾向逃生通道蔓延。

● **不入险地，不贪财物。** 在火场中，人的生命最重要，不要因害羞或顾及贵重物品，把宝贵的逃生时间浪费在穿衣服或寻找、搬运贵重物品上。已逃离火场的人千万不要重返险地。

● **简易防护，掩鼻匍匐前进。** 火灾造成人员伤亡的主要原因是火灾烟雾中毒所致的窒息。因此，我们从火场逃生时，若通过浓烟区，则可采用毛巾、口罩蒙住口鼻，匍匐撤离，以防烟雾中毒、呛入浓烟窒息。另外，我们也可以向头部、身上浇冷水，或用湿毛巾、湿棉被、湿毯子等将头、身裹好后，再冲出去。

● **善用通道，莫入电梯。** 规范、标准的建筑物都会有两个以上的逃生通道。发生火灾时，我们要根据情况选择进入相对安全的逃生通道。千万要记住，高层建筑着火时，我们不可乘坐电梯。因为普通电梯的供电系统在遇火灾时随时会断电，且电梯因热的作用会发生变形，使人被困在电梯内。

● **暂时避难，固守待援。** 假如用手摸房门已感到烫手，此时一旦开门，火焰与浓烟势必迎面扑来。这时，首先应关紧迎火的门窗，打开背火的门窗，用湿毛巾、湿布等塞住迎火门窗的缝隙，或用水浸湿棉被蒙上门窗，并不停地用水淋透房间，防止烟火渗入，然后固守房间，等待救援人员到达。在窒息失去自救能力前，我们应努力滚到墙边，便于消防人员寻找、营救，因为消防人员进入室内大都是沿墙壁摸索着行进。

● **传送信号，寻求援助。** 被烟火围困暂时无法逃离时，尽量待在阳台、窗口等容易被人发现的地方，并可通过打手电筒、挥舞衣物、呼叫等方式向外发送求救信号，便于消防人员寻找、营救。

● **火已及身，切勿惊跑。** 在火场上如果发现身上着了火，若惊跑和用手拍打，只会形成风势，加速氧气补充，助长火势。正确的做法是赶紧设法脱掉衣服或就地打滚，压灭火苗。若能及时跳进水中或让人向身上浇水，则更加有效。

● **缓降逃生，滑绳自救。** 高层建筑发生火灾后，无法通过逃生通道逃生时，三层以下可迅速利用身边的绳索、床单、窗帘、衣服等自制简易救生绳，将其用水打湿后，紧拴在窗框、暖气管等固定物上，从窗口逃生。更高的楼层可利用救生绳从窗台沿绳滑到下面的安全楼层逃生。不要贸然考虑跳楼，如果要选择跳楼，我们要跳在消防人员准备好的救生气垫上，还要注意选择向水池、软雨篷、草地等方向跳。如有可能，我们要尽量抱些棉被、沙发垫等松软物品或打开大雨伞跳下。跳楼是求生的无奈之举，会对身体造成一定的伤害，所以要慎之又慎。

综上所述，大学生在火灾中自救要记住以下4个要点：果断迅速地逃离火场；寻找逃生之路；防烟熏毒气；等待他救。

四、火场救人

火场救人是指在火灾发生时，为了拯救被困在火场中的人员而进行的紧急救援行动，是一项高风险、高难度的任务，需要救援人员具备高度的专业素养。火场救人行动通常由专业的消防员、救援队伍或经过培训的志愿者来执行，且要根据火势或险情对被困人员的威胁程度和被困人员的实际情况采取下列不同的救人方法。

● 对于神志清醒，但在烟雾中辨不清方向或找不到出口的被困人员，救援人员可以为被困人员指明逃生通道，让其自行脱险，也可直接带领他们撤出。

● 对于行动不便的老弱病残者以及因惊吓、烟熏、火烧而昏迷的人员，救援人员要用背、抱、抬的方式把他们抢救出来。需要穿过烟火封锁区时，可用湿衣服、湿被褥等将被救者和救援者的头、脸部及身体遮盖起来，并用雾状水枪掩护，防止他们被火焰或热气灼伤。

● 楼层的内部走廊、楼梯、门等通道已被烟火封锁，被困人员无法逃生时，救援人员应将消防梯或举高消防车架设到被困人员所在的窗口、阳台、屋顶等处，然后利用消防梯、举高消防车、救生袋、缓降器等将被困人员救出。

● 无法架设消防梯时，救援人员可利用挂钩梯，徒手爬落水管、窗户等方法攀爬上楼，然后用消防器材救人，或使用射绳枪将绳索射到被困人员所在的位置，再让被困人员用绳索将缓降器、救生梯、救生袋等消防器材吊上去，最后让被困人员使用器材自救。

● 被困在窗口、阳台、屋顶的人员，尤其是悬吊在建筑物外面的人员，在浓烟烈火的威胁下，有可能冒险跳楼，此时救援人员要用喊话或写大字标语的方式，告诫他们坚持到底等待救援，不要铤而走险。同时救援人员要在地面做好救生准备，如拉开救生网、铺好救生垫，如无救生网、救生垫，可用海绵垫、床垫等代替，接住往下跳的人员。

● 在使用消防梯抢救楼层内被困人员时，救援人员要警惕并制止他们蜂拥而上，以免造成人员坠落、翻梯等事故。被困人员自己沿消防梯从楼层向地面疏散时，应用安全绳系其腰部进行保护，或由救援人员将被困人员背在身上护送下梯。

● 对抢救出来的人员要清点人数，认真核对，切实查清被困人员是否全部救出，还要防止被救出来的人重新跑进火场内。

● 对抢救出来的受伤人员，除在现场急救外，还应及时送往医院进行抢救治疗。

五、人员疏散

人员疏散即在火灾发生时，通过有效的组织和措施，将建筑物内的人员迅速、有序地引导至安全区域（如室外或其他未受火灾影响的区域）的过程。人员疏散是火灾应急救援中至关重要的环节，是火灾发生时保障生命安全、减少人员伤亡的首要任务。在发生火灾时，被困人员首先要保持冷静，迅速判断火灾的严重程度和蔓延方向，确认需要疏散时，即根据疏散标识（在疏散路线上设置的标识，包括疏散标识牌、安全出口指示牌等）选择安全的疏散路线。如果现场有工作人员或消防人员的指挥，则要听从指挥，有序疏散，避免推搡、挤压等危险行为。如果有老人、儿童、体弱者等特殊人群，需为他们提供帮助，使他们安全撤离。

本章小结

　　本章分别从消防安全基础知识、校园消防安全的认识与预防、校园消防安全问题的应对3个方面概述了校园消防安全的相关知识，详细介绍了火灾的分类、等级、成因、发展、消防器材的使用、校园火灾的预防举措，以及校园火灾发生后的应急处理方法等，旨在帮助大学生树立消防安全意识，掌握消防安全知识与技能，让大学生能够在火灾发生时正确使用消防器材扑救灭火，能够正确逃生自救或实施救援，提升在火灾中的自我保护能力，降低伤亡风险；同时，也培养大学生的应急处理能力和社会责任感，引导大学生积极采取行动，普及消防安全，实践消防安全，营造一个安全和谐的校园环境。

课后思考

　　1. 安全问题的自我审视

　　（1）你认为自己是消防安全意识强的人吗？你在学校中是否存在不安全行为？

　　_____

　　（2）在火灾发生时，保持冷静对于逃生至关重要。你认为自己是否能够在紧急情况下保持冷静？请谈谈你认为应如何有效克服恐慌情绪，保持冷静。

　　_____

　　2. 维护安全的实践行动

　　（1）请结合你所在的宿舍楼的布局，设计一条从宿舍到安全出口的逃生路线，并标记消防器材所在位置。

　　（2）组织宿舍成员进行宿舍安全隐患排查，列出可能存在的火灾隐患（如私拉乱接电线、堆放易燃物等），并及时排除安全隐患。

（3）假设你在宿舍发现电器短路引发小火，请你立即采取措施对该初起火势进行扑救（需模拟出灭火的整个过程）。

3. 个体责任与安全反思

大学生作为校园集体的一分子，在校园消防安全中应承担哪些责任？在宿舍或班级中，又应该如何发挥团队作用，共同维护消防安全？请阐述你的观点，说一说大学生在校园中要如何做消防安全的引导者和实践者。

_____

_____

_____

第九章

自然灾害应对

学习导语

自然灾害是给人类生存带来危害或损害人类生活环境的自然现象，如洪涝、台风等气象灾害，地震、泥石流、滑坡等地质灾害都属于自然灾害。自然灾害发生的原因一是自然变异，二是人为影响（如人类对环境的破坏）。自然灾害一旦发生，就会对人类社会造成严重危害。因此，大学生要加强对自然灾害相关知识的积累，提升自己应对自然灾害的能力，并且在遭遇自然灾害时能够开展自救和互救。

本章将具体介绍自然灾害的相关知识。通过本章的学习，大学生可以提升自然灾害防御能力，正确认识自然灾害，积极应对自然灾害，在自然灾害发生后能够逐渐走出灾难的阴影，重新建立稳定、健康的生活。

学习目标

1. 认识地震、台风、洪涝等自然灾害，加深对自然灾害的科学认识，掌握在自然灾害中避灾避险、逃生自救、互救互助等措施。

2. 培养积极的心态，做好灾后心理调适，快速回归正常生活。

◉ 引导案例　　　　　　　　　**台风肆虐下的骑行险情**

刘某爱好骑行，经常风雨无阻地穿梭在城市绿道上。一日，气象局预告台风来袭，提醒人们不要外出，但刘某不想放弃自己的骑行计划，依旧骑车出门。骑到半路时，台风猛然加剧，风速高达110千米每小时，强风和暴雨瞬间将城市变成了一片汪洋，刘某在台风中艰难前行，狂风几乎将他连人带车掀翻。紧急时刻，他果断选择弃车，奋力抱住身边的一棵大树，最终被路过的车辆救下，才免于遭受更大伤害。

遭遇自然灾害时，一定要保持冷静，这样自己才可以沉着应对，寻求自救逃生的机会。大学生要做到在灾害来临时能冷静应对，平时就要积累安全救护的知识，增强安全救护的能力。大学时期是大学生学习和掌握专业知识和技能的关键时期，应积极增强自然灾害防范意识，掌握自然灾害应对基础知识，使自己能有效应对自然灾害，救人救己。

第一节　应对地震灾害

地震灾害是指由地震造成的人员伤亡、财产损失、环境和社会功能的破坏。地震灾害具有突发性和不可预测性等特点，并会产生严重的次生灾害（如洪灾、火灾等），对社会会造成很大影响，是全球最为普遍、危害最大的自然灾害之一。

慕课视频

一、地震时的避险措施

地震突发性强，难以预测，地震灾害对个人的损害与个人的防灾避险意识密切相关。如果大学生能更加了解地震知识，掌握基本的地震避险方法，那么在地震发生时就可以更好地保护自己，减少甚至避免地震对自己造成的伤害。

● 地震时，如果我们正在教室内上课，则不能在教室内乱跑或争抢外出。低楼层靠近门的同学可以迅速跑到门外，中间及后排的同学可以尽快躲在各自的课桌下，用书包或双手护住头部，震后应当有秩序地撤离；如果在操场上课，则可原地不动蹲下，用双手护住头部，注意避开高大建筑物或危险物。另外，我们千万不要地震一停就立即回教室取东西，避免余震发生时躲避不及。

● 地震时，如果我们正在街上，则绝对不能跑进建筑物中避险，也不要在高楼下、广告牌下、狭窄的胡同内、桥头上等危险地段停留；应尽量到宽阔地带避险，减少因建筑物倒塌而受到伤害的概率。

● 地震时，如果我们正在车站、影院、商店、地铁等公共场所活动，则应随机应变，就地躲避在排椅、柜架、工作台、办公家具下，并用双手护住头部，待地震过后再有序地撤离。

● 地震时，如果我们正在野外活动，则应尽量避开山脚、陡崖，以防滚石和滑坡；如果遇到山崩，则要向远离滚石前进的两侧方向跑。

● 地震时，如果我们正在海边游玩，则应迅速离开，以防地震引起的海啸；如果正在驾车行驶，则应迅速躲开立交桥、陡崖、电线杆等，并尽快在空旷处停车。

素养课堂

地震作为一种突发性较强的自然灾害，往往是依靠地震预警系统发出的警示，为用户争取宝贵的数秒到数十秒的预警时间，以提醒公众及时采取合理的避震措施，减少人员伤亡。2024年8月，在中国地震局指导下，中国地震台网中心、中央广播电视总台国家应急广播与腾讯联合推出"中国地震台网"全国微信预警服务，用户在微信内搜索"中国地震台网"或"地震预警"，进入"中国地震台网"小程序，点击"开启地震预警"，允许"地震预警通知"与"获取位置"，成功添加关注地后，即可开启地震预警服务。

二、地震后的避灾自救

地震发生后，如果身处险境，则要有坚定的生存毅力，消除恐惧心理，相信自己能脱离险境，积极避灾自救。

● **保持呼吸畅通**。我们要设法将双手挣脱出来，清除脸部、口鼻、胸前的尘土、杂物，使自己的呼吸不受阻，然后尽快捂住口鼻，防止因灰尘窒息，之后清理身上的其他杂物。

● **稳固和扩大生存空间**。如果一时无法脱险，我们要用周围可以挪动的物品（如砖块、木棍等）支撑断壁残垣，并注意避开身体上方不结实的倒塌物和其他容易掉落的物体，以避免因余震等使环境进一步恶化。

● **寻找和开辟逃生通道**。我们可寻找和开辟逃生通道，但要避免使用明火，防止引起火灾，可用手机、手电筒等照明，朝着有光亮、更安全、更宽敞的地方移动，设法逃离险境。如果我们找不到或无法开辟逃生通道，应尽量保存体力，向外发出求救信号，但不可盲目地大声呼救，而是要在听到上面（外面）有人活动时再呼救，或用石块、铁具等敲击物体来联系外界。

● **设法维持生命**。如果无法脱险，则应等待时机呼救。如果受伤，则要想办法包扎，避免失血过多，尽量减少体力消耗，等待救援人员的到来。在等待救援的过程中，如被困时间较长，应尽量寻找食品和水，尽量创造生存条件维持自己的生命，必要时自己的尿液也能起到关键作用。

● **配合互助**。多人被压埋时，我们要互相鼓励，共同计划，团结一致地采取脱险行动。

三、地震后的互救行动

地震发生后，也许有房屋受损和人员受伤，此时我们要相互救助，减少损失。我们在互救时应注意以下事项。

● 注意听被困人员的呼喊、呻吟、敲击声。

● 要根据房屋结构，先确定被困人员的位置，再进行抢救，以防止意外伤亡。

● 及时抢救那些容易获救的幸存者，以扩充互救队伍。

● 抢救队伍应首先抢救医院、学校、旅社、招待所等人员密集的地方。

● 在被破坏过的建筑物内进出或活动时，我们要特别小心，因为这些建筑物随时有倒塌的可能。同时，我们要预防煤气泄漏、触电或碎玻璃的危害。

课堂活动   **地震应急疏散演练**

地震应急疏散演练是提升全校师生面对地震灾害时快速反应、有效自救互救能力的重要活动。请全班同学在校内选择一条疏散路线、一个集合点，开展临时的地震应急疏散演练。

演练流程如下。

（1）使用警报声、广播通知或模拟震动等方式，模拟地震发生。

（2）所有同学在地震信号响起后（地震时），就近蹲于课桌下或承重墙角，采取保护头部、蜷曲身体等保护措施。

（3）地震信号结束后（地震后），全体师生开始疏散，教师或班长迅速组织同学疏散到教室门口。若有人"受伤"，其他同学则需帮助其撤离。然后全体师生按照疏散路线快速离开教室，到达集合点。途中全体师生要保持安静，避免推搡、踩踏等危险行为。

（4）班长负责清点人数，对需要"救治"的同学，立即进行初步"救治"，并视情况"送医"。

● 我们在抢救被压埋人员时，注意不要破坏被压埋人员所处空间的支撑物，以防发生新的垮塌而对被压埋人员造成伤害。

● 我们在抢救被压埋人员时，首先应使其头部暴露，迅速清除其口鼻内的尘土，防止其窒息，再对其进行抢救。用铁锤、铁锹等工具刨挖掩埋物时，应注意避免伤及被压埋人员。

● 对于被压埋时间较长的人员，我们应及时为其提供水、食物及药品，然后实施抢救；对于颈椎和腰椎受伤的人，施救时切忌对其生拉硬抬。

● 对于危重伤员，我们应尽可能在现场进行救治，然后将其迅速送往医院或医疗点。

此外，我们需注意震后加强消毒卫生工作，及时处理因地震死亡的人和动物的尸体，避免震后传染性疾病的出现。

第二节　应对洪涝灾害

慕课视频

洪涝灾害包括洪水灾害和雨涝灾害。其中，强降雨、冰雪融化、堤坝溃决、风暴潮等引起江河湖泊及沿海水量增加、水位上涨而泛滥，以及山洪暴发所造成的灾害均为洪水灾害；因大雨、暴雨或长期降雨而产生大量的积水和径流，排水不及时，致使土地、房屋等渍水、受淹而造成的灾害均为雨涝灾害。由于洪水灾害和雨涝灾害往往同时或连续发生在同一地区，有时难以准确界定，往往统称为洪涝灾害。

洪涝灾害是一种较为频繁发生的自然灾害，且洪涝灾害容易造成人员伤亡，并带来巨大的财产损失。

一、洪涝前的预警与准备

在洪涝灾害来临之前，气象部门通常会提前发布预警信号，提醒公众做好防范。洪涝灾害预警是防范洪涝灾害的第一道防线，当山区降雨、河流水位等关键指标出现异常，相关部门能够预知洪涝灾害的发生，并启动预警机制，最大限度减轻洪涝灾害带来的损失。洪涝灾害预警信号是按照发展态势和危害程度设置的预警信号，依次用蓝色、黄色、橙色、红色标示。

● **蓝色预警信号**。蓝色预警信号表示预计水位可能达到或超过警戒水位。当水位（流量）接近警戒水位（流量）或洪水要素重现期接近5年。

● **黄色预警信号**。黄色预警信号表示预计水位可能接近保证水位。当水位（流量）达到或超过警戒水位（流量），或洪水要素重现期达到或超过5年。

● **橙色预警信号**。橙色预警信号表示预计水位可能达到或超过保证水位。当水位（流量）达到或超过保证水位（流量），或洪水要素重现期达到或超过20年。

● **红色预警信号**。红色预警信号表示预计水位可能达到或超过堤防设计水位/堤顶高程/50年一遇水位。当水位（流量）达到或超过历史最高水位（最大流量），或洪水要素重现期达到或超过50年。

应对洪涝灾害，防范意识很重要。在洪涝来临之前，大学生需提前做好应对准备。

● 平时应尽量多了解一些洪涝灾害防范的基本知识，掌握自救逃生的方法。

● 若生活在易受洪水侵扰的地区，则在汛期来临时，我们要随时提高警惕，密切关注和了解当地的雨情、水情变化，养成收听、收看气象信息和有关部门发布的灾害预报的习惯，必要时选择好路线进行撤离。

● 熟悉居住地所处的位置和各类隐患、灾害情况，确定好安全转移的路线和地点。

● 准备一些必要的食品、应急物品和简易救生器材。

知识拓展　　自然灾害预警级别

　　自然灾害预警级别是针对可能发生的自然灾害而设定的不同级别的警示，用于提醒公众和相关部门注意并采取相应的防范措施。常见的气象灾害如暴雨、洪涝、干旱、台风、寒潮、冰雹、龙卷风、沙尘暴等灾害来临之前，气象部门都会发布相应的预警信号。针对因暴雨、洪涝等引发的滑坡、泥石流等地质灾害，气象部门也会发布预警信号。

　　自然灾害预警通常以红、橙、黄、蓝4种颜色对应I级至IV级，I级为最高级别，但自然灾害预警级别并不统一。例如，各地气象灾害预警信号有的是黄、橙、红3级，有的是蓝、黄、橙、红4级。由于我国地理范围广大，各地受气象灾害影响的种类和范围都不一样，所以依据《气象灾害预警信号发布与传播办法》，各省、自治区、直辖市制定地方性法规、地方政府规章或者规范性文件时，可以根据本行政区域内气象灾害的特点，选用或者增设《气象灾害预警信号发布与传播办法》规定的预警信号种类，设置不同信号标准，并经国务院气象主管机构审查同意。

二、洪涝时的逃生自救

洪涝来临时切勿惊慌，我们应保持头脑清醒，积极逃生自救。

● 受到洪水威胁时，若时间充裕，我们应按照预定路线，迅速向山坡、高楼等地转移，并设法尽快与当地防汛或救援部门取得联系，找好参照物报告自己的方位和险情，积极寻求救援，若无通信条件，可制造烟火或集体同声呼救等，向外界发出求助信号。

● 若洪水来得太快，来不及转移，我们应立即爬上屋顶、大树、高墙等高地暂时避险，等待救援，但要远离高压线、高压电塔、变电器等有供电危险标志的一切设施。

● 若水位继续上涨，人在暂避的地方也难以自保，则要充分利用准备好的游泳圈、充气艇、充气床等救生器材逃生，或者迅速找一些门板、木排、大块的泡沫塑料等具有一定浮力的物品，将其捆绑在一起扎成逃生筏，进行逃生。千万不要游泳逃生。

● 万一被卷入水中，我们一定要尽可能抓住固定的或能漂浮的东西，寻找机会逃生；若暂无可用资源，我们应平躺身体，头部向上与上游方向保持一致，两手侧平伸出，以降低被卷入水底和在洪水下冲时头部受伤的可能性；在身体漂流过程中，我们应尽可能抓住身边的固定物或漂浮物以自救。

● 洪水过后，我们要做好各项卫生防疫工作。若出现发热、呕吐、腹泻、皮疹等症状，我们要尽快就医，防止患上传染病。

遭遇洪涝灾害时，安全转移的原则是"就近、就高、迅速、有序、先人后物"。洪水来临时逃生自救的要点是冷静迅速转移、积极寻求救助、警惕周边风险、抓牢救命稻草。大学生一定要加强防灾减灾意识和能力，这样才能在灾害发生时迅速采取应对措施。

课堂活动　　　　　　　　**洪涝时的紧急求生指南**

很多灾害发生后，能否顺利获得救助往往取决于求救者的应急处理能力。假设你所在的区域半夜发生了洪涝灾害，你未提前转移到安全地带，此时你可以做以下事项。

（1）快速关闭家中的煤气阀门和电源开关。

（2）携带紧急物资（如少量水、食物、可漂浮材料等）向高处（更高的楼层、屋顶、大树等）转移。

（3）在被洪水包围的情况下，将体积大的容器或质地坚硬的物体作为临时救生品进行水上转移，或将门板、大床、大块泡沫塑料等漂浮材料扎成筏逃生转移。

（4）不慎落水后，尽量让身体漂浮在水面，头部浮出水面；尽可能抓住身边漂浮的物体，踩水助游。

（5）保持冷静并发出求救信号，挥舞鲜艳衣服或敲击物体发出声响。

除此以外，你还有哪些求生技巧可分享给其他同学?

_____

_____

第三节　应对台风灾害

台风灾害是指由台风这一自然现象引发的严重自然灾害。台风登陆后，其带来的狂风、暴雨、风暴潮等极端天气会对人类社会、经济、环境等造成严重破坏，带来严重损失。这种灾害往往伴随着房屋倒塌、交通中断、通信受阻、农作物受损、人员伤亡等严重后果，因此，我们需要在台风登陆之前，采取一系列积极防御措施，减轻台风灾害的影响。

慕课视频

一、台风预警

台风发生前，气象部门往往会发布台风预警信号，提醒人们及时做好准备和应对。台风预警信号主要分为蓝色、黄色、橙色和红色4级，各级别的预警标准如下。

● **蓝色预警信号**。24小时内可能或者已经受热带气旋影响,沿海或者陆地平均风力达6级以上，或者阵风达8级以上并可能持续。此时，我们需要停止露天集体活动和高空等户外危险作业；相关水域水上作业和过往船舶应采取积极的应对措施，如回港避风或者绕道航行等；需加固门窗、围板、棚架、广告牌等易被风吹动的搭建物,切断危险的室外电源。

● **黄色预警信号**。24小时内可能或者已经受热带气旋影响,沿海或者陆地平均风力达8级以上，或者阵风达10级以上并可能持续。此时，我们需要停止室内外大型集会和高空等户外危险作业；相关水域水上作业和过往船舶应采取积极的应对措施，加固港口设施，防止船舶走锚、搁浅和碰撞；需加固或者拆除易被风吹动的搭建物,人员勿随意外出。

● **橙色预警信号**。12小时内可能或者已经受热带气旋影响,沿海或者陆地平均风力达10级以上，或者阵风达12级以上并可能持续。此时，我们需停止室内外大型集会、停课、停业（除特殊行业外）；相关水域水上作业和过往船舶应当回港避风，加固港口设施，防止船舶走锚、搁浅和碰撞；需加固或者拆除易被风吹动的搭建物，我们应当尽可能待在防风安全的地方（当台风中心经过时风力会减小或者静止一段时间，切记强风有可能会突然吹袭，应当继续留在安全处避风）；同时，我们应当注意防范强降水可能引发的山洪、地质灾害。

● **红色预警信号**。6小时内可能或者已经受热带气旋影响，沿海或者陆地平均风力达12级以上，或者阵风达14级以上并可能持续。此时，我们需停止集会、停课、停业（除特殊行业外）；回港避风的船舶要视情况采取积极措施，妥善安排人员留守或者转移到安全地带；需加固或者拆除易被风吹动的搭建物，我们应当待在防风安全的地方；应注意防范强降水可能引发的山洪、地质灾害。

二、台风前、中、后的应对措施

在收到气象部门发布的台风预警信号后，大学生应该高度重视，并采取积极的措施应对可能出现的各种情况，降低台风灾害带来的损失。

1. 台风前的应对措施

在台风尚未登陆时，我们需要提前做好相应准备。

● **关注预警信息**。及时收听、收看或上网查阅台风预警信息，了解台风的最新动态和可能的影响范围。

● **加固易倒设施**。加固室外悬空、高空设施以及简易、临时建筑物，必要时可以拆除。

● **搬移易坠物品**。收起、搬移各种易坠物品，如阳台、窗外的花盆等，以防高空坠物伤人。

● **准备应急物品**。准备移动电源、手电筒、蜡烛等照明设施，以及干粮、饮用水、药品等生活必需品，以防停电停水。

● **检查电源、火源**。确保电路、燃气、液化气等相关设施安全。

● **规划避险区域**。居住在低洼处或其他自然灾害高发地区的居民，应提前撤离到安全区域。

2. 台风来临时的应对措施

在台风来临时，我们也需要采取一些应对措施，确保自己生命财产的安全。

● **密切关注信息**。我们应随时关注台风动向和预警信息，了解各种社会公用救援电话，以便在遇险时紧急求助。

● **确保门窗紧闭**。台风来临时，需紧闭门窗，必要时可以在窗户上贴上纸胶带，增加窗户的抗压能力，防止玻璃破碎。

● **检查室内电源**。仔细检查室内电路、电话、燃气等是否安全，尽量拔掉不必要的电源插头，以防漏电或引发火灾。

● **人员避免外出**。尽量待在安全、坚固的房屋内，远离迎风门，不要随意外出，等待台风过去。车辆尽量停放在高处或排水系统完善的地下车库，远离露天广告牌、大树、电线杆等。

● **在外注意安全**。出门在外应小心谨慎，不到海边、河边等危险区域活动，车辆尽量绕开低洼积水路段。在台风伴随的雷雨天气中，我们应避免在山顶、高地、电线杆附近以及大树下等危险区域避雨，同时避免在雨中使用手机通话或使用金属工具。

3. 台风后的应对措施

在台风过境后，我们可以采取一些措施对台风造成的破坏进行及时恢复，同时注意出行安全。

● **及时检查**。台风过后我们应及时检查电器，如果发现短路等问题，要拨打电力热线找专业人员维修。

● **做好卫生**。台风过后家中受潮地面、衣物等要及时清理干净，受潮的食物不要食用，直接丢弃。

● **清洁环境**。住所周围要清理干净，积水要排除干净，清理过程中最好喷洒消毒水，以免滋生蚊虫。

● **安全出行**。台风过后通常会出现积水，路面湿滑，影响出行，我们应尽量避免出门。若看到落地的电线，不能靠近，可以拨打电力热线报修。

素养课堂

暴雨期间电线杆可能存在漏电情况，让周围水体带电。水体电场是一个向外衰减的电场，距离越远，危险越小。如感到脚下发麻，应立刻止步后退。若看到有人触电倒入水中，不要无绝缘防护就入水救人，可以先用带钩的长杆将人拉出带电区域。

第四节　应对泥石流灾害

慕课视频

　　泥石流是一种含有大量泥沙、石块的特殊洪流。泥石流的形成一般须同时具备以下 3 个条件：陡峻的地形、丰富的松散固体物质和充沛的水源。泥石流的冲击力和破坏性强，能够堵塞河道，冲毁道路甚至村庄、城镇，给人们的生命财

产带来极大危害。

一、泥石流发生前的避险

泥石流灾害突发性强，来势迅猛，多发生在山区、沟谷深壑，受连续降雨、暴雨影响。泥石流的发生有迹可循，我们只要及时捕捉前兆，迅速采取措施，就可以有效避免人员伤亡。

● 泥石流发生前的迹象有：河流突然断流或水势突然加大，并且河流中夹有较多柴草、树枝；深谷或沟内传来类似火车轰鸣或闷雷的声音；沟谷深处突然变得昏暗，并有轻微震动感，等等。若在山地户外发现这些迹象，我们要立即向两岸上坡方向撤离，不要在谷地停留。

● 在山地户外，我们应选择平整的高地作为营地，尽可能避开河（沟）道弯曲的凹岸或地方狭小、高度又低的凸岸，切忌在沟道处或沟内的低平处搭建宿营棚。当遇到长时间降雨或暴雨时，我们应警惕发生泥石流。

● 雨季穿越沟谷时，我们应先仔细观察，确认安全后再快速通过。山区降雨普遍具有局部性特点，沟谷下游是晴天，沟谷上游可能是暴雨，因此即使在晴天也要提高警惕。

二、泥石流发生时的应急措施

掌握泥石流来临时的防范和自救知识，有助于大学生科学地避险逃生。

● 泥石流来临时，我们应立即丢弃身上背着的沉重旅行装备及行李等（通信工具不要丢），快速观察泥石流的走向，迅速逃跑，绝不能顺着泥石流倾泻的方向跑，要向泥石流倾泻方向两侧的高地或山坡跑去。跑得越快越好，爬得越高越好。

● 不要在谷地或土质松软、土体不稳定的斜坡停留，我们可以就近选择往树木生长密集的高地逃生，或往地质坚硬、不易被雨水冲毁、没有碎石的岩石高地撤离。我们不要躲在房屋或车里，避免被掩埋。

● 泥石流停止后，我们不能马上返回危险区，有时泥石流会间歇发生。

● 如果泥石流席卷、淹浸、淤埋沿途的房屋、牲畜及杂物，那么在泥石流结束之后，我们应进行清理和消毒，做好卫生防疫工作，防止流行病的出现和传播。

第五节　应对滑坡灾害

慕课视频

滑坡灾害是指山坡在河流冲刷、降雨、地震、人工切坡等因素影响下，土层或岩层整体或分散地顺斜坡向下滑动造成的灾害。

一、滑坡发生前的避险

在山地环境中，滑坡现象虽然不可避免，但滑坡发生前具有许多征兆，我们如发现以下征兆应特别注意，及早撤离危险区域。

● 滑坡体前部甚至中部出现横向及纵向的放射状裂缝，表明滑坡体向前推挤受到阻碍，已经进入临滑状态。

● 建在斜坡上的多处房屋中的地板、墙壁出现明显裂缝，墙体歪斜。

● 滑坡体上的电线杆、烟囱、树木、高塔出现歪斜，表明滑坡体正在滑动。

● 滑坡体上的树木歪斜，像醉汉一样东倒西歪，表明滑坡体已滑动解体。

● 滑坡区域中的动物出现异常反应，如猪、牛、鸡、狗等惊恐不安、不入睡，老鼠乱窜不进洞，表明滑坡可能即将来临。

● 滑坡体前缘坡脚有堵塞多年的泉水突然涌出，或者出现泉水（井水）突然干枯、井水位突然变化等异常现象，表明滑坡体变形滑动强烈，可能发生整体滑动。

二、滑坡发生时的应急措施

山体滑坡时，我们要争分夺秒、果断撤离，不要沿滑坡体滑动的方向跑，应向滑坡体两侧安全的地段跑，这与泥石流发生时的逃生方法一样。一般除高速滑坡外，只要人们行动迅速，都有可能逃离危险区段。当遇无法逃离的高速滑坡时，不能慌乱，在一定条件下，如滑坡呈整体滑动时，原地不动或抱住大树等物也不失为一种有效的自救方法。

第六节　应对极端天气

除了地震、洪涝、台风，以及泥石流、滑坡等常见灾害之外，沙尘暴、大雾天气、大风天气、冰雪天气和高温天气等极端天气也会对人们的生命财产和生态环境造成破坏和危害。大学生要关注这些极端天气的发生与相关部门发布的预警信号，及时应对。

慕课视频

一、沙尘暴

当强风将裸露的干燥土壤中的大量沙尘卷入大气时，通常会形成沙尘暴。沙尘暴是干旱和半干旱地区的常见气象灾害，多出现在我国西北地区和华北地区北部等，可造成房屋倒塌、交通供电受阻或中断、火灾、人畜伤亡等，还污染自然环境，破坏作物生长，给人们的生命财产和经济建设造成极大的危害。发生沙尘暴时，我们应避免或减少室外活动，如果确需外出，我们应尽量避免骑自行车，应穿戴防尘衣物，同时要及时清洗皮肤，多喝水，以预防疾病。

二、大雾天气

近地层空气中悬浮的无数小水滴或小冰晶造成的水平能见度小于 500 米的天气现象称为大雾或浓雾天气。大雾天气影响城市交通运输，容易酿成事故，且雾滴中各种有害物质的比例比普通大气水滴中相应物质的比例高，危害人体健康。预防大雾天气危害，我们应注意收听天气预报，做好应对措施，包括戴口罩、外出慢行等，以减少不必要的伤害和损失。

三、大风天气

一般风力达到或超过 8 级、风速达到或超过 17 米 / 秒的天气现象称为大风天气。大风会摧毁地面设施和建筑物等，造成人员伤亡和财产损失，即通常所说的风灾。预防大风天气危害，应注意收听天气预报，做好应对措施，包括储备物资，加固房屋，停止高空、水上等户外活动，不在高大建筑物、广告牌或大树下方停留，以减少不必要的伤害和损失。

四、冰雪天气

暴雪、冻雨等冰雪天气会给道路、供电供水设施、通信设施、农牧业生产等带来严重的危害。预防冰雪天气危害，我们应及时收听天气预报，做好应对措施，包括储备物资，加固房屋；外出时不宜穿高跟鞋或硬塑料底的鞋，以免跌倒摔伤；不要在结冰的湖面、河道上玩耍，以免落入水中；远离建筑工地、临时搭建物、广告牌和大树等，避免被砸伤；用电暖器、煤炉取暖时要做好防火防毒的工作。

五、高温天气

一般气温在 35℃以上的天气就可称为高温天气。高温天气主要表现为酷热难耐、让人汗流不止，严重时会让人皮肤灼伤和中暑。预防高温天气危害，我们应及时收听天气预报，做好应对措施，包括避免或减少户外活动，预防中暑；外出时，我们可以随身携带藿香正气水、风油精、肠胃药等常用药；在户外工作时，我们一定要戴遮阳帽、护臂等防护设备；我们应注意保证充足的睡眠，饮食上以清淡、爽口的食物为主；我们还要勤洗手，保持室内空气流通，尽量减少在人口密集的地方逗留的时间。

课堂活动　　　　　　　　讨论家乡的气象

我国疆域辽阔，在不同地域生活的人面对的气象状况也不一样。例如，沿海地区更常遭遇台风天气，川渝、江南等地区在副热带高压的影响下更容易出现高温天气，等等。想一想你的家乡较容易出现哪些极端天气，在这些极端天气出现时，你通常是如何应对的？和其他同学分享你在极端天气、自然灾害发生时的应对防范技巧，增强自己的防灾意识和应对能力。

第七节　灾后心理调适与恢复

慕课视频

人们在经历自然灾害等突发事件后，可能会因为心理失去平衡且无法在短时间内自我恢复，而产生一系列不良的心理反应。在出现灾后不良心理反应后，受灾者必须及时进行调适与恢复，保持身心的健康状态，尽快回归正常生活。

一、灾后常见心理应激反应

灾后常见心理应激反应有急性应激反应、焦虑与抑郁、创伤后应激障碍，以及其他一些不良情绪等，大学生应该正确识别这些应激反应，了解自己的心理状态，以便及时进行调适。

1. 急性应激反应

急性应激反应是灾后十分常见的一种短期心理反应，通常在灾后1～3天内出现，并可能在两周内自行缓解，其主要表现为生理反应异常、情绪波动加剧、注意力不集中等。例如，在生理上，出现心跳加快、呼吸急促、手脚冰凉或出汗、浑身酸痛、失眠、食欲不振等情况；在心理上，出现情绪波动大、情绪不稳定等情况；或出现难以集中精力进行日常活动或思考等情况。

2. 焦虑与抑郁

如果在灾后的短时间内，受灾者的心理状态未能得到有效的调适和恢复，则随着时间的推移，其各种不良情绪可能会逐渐发展为持续的焦虑与抑郁状态。其主要表现为持续焦虑，过度担忧自己或他人的安全，担心灾难再次发生；或情绪低落，对日常活动失去兴趣；或情绪反应强烈且难以自我调节。

3. 创伤后应激障碍

少数人在经历重大灾害和创伤后可能会发展为创伤后应激障碍，这是一种长期的心理反应，其主要表现为反复出现关于灾难场景的记忆或梦境；情绪麻木，对日常活动失去兴趣，情感反应减弱；对周围环境保持高度警惕，容易受惊或易怒。创伤后应激障碍是一种持续存在的精神障碍，需要寻求专业的心理治疗和药物治疗。

除此以外，在经历了自然灾害后，一些人还会出现内疚、悲伤、无助、逃避等心理反应或行为，对正常学习、生活和工作造成影响。

二、灾后心理调适方法

在自然灾害发生后，若受灾者出现了心理应激反应，要及时察觉并调适。自然灾害等突发事件是难以避免的，受灾者一定要正确看待各种自然灾害的发生，接受现实并努力适应。一方面，受灾者可以寻求家人、朋友的情感支持、帮助和陪伴，倾诉自己的感受和经历，宣泄负面情绪，保持情绪的稳定。另一方面，受灾者也尽量不要让自然灾害过度影响自己的日常生活，应尽量保持正常的作息时间、规律的三餐饮食，维持身体和心理的平衡。如果发现自己的情绪十分容易受到自然灾害及后续信息的影响，则要避免过度关注自然灾害信息，以免加重心理负担。如果察觉自己出现了无助、无力、愧疚等情绪，就积极参与灾后救治、恢复和重建工作，转移注意力并提升自我价值感。

总之，灾后心理应激反应是正常的心理反应，不必过于担忧或忧虑，但必须在短时间内积极地应对和调适，以逐渐恢复到正常的心理状态。如果心理应激反应持续时间较长或严重影响日常生活，受灾者则要及时寻求专业的心理支持和治疗。

三、恢复正常生活的步骤

自然灾害发生后，受到自然灾害影响的人需要尽快恢复正常生活，减少自然灾害对自身的后续影响，保持积极健康的生活。通常来说，受灾者在灾后可以通过如下方法来恢复正常生活。

● **检查居住环境**。确保自己的住所安全，检查自己的住所在灾后是否存在结构损坏、水、电、燃气泄漏等安全隐患，并及时修复。同时受灾者要积极关注官方发布的灾后安全指南和重建信息，以便安全地处理灾后环境。

● **评估损失**。详细记录个人财产、重要物品的损失情况，如有必要，可后续寻求援助。

● **寻求支持和帮助**。如果自然灾害影响了自己后续的正常生活，则要拟定计划，寻找临时住所、解决基本生活需求等。例如，获取社区提供的资源和服务，包括临时住所、食物、医疗援助等。同时，受灾者要主动了解并申请政府提供的灾后援助项目，如住房补贴、失业救济、心理咨询服务等。此外，受灾者应该与家人、朋友等保持联系，寻求情感支持和实际帮助。

● **恢复日常生活秩序**。基本生活需求得到解决后，受灾者应该逐步修复或重建住所，恢复居住条件。同时受灾者要主动和相关单位沟通，尽快恢复工作或学习。

● **维护身心健康**。保持规律的作息时间，合理安排饮食和锻炼，时刻关注自己的心理健康，若出现心理问题，受灾者要及时寻求专业心理咨询师的帮助。

● **恢复社交关系**。受灾者要积极参与社交活动，如社区组织的活动、志愿者活动、聚会等，与他人建立联系，重建社交关系。受灾者也可加入灾后恢复支持团体，与有相似经历的人分享经验和感受，获得情感支持和建议。

● **保持积极心态**。尽管灾后恢复过程可能充满挑战和困难，但受灾者一定要保持积极的心态和乐观的态度，制订长期的生活和工作计划并逐步实施，保持积极健康的生活。

· **本章小结** ··

本章针对地震、洪涝、台风、泥石流、滑坡等自然灾害，详细介绍了各种灾害的预警和应对防范方法，同时还列举了一些极端天气的应对措施，以帮助大学生掌握自然灾害应对知识和技能，使大学生能够在自然灾害发生时迅速做出正确反应，有效保护自身生命安全，积极走出自然灾害影响，恢复正常的生活秩序。自然灾害的发生往往具有突发性，难以避免，大学生必须加深对自然灾害的认识和了解，增强自我保护能力，建立更强的心理韧性，培养社会责任感，这样在自然灾害发生时，不仅可以保护自己，还能成为社会和校园的救援力量，帮助他人共同应对自然灾害。

• 课后思考 ∘∘∘∘∘∘∘∘∘∘∘∘∘∘∘∘∘∘∘∘∘∘∘∘∘∘∘∘∘∘∘

1. 安全问题的自我审视

（1）评估自己所在地可能发生的自然灾害风险，想一想，你可以通过哪些官方渠道了解这些信息。

_____

_____

（2）你是否了解过我国建立的自然灾害预警系统，你认为这些预警系统如何帮助减少灾害损失？

_____

_____

2. 维护安全的实践行动

（1）请你根据所在地可能出现的自然灾害，列举一个应急物资清单（如急救包、手电筒、备用电池、干粮、饮用水、应急药品等），并按照清单进行准备。

_____

_____

（2）请你调查所在社区或学校的自然灾害应对设施，寻找你认为安全的避难点，并规划避难路线。

3. 个体责任与安全反思

面对自然灾害，个人行动固然重要，但集体行动往往更为有效。你如何看待自然灾害发生时的团结互助？在自然灾害发生时，经常会出现一些谣言，制造恐慌和焦虑，你如何看待这一现象？你认为大学生应该如何应对谣言这一问题？

_____

_____

_____

第十章

实习与就业安全

学习导语

　　实习与就业是大学生踏入社会，开展职业生涯的重要一步。为了提升实践能力和综合素质，增加社会竞争优势，大学生会参加很多不同类型的实习、实践活动。然而，在参加实习、实践活动的过程中，安全问题也时有发生，给大学生的生命财产安全和身心健康带来严重威胁。因此，大学生在实习与就业过程中要增强安全防范意识，对可能存在的危险和隐患要保持警觉，正确识别各种就业陷阱，并采取相应的防范措施。

　　本章将针对大学生在实习与就业过程中可能遇到的安全问题进行探讨。通过本章的学习，大学生可以了解实习与就业过程中可能存在的安全问题，保持谨慎的态度，确保在实习和就业过程中顺利、安全地成长和发展。

学习目标

　　1. 认识实习安全的重要性，确保生产实训与实习安全，保护自己的实习权益。

　　2. 认识就业安全的重要性，正确识别和防范求职就业中的各种陷阱，并采取积极措施进行应对。

◉ **引导案例**　　招聘"黑中介"以"高薪"为诱饵骗取求职者钱财

　　小周在大学毕业后，想找一份轻松且高薪的工作。经人介绍，他在网上与A中介机构建立了联系。A中介机构称只要缴纳6.5万元中介费，便可安排小周去B集团工作，月薪2万元，提成另算。由于中介费比较高，小周就专门查询了一下A中介机构的人力资源服务许可证及相关信息，但没有查询到，他立即询问A中介机构，对方搪塞说许可证正在办理中，还说自己在B集团有"内部关系"，可以"内推"，安排小周去任职肯定没有问题。于是小周没再深究，很快与A中介机构签署了服务协议并支付了中介费，等待入职。谁知几天后，A中介机构告知小周，B集团因故不招人了，安排小周去C公司工作，并保证待遇一致。小周无奈入职C公司，却发现工资仅有4千元，且不为其缴纳社保。小周想请A中介机构重新给自己介绍一份工作或退还中介费时，却发现已经联系不上A中介机构了。

　　毕业季是大学生求职就业的高峰期，在这个时期，很多不法分子打着招聘的幌子挖坑设陷、诈骗钱财，严重损害大学生的利益，因此大学生一定要提高警惕，增强自己的风险防范意识和信息安全意识，严防各类陷阱，保护自己的人身财产安全；如果误入陷阱，大学生要学会用法律维护自身的合法权益。

第一节　确保实习安全

在临近毕业时，大学生往往需要参与实习，以锻炼自己的劳动技能和岗位技能，为未来的就业做好铺垫、提供参考。实习是大学生提升自己职业素质的重要机会，其好处显而易见，然而实习过程中也存在安全隐患，因此，大学生务必重视实习安全。

慕课视频

一、实习安全

实习十分强调大学生的动手操作能力。在实际的实习过程中，往往存在种种安全隐患，如果大学生防范不足就可能发生安全事故。实习安全事故的发生大多是大学生缺少操作经验、违反安全规定所导致的。因此，大学生应做到以下几点，以严谨的态度对待实习中的生产安全问题，这样才能在保证自身安全的前提下，通过实践学到更多的知识和技能。

● **不断增强安全意识**。安全意识是保证安全的重要先决条件。在实习中，大学生要保持警惕，明确实习过程中可能存在的风险，学会识别和预防潜在的安全隐患。同时，大学生在实习过程中不要出现开小差、嬉戏打闹等行为，应专心工作以确保安全。

● **检查设备设施**。在进行实习操作前，大学生应检查设备设施是否完好无损，是否符合生产需求，如在操作机器时要注意是否漏电，是否存在危险的机械部件，等等，如有损坏应及时报告并更换。

● **严格遵守实习的安全规定**。大学生在实习过程中，必须熟悉并遵守相关的安全规定。例如，正确佩戴安全防护装备，如安全帽、防护眼镜等，确保自己的身体受到保护。另外，大学生在进行实习操作时要按照正确的方法和步骤进行，不要随意采取行动，以免发生意外。

● **与同学、同事保持良好的沟通与协作**。在实习中，大学生通常需要与其他同学或同事一起合作完成任务。良好的沟通与协作可以帮助大学生快速传递信息、共同解决问题，从而降低实习过程中的风险。大学生与同学或同事之间要相互提醒，共同遵守安全规定，形成一种共同的安全文化。

课堂活动　　　　　　**想一想，你会怎么做**

　　某校大学生到电表配件公司实习，某日下午，因同车间的师傅不在岗，其机床无人操作，该学生想多学些技术，就违反公司的安全规定，擅自操作空闲的机床。操作时，因电表配件没有放正，该学生贸然用手扶正配件，导致其左手被机床轧成粉碎性骨折，丧失部分劳动能力。

　　这起事故给予你什么警示？如果你在这样的情境下，你会如何做？

_____

_____

● **及时反馈和汇报安全问题**。如果大学生在实习过程中发现了安全隐患或者事故，要及时向负责人报告。及时报告可以及时解决问题，避免事态扩大。在进行汇报时，大学生要详细描述事发经过、仔细记录受伤情况以及现场状况，以便后续处理和事故分析。

二、实习权益保护

大学生不仅要在实习中重视生产安全，保护自己的人身安全，还要在实习过程中保护自己的合法权益不受侵犯。实习是指未毕业的大学生到企业的具体岗位上，相对独立地参与实际工作的实践活动。一旦大学生与用人单位存在实质劳动关系，就可用《中华人民共和国劳动法》（以下简称《劳动法》）保护自己的权益，遇到侵害自身权益的行为，需及时向当地劳动监察部门求助。大学生应与用人单位签订实习协议，明确双方的责任、权利和义务。实习协议是实习生保护自身权益的有力武器。当权益受到侵害时，实习生就可以根据实习协议的规定，要求用人单位给予赔偿。

实习协议应包含以下内容。

● **实习期内工作时间的约定**。实习生的每日工作时间不宜超过8小时，如确因特殊情况超过8小时的，应约定相应的加班时间和报酬。

● **实习期内实习报酬的约定**。实习生与用人单位可以约定一定的报酬或者补助，并且最好明确约定给付的时间及相应的违约责任。

● **实习期内实习生发生伤亡的处理**。实习生一般不享受工伤待遇，发生伤亡时只能按民事侵权纠纷来处理，所以实习生应与用人单位约定好实习期内发生伤亡的处理方法，以免自己的权益得不到保障。

● **实习期内知识产权归属的约定**。实习生与用人单位约定知识产权（包括版权、专利权、著作权、集成电路布图设计等）的归属，可使自己的劳动成果不受侵害。

● **实习期内发生纠纷的处理**。实习生与用人单位可约定友好协商或诉讼的处理方式。

签订实习协议时，大学生应注意以下几点。

● **查明用人单位的主体资格是否合法**。协议双方的主体资格是否合法，是协议是否具有法律效力的前提。因此，大学生在签订实习协议之前，一定要先审查用人单位的主体资格。

● **看清协议条款是否明确、合法**。实习协议的内容是整个实习协议的关键部分，大学生一定要认真核查双方的权利、义务是否合法，是否符合国家相关法律和政策，是否明确了岗位与薪酬等。

● **查看签订实习协议的程序是否完备**。实习生和用人单位经协商一致签订实习协议时，要完整地履行手续。一是大学生要签名并写清签名时间；二是大学生应要求用人单位加盖单位公章，不能用个人签名代替，并注明盖章时间。

第二节　保障就业安全

慕课视频

每到毕业季，大学生就面临着就业问题，甚至许多大学生在毕业之前就踏上了求职之路。社会不同于学校，人情世态更复杂，大学生在求职就业时要提高警惕，树立自我保护意识和法律维权意识，维护自己的合法权益。

一、识别与防范求职陷阱

许多大学生的求职心情十分迫切，为了找到一份满意的工作，广搜信息、遍投简历，对于符合自己意愿的招聘岗位都积极投递。这也导致许多大学生容易误入求职陷阱，遭受财产损失。以下列举一些常见的求职陷阱，以帮助大学生更好地识别与防范求职陷阱。

1. 虚假广告陷阱

一些用人单位为了招到条件较好的大学生，往往进行虚假宣传，包括夸大单位资质、美化招聘岗位等。例如，在发布招聘信息时，用人单位夸大自己的规模和岗位数量；或者美化招聘岗位，动辄以招聘"经理""总监"的名义招聘"办事员""业务员"。这类招聘信息一般很简单，涉及细节方面的信息都不明确，如没有岗位职责和应聘条件等。因此，大学生应聘时要提前了解岗位的具体内容，询问工作细节，认真考虑后再做打算。

2. 中介陷阱

所谓中介陷阱，就是非法职业介绍机构以介绍工作为名，向求职者收取各种不合理费用，或者提供虚假岗位信息，骗取求职者财物。虽然通过人才中介公司寻找就业单位不失为一种有效的求职途径，但是大学生一定要选择政府主办的或社会信誉好、有专业资质的大型人才中介机构。一些不知名的人才中介机构或网络上的一些非法人才中介机构，往往设施简陋，无正规的工作人员，当大学生交纳数目不菲的中介费后，这些中介机构就会列出种种理由来推诿，从而骗取大学生的中介费。

3. 费用陷阱

费用陷阱是求职就业中十分常见的陷阱之一，一些不法机构伪装成用人单位，发布虚假的招聘信息，引诱求职者参加面试，并在面试、试用等期间以各种理由要求求职者交纳费用。如果大学生发现愿意提供高薪且招聘条件要求不高的招聘单位，一定要提高警惕，不少不法机构正是打着高薪的幌子，以收取押金、服装费等名义骗取大学生钱财，或在试用期以业务能力不达标为由要求大学生交纳高昂培训费。

在当前的就业形势下，大学生千万不要轻信高薪诱惑，要甘于从基层做起，对于某些用人单位提出的所谓押金、培训费、服装费等要敢于说"不"。

4. 传销陷阱

传销已被国家严令禁止，但依然有很多不法分子以身试法，哄骗急于挣钱的求职者，尤其是刚刚毕业的大学生。他们通过各种渠道得到求职者的电话后，便以高薪为诱饵，投其所好，骗求职者进行非法传销活动，或要求求职者购买商品、交纳会费等，牟取非法利益。

课堂活动　　　　　　　　　　**识别收费套路**

　　假设你在网上投递简历后，接到了一家公司的面试通知，并在面试通过后正式入职。工作两周后，领导表示你的表现不错，公司计划重点培养你，想指派你去参加专业技能培训，并要求你交纳相关资料费、培训费，并上交毕业证等重要证件作为报名材料。

　　此时，你将：

_____

_____

　　如果公司强制你参加培训，并表示你如果不参加，就要拿着证件及试用期工资走人，此时，你将：

_____

_____

课堂活动　　　　　　　　　　**识别传销套路**

　　一家自称某电信服务代理商的公司，在网络招聘平台广泛发布招聘信息。该公司对所有应聘者一概录用，并要求应聘者入职时办理每月159元、押金1440元、合约期为24个月的5G通信套餐员工卡，应聘者唯一的工作就是每月招聘不少于10名新人。

　　假设你应聘该公司，你认为该公司的业务模式合理吗？为什么？

_____

_____

　　需要注意的是，很多传销活动都具有一定的迷惑性，甚至有很多人身陷其中而不自知，在其公司被打击处理后依然不认为自己已落入骗局。大学生一定要注意甄别，以免误入违法活动，做出违法行为。

5. 智力陷阱

　　智力陷阱指以招聘为名，无偿占有求职者的广告设计、策划方案等创意成果，甚至知识产权等无形资产的现象。例如，某些单位按程序对前来应聘的大学生进行面试和笔试，在面试、笔试时，这些单位会要求大学生解决一些难题，待大学生利用自己的专业知识给出解决方案后，再找各种理由拒绝录用。此时，这些用人单位就理所当然地将大学生的成果据为己有，使大学生陷入智力陷阱。

　　若遇到用人单位索要个人设计作品、程序代码等时，大学生不要轻易将自己的作品提供或复制给用人单位。如需交付作品，大学生可以准备两份作品，一份提交，并附上"版权声明"；另一份自己留存，以证明自己对作品的所有权，保护自己的合法权益。

6. "培训贷"陷阱

某些不良培训机构以高薪就业、兼职机会等为诱饵，以"零元入学""先学后付""免息分期"等虚假优惠为噱头，向大学生承诺培训后包就业，但须大学生通过借贷的方式支付高昂的培训费。这类不良培训机构提供的培训内容往往与实际就业需求脱节，课程质量低下，难以达到预期的培训效果，培训结束后也不能实现"高薪就业"的承诺，导致大学生不仅无法顺利就业，还要陷入高额债务和退费难等困境。

📝 **课堂活动**

劝阻你的朋友

你的朋友小宋对与自己专业相关的工作兴趣不大，他计划学习视频剪辑与后期制作，并进入新媒体行业或数字媒体行业就业。某日，他告诉你，他在网上发现了一个视频剪辑培训机构，在试听了该培训机构的课程后，认为对自己的帮助非常大。该机构声称有很多行业"大牛"都会在平台授课，培训结束后，学员可以直接前往地方电视台工作。其培训课程仅3个月，但培训费用高达4.5万元。该机构称，大学生若难以一次性支付报名费，可以申请机构对接的专业贷款，学成就业后再逐步还款。

小宋非常心动，打算即刻报名。你得知小宋的想法后，将为小宋提供哪些建议？

_____

_____

二、求职中的安全应对策略

求职大潮风起浪涌，既蕴含着无数机遇，又隐藏着险滩暗礁。大学生要不断增强安全防范意识，才能够在求职就业之路上一帆风顺。

1. 核实就业信息

就业招聘市场中信息繁杂，其中不乏大量虚假招聘信息。通过核实就业信息，大学生可以辨别信息真伪，避免落入就业陷阱，确保求职安全。通常来说，各大高校官方网站或就业指导部门发布的就业信息都是经过严格核实的，基本确保了就业信息的真实性、准确性和安全性。如果大学生是通过其他渠道获得就业信息的，就一定要通过各种途径对这些信息进行核实；如果大学生对信息存疑，如招聘单位缺少必要资质、营业许可证等，则应提高警惕，避免上当受骗。

2. 时刻保持警惕

在求职过程中，大学生一定要保持高度的警惕，擦亮眼睛，准确识别求职陷阱。特别是在面试前后，大学生对于用人单位的情况最好详细了解并反复评估。

在面试前，大学生需要注意以下几个方面。

● 前往面试的第一天或入职前培训的前几天，大学生要留意该用人单位是否隐瞒工作性质及业务性质。

● 面试地点太过偏僻、隐秘或是要求改变面试地点、要求夜间面试时，大学生应加倍小心。

● 面试前后随时与学校辅导员、同学、家长保持联系，并告知他们面试地址及自己的联系方式。

● 大学生可以向用人单位咨询一些具体问题。例如，应聘岗位主要的工作内容是什么？部门组织架构、分工是怎样的？通过用人单位的回答来判断招聘的真实性。用人单位回答得越具体、越详细，通常越靠谱；反之，如果用人单位支支吾吾、避重就轻，掩盖一些问题，大学生就需要提高警惕。

● 大学生最好在面试前与用人单位确认应聘岗位的薪酬，需要重点确认的还有应聘岗位的薪酬是否稳定，是否因提成而波动较大，等等。

● 大学生可以通过百度、天眼查、企查查等查询企业的运营状况、有无纠纷、近年口碑、其他情况等。

在面试时，大学生需要注意以下几个方面。

● 面试时，如果面试人员所提工作内容空泛、不具体，大学生要注意不被其夸大的言辞所迷惑。面试时，如果大学生感觉不安全或不正常，要巧用借口迅速离开，及时拒绝不合理的邀约及要求。

● 面试过程中，大学生如果遇到用人单位要求交保证金或其他培训费用（如报名费、训练费等）的情况，一定要拒绝，千万不要为了保住工作而盲目交费。

● 面试最好有同学或朋友陪同前往，如果无法结伴而行，大学生至少要将自己的面试时间和地点告知辅导员、同学或家人。

● 若用人单位要求提供亲友名单、身份证号码（或身份证复印件），则可能有诈骗的风险，大学生要注意规避风险。

三、就业权益与法律保障

大学生就业权益的保障和维护主要通过劳动合同实现。劳动合同是用人单位与劳动者之间明确权利与义务的协议，所有劳动合同都必须依据《中华人民共和国劳动合同法》（简称《劳动合同法》）制定，而不能依据用人单位的单方面意愿来制定。由于《劳动合同法》的内容多而全，下面列出一些与大学生关系密切的劳动合同注意事项，引导大学生关注就业权益法律保障问题，增强法律意识。

1. 必须签订劳动合同

《劳动合同法》第十条规定："建立劳动关系，应当订立书面劳动合同。"部分用人单位对劳动合同存在错误的认识，认为签订劳动合同就会将自己套牢，而不签订劳动合同就与劳动者不存在劳动关系，可以规避很多法律上的强制性规定。

实则，《劳动合同法》关于劳动合同的签订有如下规定："用人单位自用工之日起满一年不与劳动者订立书面劳动合同的，视为用人单位与劳动者已订立无固定期限劳动合同。"一旦订立无固定期限劳动合同，如果没有发生法律规定的可以解除劳动合同的情形，用人单位无权辞退劳动者，否则要支付劳动者两倍的经济补偿金。可见，用人单位不与劳动者签订书面劳动合同，将面临更大的法律风险。同时，订立劳动合同要遵循合法、平等、自愿、协商一致的原则，不得违反法律和行政法规的规定。

> **课堂活动**
>
> ## 防范合同陷阱
>
> 　　求职者小吴在A公司应聘后，负责人明确表示"月薪2万元"。但在小吴入职签订劳动合同时，负责人却只在合同中注明月薪0.8万元，并口头承诺，其余款项以报销住宿费、加油费等方式补齐。小吴入职心切，签订了劳动合同。在工作了一段时间后，公司认为小吴不能完全胜任岗位，要求他尽快离职。小吴要求公司按照2万元月薪支付自己一个月工资作为代通知金，并另外支付一个月工资作为经济补偿金，但公司却主张以书面合同为依据，按照0.8万元的月薪标准进行补偿。
>
> 　　你认为大学生在与用人单位签订劳动合同时，是否需要用人单位对劳动合同的相关条款进行解释？假设你遇到这样的事，你会如何寻求帮助？
>
> _____
>
> _____

2. 不能扣押证件或收取财物

某些不正规的用人单位在招聘或录用人员过程中，为了谋取钱财，向求职者收取招聘费、培训费、押金、服装费等，并要求必须扣押证件，这些行为在《劳动合同法》中都是被禁止的。

《劳动合同法》第八十四条规定："用人单位违反本法规定，扣押劳动者居民身份证等证件的，由劳动行政部门责令限期退还劳动者本人，并依照有关法律规定给予处罚。用人单位违反本法规定，以担保或者其他名义向劳动者收取财物的，由劳动行政部门责令限期退还劳动者本人，并以每人五百元以上二千元以下的标准处以罚款；给劳动者造成损害的，应当承担赔偿责任。"

3. 根据情况约定试用期

试用期指用人单位和劳动者为相互了解和选择，在劳动合同中约定的不超过6个月的考察期。劳动合同中约定试用期不是必备条款，而是协商条款，是否约定由劳动者和用人单位协商确定。但是，如果双方约定试用期，就必须遵守有关规定。在劳动合同中约定试用期主要有以下几项相关规定。

● 劳动合同期限三个月以上不满一年的，试用期不得超过一个月；劳动合同期限一年以上不满三年的，试用期不得超过二个月；三年以上固定期限和无固定期限的劳动合同，试用期不得超过六个月。

● 同一用人单位与同一劳动者只能约定一次试用期。

● 以完成一定工作任务为期限的劳动合同或者劳动合同期限不满三个月的，不得约定试用期。

● 试用期包含在劳动合同期限内。劳动合同仅约定试用期的，试用期不成立，该期限为劳动合同期限。

● 劳动者在试用期的工资不得低于本单位相同岗位最低档工资或者劳动合同约定工资的百分之八十，并不得低于用人单位所在地的最低工资标准。

● 用人单位违反本法规定与劳动者约定试用期的，由劳动行政部门责令改正；违法约定的试用期已经履行的，由用人单位以劳动者试用期满月工资为标准，按已经履行的超过法定试用期的期间向劳动者支付赔偿金。

4. 不随意支付违约金

违约金是指不履行或者不完全履行合同义务的违约方按照合同约定，支付给非违约方一定数量的金钱。在求职就业中，某些大学生在试用期因种种理由需要离职，一些用人单位就会以违背试用期合同条款为由，要求大学生支付违约金。事实上，《劳动合同法》对违约金条款有严格的限制，明确规定只有以下两种情形可以在劳动合同中约定违约金。

● 用人单位与劳动者可以在劳动合同中约定保守用人单位的商业秘密和与知识产权相关的保密事项。对负有保密义务的劳动者，用人单位可以在劳动合同或者保密协议中与劳动者约定竞业限制条款，并约定在解除或者终止劳动合同后，在竞业限制期限内按月给予劳动者经济补偿。劳动者违反竞业限制约定的，应当按照约定向用人单位支付违约金。

● 竞业限制的人员限于用人单位的高级管理人员、高级技术人员和其他负有保密义务的人员。竞业限制的范围、地域、期限由用人单位与劳动者约定，竞业限制的约定不得违反法律、法规的规定。在解除或者终止劳动合同后，前款规定的人员到与本单位生产或者经营同类产品、从事同类业务的有竞争关系的其他用人单位，或者自己开业生产或者经营同类产品、从事同类业务的竞业限制期限，不得超过二年。

除以上两种情形外，用人单位不得与劳动者约定由劳动者承担违约金，除这两种情形外，用人单位要求劳动者支付违约金都是不合法的行为。

5. 关于辞退

在实际工作中，部分用人单位可能会以运营需要为由，辞退员工，并拒绝支付赔偿金。为了更好地保护劳动者的合法权益，《劳动合同法》对每一类辞退员工的情形都有条件限制，具体内容如下。

（1）用人单位可解除劳动合同的情况。《劳动合同法》第四十条规定，有下列情形之一的，用人单位提前三十日以书面形式通知劳动者本人或者额外支付劳动者一个月工资后，可以解除劳动合同：

● 劳动者患病或者非因工负伤，在规定的医疗期满后不能从事原工作，也不能从事由用人单位另行安排的工作的；

● 劳动者不能胜任工作，经过培训或者调整工作岗位，仍不能胜任工作的；

● 劳动合同订立时所依据的客观情况发生重大变化，致使劳动合同无法履行，经用人单位与劳动者协商，未能就变更劳动合同内容达成协议的。

（2）用人单位不可解除劳动合同的情况。《劳动合同法》第四十二条规定，劳动者有下列情形之一的，用人单位不得依照本法第四十条、第四十一条的规定解除劳动合同：

● 从事接触职业病危害作业的劳动者未进行离岗前职业健康检查，或者疑似职业病病人在诊断或者医学观察期间的；

- 在本单位患职业病或者因工负伤并被确认丧失或者部分丧失劳动能力的；
- 患病或者非因工负伤，在规定的医疗期内的；
- 女职工在孕期、产期、哺乳期的；
- 在本单位连续工作满十五年，且距法定退休年龄不足五年的；
- 法律、行政法规规定的其他情形。

（3）用人单位应支付经济补偿的情况。《劳动合同法》第四十六条规定，有下列情形之一的，用人单位应当向劳动者支付经济补偿：

- 劳动者依照本法第三十八条规定解除劳动合同的；
- 用人单位依照本法第三十六条规定向劳动者提出解除劳动合同并与劳动者协商一致解除劳动合同的；
- 用人单位依照本法第四十条规定解除劳动合同的；
- 用人单位依照本法第四十一条第一款规定解除劳动合同的；
- 除用人单位维持或者提高劳动合同约定条件续订劳动合同，劳动者不同意续订的情形外，依照本法第四十四条第一项规定终止固定期限劳动合同的；
- 依照本法第四十四条第四项、第五项规定终止劳动合同的；
- 法律、行政法规规定的其他情形。

总体来说，除了劳动者出于个人原因主动辞职，或个人不满足岗位需求、违法乱纪外，因经营不善倒闭、不按劳动法办事等解除劳动合同的，用人单位都应支付经济补偿。经济补偿的金额按劳动者在本单位工作的年限而定，主要有以下几种情况。

- 每满一年支付一个月工资的标准；
- 六个月以上不满一年的，按一年计算；
- 不满六个月的，支付半个月工资的经济补偿。

🔗 **知识拓展**　　　　　　　**劳动合同争议解决办法**

　　劳动合同争议是指用人单位与劳动者之间由于劳动合同的订立、履行、变更、解除和终止等事项引发的争议。劳动合同争议的解决办法主要有协商和调解、仲裁、诉讼3种。劳动合同争议发生后，双方当事人可自行协商，也可向相关部门申请调解。协商和调解无果的，当事人可向当地劳动争议仲裁委员会申请仲裁。最后，当事人还可向人民法院提起诉讼。

　　（1）协商和调解。劳动合同争议发生后，双方当事人首先应本着互谅互让的积极态度，自行协商解决，也可以请工会或第三方（即双方信任的个人或组织）帮助协商，达成和解协议。如果双方不愿协商、协商不成或者达成和解协议后任意一方不履行的，可向本单位劳动争议调解委员会、地方劳动争议调解组织申请调解，达成调解协议。为确保调解协议的顺利履行，双方可以从调解协议生效之日起15日内，共同向劳动争议仲裁委员会提出审查申请，经审查确认后由劳动争议仲裁委员会出具调解书。使用协商和调解方式解决劳动合同争议，具有简单方便、灵活快捷等优势，能够及时、有效地维护当事人的合法权益，是解决劳动合同争议的最佳方式。

（2）仲裁。劳动合同争议发生后，任何一方当事人都可以在争议发生之日起60日内向劳动争议仲裁委员会申请仲裁，并提出书面申请。劳动争议仲裁委员会应当自接到仲裁申请之日起7日内做出是否受理的决定。劳动争议仲裁委员会决定受理的，应当自收到仲裁申请之日起60日内做出仲裁裁决。劳动争议仲裁委员会可依法进行调解，经调解达成调解协议的，制作仲裁裁决书。仲裁裁决书具有法律效力，当事人必须依照规定的期限履行。如果一方当事人逾期不履行，另一方当事人可向人民法院申请强制执行。

（3）诉讼。诉讼是解决劳动合同争议的最后武器。如当事人对劳动争议仲裁委员会做出的仲裁裁决不服，可自收到仲裁裁决书之日起15日内向人民法院提起诉讼。期满不起诉的，仲裁裁决发生法律效力。人民法院审理劳动争议案件有5个条件。第一，起诉人必须是劳动争议的当事人。当事人因故不能亲自起诉的，可以直接委托代理人起诉，其他人未经委托无权起诉。第二，必须是不服劳动争议仲裁委员会仲裁而向人民法院起诉，未经仲裁程序不得直接向人民法院起诉。第三，必须有明确的被告、具体的诉讼请求和事实根据。不得将仲裁委员会作为被告向人民法院起诉。第四，起诉的时间，必须在劳动法律规定的时效内，否则不予受理。第五，起诉必须向有管辖权的人民法院提出，一般应向仲裁委员会所在地人民法院起诉。

6. 关于劳动合同变更

《劳动合同法》第三十五条规定："用人单位与劳动者协商一致，可以变更劳动合同约定的内容。变更劳动合同，应当采用书面形式。"也就是说，变更劳动合同必须在劳动合同有效期内进行。变更劳动合同时必须遵循平等自愿、协商一致的原则，首先由一方当事人依法向对方当事人提出变更劳动合同的建议，并说明变更的理由和修改的条款，请求对方答复；然后由对方当事人在限期内给予答复，表示同意或不同意变更，或者建议再协商解决；最后经双方当事人充分协商达成一致后，签订书面协议，双方签字盖章，变更协议即行生效。

📝 **课堂活动**　　　　　　　　**捍卫自己的劳动权益**

由于生产经营需要，某食品厂与某公司进行了战略性业务合并。在合并过程中，该食品厂将部分员工的工作岗位、工作地点进行了调整，并要求相应的员工在指定日期到新岗位、新工作地点工作。小赵是该食品厂的检验员，他的工作地点也在本次调整范围之内。由于调整后的新工作地点离家较远，因此他拒绝接受调整。该食品厂最终以小赵不服从公司安排为由，视小赵为严重违纪，做出了解除劳动合同的处理。

　　小赵不服，以该食品厂单方变更劳动合同为由，向劳动争议仲裁委员会提请了仲裁，要求劳动争议仲裁委员会裁定该食品厂变更合同无效，并与该食品厂恢复劳动关系。劳动争议仲裁委员会经查，发现该食品厂未依法履行劳动合同变更程序，裁定该食品厂变更无效，应恢复与小赵的劳动关系。

　　该食品厂未依法履行劳动合同变更程序，违反了法律规定，小赵为了维护自己的权益，申请劳动仲裁。如果你是小赵，你会怎么做？如果该食品厂与你协商履行劳动合同变更程序，你又会如何做呢？

_____

_____

素养课堂

　　大学生要积极参加学校及相关部门组织的就业指导和安全教育活动，增强识别就业陷阱和违法违规行为的能力。若因故未能与用人单位签订合同、订立协议，一旦遇到纠纷，应及时寻求有关部门的帮助，通过正规渠道予以妥善解决。

• 本章小结

　　本章主要介绍了大学生实习与就业安全的重要性，详细列举了大学生在实习与就业过程中可能面临的安全问题和就业陷阱，详细介绍了相关的安全注意事项和防范应对方法。实习与就业是大学生正式踏入社会的重要一步，对大学生发挥专长、提升专业技能和工作能力、实现自我价值、实现职业成长等具有重要意义。但是，大学生在积极参与实习与就业的同时，也一定不能忽略实习与就业中可能出现的各种安全问题，应增强安全防范意识，避免遭受人身伤害和财产损失。

• 课后思考

　　1. 安全问题的自我审视

　　（1）假设你即将实习或就业，你会选择什么岗位？你了解该岗位的工作内容吗？在工作过程中，你需要注意避免哪些安全风险？

_____

_____

　　（2）你了解实习期间自己应享有的权利和应履行的义务吗？如果遇到劳动纠纷，你知道如何通过法律途径解决吗？

_____

_____

2．维护安全的实践行动

（1）基于自己的专业、能力或兴趣，在网络上寻找一个合适的职业，搜索该职业的招聘信息，并对招聘内容、招聘单位进行评估，分析其是否正规、可靠。

_____

_____

（2）整理一份官方、专业、信息来源可靠的招聘平台清单，如国家大学生就业服务平台、地方人才服务中心等。

_____

_____

3．个体责任与安全反思

安全责任重于泰山。安全是社会生产生活的基本要求。社会现代化程度越高，对安全的要求也越高，任何一个安全事故都可能造成难以挽回的损失。请你思考：个体应该对生产安全、就业安全秉持怎样的态度？组织或单位又要以何种方式来防范安全事故的发生？

_____

_____

_____

_____